民族地区基层政府
社会治理能力建设研究

党秀云 ◎ 著

Research on the Construction of Social Governance Capacity of Grassroots Governments in Ethnic Areas

中央民族大学出版社
China Minzu University Press

图书在版编目（CIP）数据

民族地区基层政府社会治理能力建设研究 / 党秀云著 . —北京：中央民族大学出版社，2023.5

ISBN 978-7-5660-2220-2

Ⅰ . ①民…　Ⅱ . ①党…　Ⅲ . ①民族地区 – 地方政府 – 社会管理 – 研究 – 中国　Ⅳ . ① D625

中国国家版本馆 CIP 数据核字（2023）第 091948 号

民族地区基层政府社会治理能力建设研究

著　　者　党秀云
责任编辑　杨爱新
责任校对　肖俊俊
封面设计　舒刚卫
出版发行　中央民族大学出版社
　　　　　北京市海淀区中关村南大街 27 号　　邮编：100081
　　　　　电话：（010）68472815（发行部）　传真：（010）68933757（发行部）
　　　　　　　（010）68932218（总编室）　　　　（010）68932447（办公室）
经 销 者　全国各地新华书店
印 刷 厂　北京鑫宇图源印刷科技有限公司
开　　本　787 × 1092　1/16　　印张：21.5
字　　数　335 千字
版　　次　2023 年 5 月第 1 版　2023 年 5 月第 1 次印刷
书　　号　ISBN 978-7-5660-2220-2
定　　价　86.00 元

目　　录

第一章　导论 ………………………………………………………… 1
第一节　问题提出 ………………………………………………… 1
一、研究背景 ……………………………………………………… 1
二、研究意义 ……………………………………………………… 2
第二节　文献综述 ………………………………………………… 3
一、国外研究现状 ………………………………………………… 3
二、国内研究现状 ………………………………………………… 10
三、现有研究的局限与不足 ……………………………………… 16
第三节　研究思路与框架 ………………………………………… 17
一、研究思路 ……………………………………………………… 17
二、研究框架 ……………………………………………………… 18
第四节　理论工具与基本概念 …………………………………… 18
一、理论工具 ……………………………………………………… 18
二、基本概念 ……………………………………………………… 20
第五节　研究方法 ………………………………………………… 22
一、文献分析法 …………………………………………………… 22
二、调查研究法 …………………………………………………… 22
三、实证分析法 …………………………………………………… 22

第二章　民族地区基层政府社会治理创新与治理现代化 ………… 24
第一节　新时代我国政府社会治理的基本目标 ………………… 24
一、增进民生福祉 ………………………………………………… 24

二、建设法治国家 …… 25
三、实现民主治理 …… 26
四、促进生态文明 …… 26
五、维护公平正义 …… 27
第二节　新时代民族地区基层政府社会治理面临的主要挑战 …… 28
一、巩固脱贫攻坚成果的压力与挑战 …… 28
二、区域经济发展的压力与挑战 …… 30
三、生态环境保护的压力与挑战 …… 31
四、基础设施建设的压力与挑战 …… 32
五、人力资源紧缺的压力与挑战 …… 34
六、社会不稳定因素多发的压力与挑战 …… 35
第三节　新时代民族地区政府社会治理的重点与战略选择 …… 37
一、加快民生建设，实现民族地区基本公共服务均等化 …… 37
二、转变经济发展方式，实现民族地区经济跨越式发展 …… 39
三、完善民族法律法规，实现民族事务治理法治化 …… 40
四、建设生态文明战略高地，实现民族地区经济社会可持续发展 …… 41
五、铸牢中华民族共同体意识，实现民族地区各民族共同繁荣发展 …… 42
六、提升人才竞争力，实现民族地区人才优先发展战略 …… 44
第四节　民族地区基层政府社会治理现代化的实现路径 …… 45
一、实现政府社会治理理念现代化 …… 45
二、实现政府社会治理体系现代化 …… 47
三、实现政府社会治理能力现代化 …… 49
四、实现政府社会治理技术工具现代化 …… 50

第三章　民族地区基层政府社会治理能力结构与评估框架 …… 52

第一节　民族地区基层政府社会治理能力要素与结构 …… 53
一、民族地区基层政府社会治理能力要素 …… 53
二、民族地区基层政府社会治理能力要素间关系 …… 57

三、民族地区基层政府社会治理能力结构 …… 59
第二节 民族地区基层政府社会治理能力评估指标体系建构 …… 60
一、指标体系设计原则 …… 60
二、指标体系设计程序和方法 …… 65
三、评估指标体系框架构建 …… 71
第三节 民族地区基层政府社会治理能力评估结构 …… 75
一、评估主体 …… 76
二、评估原则 …… 79
三、评估方法 …… 81

第四章 民族地区基层政府经济发展能力分析 …… 85
第一节 民族地区基层政府经济发展能力及其构成 …… 85
一、民族地区基层政府经济发展能力的内涵 …… 85
二、民族地区基层政府经济发展能力的构成要素 …… 86
第二节 民族地区基层政府经济发展能力评价 …… 88
——以广西X市为例 …… 88
一、经济发展能力评价指标体系的设计与建构 …… 88
二、广西X市政府经济发展能力评价 …… 94
第三节 民族地区基层政府经济发展面临的挑战 …… 102
一、自然环境方面的挑战 …… 102
二、产业发展不平衡问题 …… 104
三、经济发展差异问题 …… 107
四、财政收支失衡问题 …… 108
五、基础设施尚待完善 …… 111
六、贫困问题带来的挑战 …… 112
七、政策执行过程中存在的问题 …… 116
第四节 民族地区基层政府经济发展能力提升的路径选择 …… 117
一、加强环境保护力度，为新时期经济发展提供动力 …… 117

二、健全经济政策制定机制，推动经济高质量发展 …………………… 118
三、加强产业结构调整，统筹推进区域经济发展 …………………… 120
四、优化财权事权关系，激发经济发展活力 …………………… 122
五、加强民族地区教育，提升民族地区的人口素质 …………………… 123
六、完善基础设施建设，为经济发展提供保障 …………………… 124

第五章　民族地区基层政府政策执行能力分析 …………………… 125
第一节　民族地区基层政府政策执行能力及其构成 …………………… 125
一、民族地区基层政府政策执行能力的内涵 …………………… 125
二、民族地区基层政府政策执行能力的构成要素 …………………… 126
第二节　民族地区基层政府政策执行能力评价 …………………… 127
——以广西N县为例 …………………… 127
一、政策执行能力评价指标体系的设计与构建 …………………… 127
二、广西N县政策执行能力评价 …………………… 129
第三节　影响民族地区基层政府政策执行能力的主要因素 …………………… 136
一、政策目标影响政策执行效度 …………………… 136
二、政策资源供给影响政策协调畅通性 …………………… 137
三、政策执行主体影响政策解读准确性 …………………… 137
四、政策执行方式影响政策执行效率 …………………… 138
五、政策执行环境影响政策执行效果 …………………… 138
第四节　民族地区基层政府政策执行能力提升的路径选择 …………………… 139
一、加强公务员队伍建设，提升政策解读能力 …………………… 139
二、强化政策宣传引导，提升政策动员能力 …………………… 141
三、完善政策执行统筹，提升政策行动能力 …………………… 143
四、优化政策协调机制，提升政策协调能力 …………………… 145
五、建立持续监控机制，提升政策控制能力 …………………… 147

第六章 民族地区基层政府依法治理能力分析 …… 150
第一节 民族地区基层政府依法治理能力及其构成 …… 150
一、民族地区基层政府依法治理能力的内涵 …… 150
二、民族地区基层政府依法治理能力的构成要素 …… 151
三、民族地区基层政府依法治理能力的现实意义 …… 152
第二节 民族地区基层政府依法治理能力评价 …… 153
——以广西X市为例 …… 153
一、依法治理能力评价指标体系的设计与建构 …… 153
二、广西X市政府依法治理能力评价 …… 157
第三节 民族地区基层政府依法治理的现实挑战 …… 165
一、法治思维有待强化 …… 165
二、依法决策机制有待完善 …… 166
三、行政执法有待规范 …… 168
四、执法监督效果需不断提升 …… 169
第四节 民族地区基层政府依法治理能力提升的路径选择 …… 171
一、完善民族地区行政立法体制 …… 171
二、加强法治队伍建设，夯实法治基础 …… 172
三、坚持科学民主决策，提升依法决策能力 …… 173
四、规范公正文明执法，提升依法执行能力 …… 174
五、强化多元主体监督，提升依法监督能力 …… 175

第七章 民族地区基层政府公共服务能力分析 …… 178
第一节 民族地区基层政府公共服务能力及其构成 …… 178
一、民族地区基层政府公共服务能力的内涵 …… 178
二、民族地区基层政府公共服务能力的构成要素 …… 179
第二节 民族地区基层政府公共服务能力评价 …… 181
——以吉林省Y市为例 …… 181
一、公共服务能力评价指标体系的设计与建构 …… 181

二、吉林省Y市公共服务能力评价 …… 189
第三节　民族地区基层政府公共服务能力困境 …… 198
一、公共服务有效供给不充分 …… 198
二、公共服务均衡配置不全面 …… 199
三、公共服务多元供给创新不充足 …… 200
四、公共服务回应不到位 …… 200
五、公共服务评估体系欠完善 …… 201
第四节　民族地区基层政府公共服务能力提升的路径选择 …… 202
一、加快基层政府公共服务职能转变 …… 202
二、优化公共服务资源配置 …… 204
三、完善公共服务标准与能力评价 …… 206
四、推进公共服务供给方式创新 …… 207

第八章　民族地区基层政府风险防治能力分析 …… 209
第一节　民族地区基层政府风险防治能力及其构成 …… 209
一、民族地区基层政府风险防治能力的内涵 …… 209
二、民族地区基层政府风险防治能力的构成要素 …… 210
三、民族地区基层政府风险防治的基本特征 …… 212
第二节　民族地区基层政府风险防治能力评价 …… 213
——以广西L县为例 …… 213
一、风险防治能力评价指标体系的设计与建构 …… 213
二、广西L县风险防治能力评价 …… 217
第三节　民族地区基层政府风险防治面临的挑战 …… 224
一、民族地区现代社会转型与重构带来的新挑战 …… 224
二、民族地区区域经济发展不均衡带来的新挑战 …… 226
三、民族地区治理体系与治理能力现代化带来的新挑战 …… 227
四、民族地区风险防治综合协调体系构建带来的新挑战 …… 229
第四节　民族地区基层政府风险防治能力提升的路径选择 …… 231

一、夯实制度建设，强化风险预防能力 …… 231
二、加快职能整合，增强风险控制能力 …… 233
三、注重防治全流程管理，提高灾后重建能力 …… 234
四、鼓励社会参与，拓展风险共治能力 …… 235
五、加强风险信息管控，提升舆情应对能力 …… 236

第九章 民族地区基层政府生态治理能力分析 …… 237
第一节 民族地区基层政府生态治理能力及其构成 …… 237
一、民族地区基层政府生态治理能力的内涵 …… 237
二、民族地区基层政府生态治理能力的构成要素 …… 238
第二节 民族地区基层政府生态治理能力评价 …… 241
——以云南M市为例 …… 241
一、生态治理能力评价指标体系的设计与建构 …… 241
二、云南省M市生态治理能力评价 …… 248
第三节 民族地区基层政府生态治理面临的挑战 …… 258
一、生态环境保护与经济发展之间的内在紧张 …… 258
二、"碎片化"的治理模式影响生态治理效能 …… 261
三、政策执行层面面临的挑战 …… 264
第四节 民族地区基层政府生态治理能力提升的路径选择 …… 265
一、转变发展认识，深化基层政府的"绿色"生态理念 …… 265
二、完善基层政府生态治理绩效考核体系 …… 267
三、变革组织结构，推动"整体性"生态治理 …… 268
四、严格生态环境责任机制 …… 269
五、鼓励社会力量参与生态治理 …… 270

第十章 民族地区基层政府创新变革能力分析 …… 273
第一节 民族地区基层政府创新变革能力及其构成 …… 273
一、民族地区基层政府创新变革能力的内涵 …… 273

二、民族地区基层政府创新变革能力的构成要素 …… 274
第二节 民族地区基层政府创新变革能力评价
——以湖南J县为例 …… 277
一、创新变革能力评价指标体系的设计与建构 …… 277
二、湖南J县创新变革能力评价 …… 284
第三节 民族地区基层政府创新变革面临的挑战 …… 292
一、行政文化、行政理念尚待提升 …… 292
二、政策执行效果、政策创新水平尚需提高 …… 293
三、经济发展、创新基础尚待夯实 …… 295
四、干部创新动力尚待提高 …… 297
五、组织结构规模大，行政效率有待提升 …… 298
六、业务流程整合再造需持续推进 …… 300
第四节 民族地区基层政府创新变革提升的路径选择 …… 300
一、顺应时代发展，提升理念创新 …… 300
二、完善政策支持，提升制度创新 …… 301
三、转变政府职能，增强机构变革能力 …… 302
四、借鉴企业经验，拓展流程再造 …… 304
五、运用多元方法，提升工具创新水平 …… 306
六、优化产业结构，提升创新水平 …… 308

第十一章 面向现代化的民族地区基层政府社会治理能力建设 …… 310

第一节 民族地区基层政府社会治理能力建设的必要性 …… 311
一、适应经济社会转型需要 …… 311
二、推进国家治理现代化的需要 …… 312
三、推动民族地区自身发展的需要 …… 313
四、提高民族地区基层政府能力的需要 …… 314
第二节 民族地区基层政府社会治理能力建设中存在的总体性问题 …… 315

一、治理理念仍待转变 …… 315
二、治理主体多元化有待推进 …… 316
三、治理方式有待创新 …… 317
四、法治化建设相对滞后 …… 318
五、人才队伍建设需持续加强 …… 318
六、运用大数据水平有待提高 …… 319
七、治理能力结构性失衡 …… 320
第三节 民族地区基层政府社会治理能力提升的基本途径 …… 321
一、坚持“以人民为中心”的社会治理理念 …… 321
二、创新和完善社会治理体系 …… 322
三、推进社会治理方式的转型升级 …… 322
四、充分运用大数据技术 …… 324
五、重视人才的培育与素质提升 …… 325

后 记 …… 327

第一章　导论

第一节　问题提出

一、研究背景

治理能力是构成政府竞争力的核心要素，是社会进步的重要资源。提升治理能力有助于我国政府充分调动社会资源和激发社会活力来推进社会建设。党的十八届三中全会提出，我国将全面深化改革，总目标是完善和发展中国特色社会主义制度，推进国家治理体系与治理能力现代化。这一改革举措掀开了我国社会治理的新篇章，具有深刻的历史意义与时代价值，有利于政府职能转变，有利于增强政府提供优质社会服务的能力。近年来，随着我国经济与社会的转型，我国经济发展已步入“新常态”，即强调改变旧的经济形态与发展模式，以促进经济的可持续发展。相应地，作为推进国家治理体系与治理能力现代化的核心环节和关键之举，我国社会治理也经历了从单一治理主体向多元治理主体的转变，这意味着政府不再作为单中心治理主体，而是与企业、社会一起协商共治。党的十九大报告提出，要打造“共治共建共享”的现代化社会治理格局，一方面强调发挥政府作用，同时积极动员企业、社会组织、公民等社会力量参与到社会治理中来；另一方面，注重创新和完善政府治理结构，充分体现政府对现代社会的积极回应，促进政府由“小政府”

到“好政府”角色的转变。由此可见，在推进国家治理体系与治理能力现代化的背景下，各级政府迫切需要通过转变治理理念、健全治理体制、创新治理模式、革新治理工具等方式来提升政府社会治理能力。

民族地区基层政府是中央政府和民族地区群众联系的纽带，是民族地区发展与现代化建设的规划者和实践者。民族地区基层政府在维护社会稳定、促进民族团结、保障领土安全、维护国家统一等社会治理领域发挥着重要作用。当前，我国社会主要矛盾已经转化为人民日益增长的美好生活需要和不平衡不充分的发展之间的矛盾，基于这一矛盾现实，民族地区基层政府就必须进一步转变政府职能，创新社会治理体制机制，加快服务型政府建设，提升基层政府社会治理能力，以满足和实现人民群众对美好生活和美好社会的向往和需要。近年来，虽然政府通过实施区域协调发展战略与西部大开发战略以及强化“兴边富民”与“精准扶贫”等举措支持边疆地区和民族地区发展经济，脱贫攻坚战取得了阶段性的成果，但由于我国民族地区受资源禀赋低下、产业结构单一、经济基础薄弱等因素影响，经济发展水平与中东部地区仍存在较大差距，经济发展滞后导致社会矛盾冲突加剧、公共危机事件频发、生态环境日益遭到破坏等社会问题层出不穷。复杂多样的社会问题给民族地区基层政府社会治理带来了巨大的压力和挑战，也对民族地区基层政府的社会治理能力提出了新的要求。民族地区基层政府社会治理能力的高低直接关系到民族地区现代化的发展，关系到民族地区的繁荣富强与各民族的安定团结，关系到我国边疆稳定与国家的长治久安，关系到我国统一的多民族国家的巩固和完善等重大问题。推进民族地区基层政府社会治理及治理能力的现代化，是实现国家治理体系与治理能力现代化的核心议题与重要组成部分，是中国特色社会主义现代化和全面小康社会建设的题中应有之义与必然要求。

二、研究意义

推进政府社会治理体系和治理能力现代化离不开政府社会治理能力的提升，而民族地区基层政府社会治理能力的提升不但是国家治理能力现代化的基本要求，更是民族地区社会稳定与和谐发展的重要保障。本研究的理论意义和现实意义在于：

（一）理论意义

首先，在治理理论体系下，分析并探讨基层政府社会治理能力建设问题，阐释基层政府社会治理能力不足的表现和缘由，对不同层级政府社会治理的主体责任、权力边界及其能力构成的理论分析和对策研究，有利于相关理论研究的不断丰富与深化；其次，基于民族地区基层政府社会治理的特殊环境、现实困境及治理目标，探索构建民族地区基层政府社会治理的能力结构和评价体系，有利于丰富和完善民族地区社会治理理论体系；最后，研究民族地区基层政府社会治理能力建设的系统化、规范化，对促进民族地区治理的现代化具有一定的理论指导意义。

（二）现实意义

一是有助于民族地区基层政府明确职能定位，理顺权力关系，清晰能力要求，有助于增强和提升基层政府社会治理的能力与水平；二是有利于完善民族地区的社会治理体系，形成“共建共治共享”的良好社会治理结构，激发和调动多元主体参与社会治理的积极性，加快民族地区基层社会治理现代化的进程；三是提升民族地区基层政府的社会治理能力，有助于民族地区经济社会的繁荣与可持续发展，对促进民族团结与社会稳定具有重要的现实与战略意义。

第二节　文献综述

一、国外研究现状

（一）治理基础理论研究

20世纪末，政府机构设置臃肿、行政低效及财政危机等问题给西方国家政府管理带来了严峻的挑战。为弥补政府能力缺陷和矫正“政府失灵”，治理逐渐演化为新型的管理理念和管理模式。自20世纪90年代以来，国际机构与相关学者从不同视角研究治理基础理论，并形成了诸多研究成果。

第一，治理内涵研究。“治理”概念是1989年世界银行在总结非洲局势时首次提出的。Robot Roots（1996）认为，治理打破了常规化的管理途径和方法，将私人部门中的竞争激励机制引入到政府管理与服务活动中。[①]让-皮埃尔·戈丹（1999）认为，治理与统治的内涵有着本质的差异，是一种全新的统治过程，它要求从头便与传统的统治概念区分开。[②]Elinor Ostrom（2000）认为，公共治理是政府与市场之外的“第三条道路”，其目的在于矫正“政府失灵”和克服“市场失灵”。[③]

第二，治理主体构成研究。格里·斯托克（1999）认为，治理主体具备多元化的特征，通过履行自身职能来实现共同利益。在此基础上，他提出在国家治理过程中，政府应该逐步摆脱“超级保姆”的角色，将一些责任转给社会组织、私营部门或志愿组织，从而促进各治理主体共同承担责任。[④]Bob Jessop（2000）认为，政府在新的社会治理结构体系中的主要职责是设计治理目标和发展愿景，建立相关机制以平衡和协调治理主体间的关系。[⑤]James Rosinau（2001）认为，治理是对共同目标导向性的管理过程，并非单纯依靠国家强制力和政府单一主体来完成。[⑥]

第三，治理模式建构研究。赫尔曼·哈肯（1992）提出了“协同治理”模式，强调治理要妥善处理好政府、企业、社会等治理主体的关系，要构建各治理主体沟通协商、公平互动的治理格局，促进各治理主体达成合作共识，形成合作伙伴关系，推进“协同治理”过程。[⑦]弗朗索瓦·各扎维尔·梅里安（1999）认为，治理过程应倡导构建网络治理体系，政府在网络治理体系中不再是“一权独大”，而应

① 罗伯特·罗茨：《新的治理》，《政治研究》，1996年第154期，第56-68页。

② 俞可平：《治理与善治》，北京：社会科学文献出版社，2000年，第144-145页。

③ 陈剩勇、赵广勇：《“参与式治理”研究评述》，《教学与研究》，2009年第8期，第75页。

④ 格里·斯托克：《作为理论的治理：五个论点》，《国际社会科学》（中文版），1999第2期，第43页。

⑤ 鲍勃·杰索普：《治理的兴起及其失败的风险：以经济发展为例的论述》，引自俞可平主编《治理与善治》，北京：社会科学文献出版社，2000年，第79页。

⑥ 詹姆斯·N.罗西瑙：《没有政府的治理》，南昌：江西人民出版社，2001年，第5页。

⑦ James Rosenau & Ernest Czempie. *Governance without Government: Order and Change in World Politics*. Cambridge: Cambridge University Press, 1992.

适度放权，采取广泛的合作方式使多元主体共同参与治理。[①]此外，埃莉诺·奥斯特罗姆（2000）等学者提出了“多中心”治理模式，并且提出在公共事务治理中可存在无政府参与的现象。[②]盖伊·彼得斯（2001）通过总结现有的治理模型，提出了“政府式”“参与式”“解制型”“弹性化”和政府治理模式。[③]Archon Fung和Erik Olin Wright（2003）强调“赋予公民权利”是“参与式”政府治理模式的核心。[④]Richard C.box（2005）提出的“公民治理”模式也为“社区治理”模式提供了研究视角和研究思路。[⑤]

（二）地方治理研究

自20世纪80年代以来，随着世界各国推行新公共管理运动，公共行政精神席卷全球，影响着世界各国政府，地方政府在处理公共事务中的价值和作用日益突出。西方发达国家学术界也将研究焦点逐渐转向地方治理，并获得大量研究成果。

第一，地方治理内涵与范畴研究。首先，从地方治理内涵来看，Tony Bovaird和Elke Loeffler（2007）在对地方治理内涵进行深刻解读的基础上，提出“地方治理”是由一系列相互影响的制度和过程以及连接治理主体而形成合作关系的网络机制构成的。他们认为，在地方治理体系中，以地方政府为代表的治理主体没有严格的等级差异和明显的界限划分，彼此相互影响，共同作用于公共政策。[⑥]其次，从地方治理范畴来看，随着地方治理环境的不断变化，人才、信息等资源要素在区域间的流动与日俱增，府际关系也随之愈加紧密，许多跨区域事务问题需要地方政府合作处理解决。府际合作逐渐成为地方治理不可分割的组成部分。国外学者认为，

① 弗朗索瓦·各扎维尔·梅里安:《治理问题与现代福利国家》,《国外社会科学》（中文版），1999年第2期，第5页。

② 奥斯特罗姆:《公共资源的未来 —— 超越市场失灵和政府管制》，郭冠清，译，北京：中国人民大学出版社，2015年，第28页。

③ B.盖伊·彼得斯:《政府未来的治理模式》（中文修订版），北京：中国人民大学出版社，2001年，第20页。

④ Archon Fung，Erik Olin Wright. *Deepening Democracy：Institutional Innovations in Em-powered Participatory Governance*. NewYork：Verso，2003.

⑤ 理查德·C.博克斯:《公民治理：引领21世纪的美国社区》，北京：中国人民大学出版社，2005年，第47–61页。

⑥ Tony Bovaird and Elke Loeffler. Assessing the Quality of Local Governance：A Case Study of Public Services. *Public Money&Management*, 2007（9）.

现代城市是区域行政中心，也是人口高度密集区域，城市治理在国家发展中的地位和作用尤为重要。Samuel Bowles和Herbert Gintis（2002）将社区描述为政府、市场、社会交互作用的序列和集合，故社区治理是构成善治的核心要件，旨在解决无法由政府、市场或者个人解决的特定问题，它将在地方治理中扮演重要角色。[①]随着城市治理的不断创新，国外学者将研究视角转向乡村治理，并在一定程度上达成了共识:（1）乡村治理是地方治理的有机组成部分，也是促进地方治理发展的关键环节。（2）相较于城市地区，囿于自然、历史、经济发展等因素的影响，乡村地区具有更强的异质性，因此乡村治理将面临更多现实困境与梗阻，政府应依据乡村治理现实，制定满足乡村治理需要的公共政策。（3）Shorthall和Shucksmith（2001）认为，以往千篇一律的公共政策无法满足异质性明显的乡村治理需求，探索符合农村治理现实及其差异化特征的公共政策是促进农村治理的任务重心。[②]

第二，地方治理权力关系研究。Kenneth G. lieberthal和David M. Lampton（1992）依据我国地方治理现实，指出地方政府在推进市场经济改革中的“自由裁量权”过大，甚至影响或主导国家政策的制定和执行，这在一定程度上给中央政府的政治权威造成了威胁。[③]Susan Shiirk（1993）认为，央地政府关系不应简单归纳为控制与服从，双方关系应是有意识的相互妥协，即在维护国家整体利益的前提下，中央政府应积极回应具有相对独立资源的地方政府的需求。[④]Fumihiko Saito（2007）认为，受到新公共管理运动的影响，央地政府之间的权力关系逐渐发生变化，主要体现在公共权力从集中向分散的转变，“分权”逐渐成为地方治理的基础。[⑤]Richard C.Box（1998）认为，在“分权”过程中，地方政府所处地位不断提高，

① Samuel Bowles, Herbert Gintis. Social Capital and Community Governance. *The Economic Journal*, 2010, 112（483）.

② Shorthall, S., and Shucksmith M. Rural Development in Practice: Issues Arising in Scotland and Northern Ireland. *Community Development Journal*, 2001.

③ Kenneth G.Lieberthal, David M.Lampton. *Bureaucracy Politics, and Decision Making in Post-Mao China*. Berkeley: University of California Press, 1992.

④ Susan L. Shirk. *The Political Logic of Economic Reform in China*. Berkeley: University of California Press, 1993.

⑤ Fumihiko Saito. *Decentralization and Local Governance: Introduction and Overview*. Berlin: Springer, 2007.

其以往扮演的“经济增长器”角色发生了改变。同时，地方政府进行“权力瘦身”，将私人部门、公民社会等多元治理主体纳入地方治理体系中，通过共同行使权力来满足民众诉求，从而不断提升治理效力和公共服务质量。Stoker（2004）从权力运作和治理机制的角度比较了“新地方主义”与“旧地方主义”之间的差异。他认为，旧地方主义（Old Localism）中地方治理的重要特征是在明确的地域范围内将本地方与“外部世界”隔离开来，通过自我依赖与自我供给建立治理体系。这意味着政府间的关系始终处于“零和博弈”状态。“新地方主义”（New Localism）提出在既定的国家最低标准和政策优先权体系内，将公共权力和公共资源交由一线管理主体、地方民主实体、社区与公民。这进一步说明地方政府作为治理主体的“非排他性”，一方面通过“分权”与“授权”，综合考量地方多元治理主体的利益诉求；另一方面要扮演“裁判员”和“仲裁者”角色，妥善处理各治理主体的利益纷争，同时也要保障各治理主体博弈规则供给和创造集体选择的机会，发挥“元治理”（Koch和Eising，1999）功能，规范治理主体的博弈行为，避免出现“零和博弈”局面。[①]

第三，社区治理与社区自治研究。国外学者从社区治理权力演变、社区治理模型构建和社区自治角度研究社区治理。首先，从社区治理权力演变过程来看，亨特（1953）认为，社区治理权力应当由社区内的实业精英掌握，实业精英应主导社区治理过程，而政府行政官员应辅助实业精英完成社区治理。[②]达尔（1961）认为，社区治理权力应当由多个群体或个人掌握，没有任何群体或个人能够垄断社区治理权力，单独影响社区决策制定与执行过程。[③]简·雅各布斯对政府主导社区治理模式提出了异议，他认为，仅靠政府行使权力难以处理日益复杂的社区公共事务，主张鼓励公民积极参与社区治理，尊重和保障公民在社区治理中的积极性和主动性，进而提高公民管理社区的能力。约翰·克莱顿·托马斯（2007）认为，随着公民社会的日臻成熟，公民在参与社区治理中的价值日益提升，主张调动社会弱势群体参与社

① Kohler-Koch B.，R.Eising（eds.）.*The Transformation of Governance in the European Union*. London，New York：Routledge，1999.

② 徐丹：《美国社区治理中第三部门研究》，博士学位论文，华中师范大学，2014年，第8页。

③ 徐丹：《美国社区治理中第三部门研究》，博士学位论文，华中师范大学，2014年，第8页。

区治理，维护其治理权利，切实保证社区治理的公平性与公正性。[①]其次，从治理模式的构建来看，美国社区治理以区域所有权和文化共享为基础，在自愿社区团体的领导下实现自治。这种治理模式下的政府与社区彼此分离，互不干涉，社区自治组织在制定社区发展路径方面具有较大的自主权，政府设立派出行政机构间接参与社区治理。与美国社区模式不同的是，日本采用一种介于政府主导和社区自治之间的过渡式社区治理模式，被称为混合社区治理模式；而同是亚洲国家的新加坡则采取"强政府，弱社会"社区治理模式，即政府通过设置专门机构来控制和干预社区治理。

（三）政府能力研究

第一，政府能力内涵研究。Goodnow（1900）认为，在任何政府体系中都有表达和执行的国家意志，这实际上是政治和行政能力的二元组合。[②]阿尔蒙德（1987）认为，政府能力具有系统性、适应性和可变化性特征。根据政府能力的特点，他提出政府能力包括政府应对内外部环境挑战能力、制定和实施政策能力、维护公共秩序能力。[③] Stone（1987）认为"政府能力"有两个特征，即全面性和双重性。全面性是指政府整合各行政机构的能力；双重性体现在政府处理内部事务与处理社会事务的能力。[④]亨廷顿（1989）提出，国家之间的重要政治差异并非表现在政府形式而是表现在政府水平方面，而"政府水平"实指政府的能力。[⑤]

第二，政府能力评估研究。20世纪80年代后期，一种以"多中心"与"政府再造"为主要特征的新治理体系广泛应用于治理实践中，给公共行政、政府能力带来了压力和挑战，如何评估政府能力自此成为国外学者研究的焦点。1997年，联合国开发计划署的研究报告指出，治理是政府向市场、社会与公民分权的过程。因此，

① 约翰·克莱顿·托马斯著:《公民政策中的公民参与》，孙柏英译，北京：中国人民大学出版社，2005年，第144–148页。

② 弗兰克·J. 古德诺:《政治与行政：一个对政府的研究》，上海：复旦大学出版社，2011年，第48–59页。

③ 阿尔蒙德等:《比较政治学——体系、过程和政策》，上海：上海译文出版社，1987年，第199–233页。

④ 斯通:《政治心理学》，哈尔滨：黑龙江人民出版社，1997年，第78–81页。

⑤ 塞缪尔·亨廷顿:《变化社会中的政治秩序》，上海：上海三联书店，1989年，第34–39页。

强化以人民为核心的分权能力是评价政府能力的重要标准。Christina Arnt和Charles Auman（2010）提出了政府能力评估的四项标准，即："世界银行治理指标""国际风险指标""透明国际指标"以及"自由之家管理指标"。[①]

第三，政府治理能力建设对策研究。美国开国之初，以汉密尔顿（1982）为代表的美国联邦党人着力于政府行政能力提升研究。通过分析政府治理实践中的能力不足问题，提出若使政府部门强而有力，需要四个要素提供保障，即：团结、稳定、充分的法律支持及充足的公共权力。[②]这是西方学者对政府能力提升要素较为全面系统的论述，对当今政府治理能力提升亦具有指导意义。查尔斯·林德布洛姆（1992）提出，行政权威是支撑政府存在的基石，如同市场制度一样重要，同样不可或缺。[③]戴维·奥斯本和特德·盖布勒（1996）对新公共管理进行了阐述，认为政府职能是"掌舵"而非"划桨"，主张引入市场机制，运用企业管理方法来促使政府转变职能、建立有限政府和提高行政效率，进而提升治理能力。[④]Little G. Bingham Powell（2013）指出，新公共管理理论对政府能力建设产生了深远影响，应构建"企业型政府"，通过缩小公共部门规模、压缩公共部门成本等途径来提升政府治理能力。[⑤]1997年，世界银行报告分析了政府能力提升战略问题，该报告对研究非西方国家政府能力问题具有深远影响。随着政府治理实践的发展，西方学者越来越重视研究制度环境与改善政府治理之间的内在逻辑关系。塞缪尔·亨廷顿（1989）从组织制度研究出发，指出一个政府制度化程度低，说明这个政府是羸弱无力的政府。他的观点表明，制度环境的优势和劣势直接决定了政府治理的力度。[⑥]J. Ribot（2002）通过总结概括非洲国家治理经验，分析了构建治理制度的战略意义，

---

① 登哈特著:《新公共服务：服务而不是掌舵》，丁煌译，北京：中国人民大学出版社，2010年，第148–226页。

② Alexander Hamilton，James Madison，John Jay. *The Federalist Papers*. New York：Bantam，1982.

③ 查尔斯·林德布洛姆:《政治与市场》，上海：三联书店，1992年，第45–49页。

④ 戴维·奥斯本、特德·盖布勒著:《改革政府》，周敦仁等译，上海：上海译文出版社，1996年，第22页。

⑤ 鲍威尔、道尔顿、斯特罗姆:《当代比较政治学》，北京：中国人民大学出版社，2013年，第14–19页。

⑥ 塞缪尔·亨廷顿:《变化社会中的政治秩序》，上海：上海三联书店，1989年，第34–39页。

提出构建与优化治理制度、培育良好的制度环境是提升政府治理能力的关键环节。[①] 梅利里·S.格林德尔（1997）对非西方国家的政府能力进行了深入研究，认为政府组织机构设置与制度安排的合理与否、人力素质的高低与政府能力建设具有密切联系，因此，政府应着力加强公共部门人力资源开发力度、创新组织机构设置、优化制度安排，以实现能力提升的美好愿景。[②]

二、国内研究现状

（一）地方治理研究

第一，地方治理基础理论研究。在周红云（1999）编译的《从地方政府管理到地方政府治理》论著中，首次提出了“地方治理”的概念。[③]孙柏瑛（2004）系统性地提出了地方治理相关理论并将其具体划分为国家与社会关系问题、地方政府体制制度改革问题、公民自主性参与问题、多层治理结构问题、政府间关系问题五个板块进行研究。[④]李泉（2014）提出，政府运作方式不仅包含契约外包、发展公私伙伴关系，而且包含多方参与、共同协商等其他运作方式。[⑤]俞可平（2016）提出，民主与善治是不可分离的，最理想的政治现实是积极实现善治与民主的统一，只有政府施行善政，才能推动善治格局的形成，也只有在善治格局下，人民的利益才能得以更好地实现，人民才能更加幸福。[⑥]

第二，地方治理模式创新研究。自2013年以来，我国学者将研究重点转向探索

① J. Ribot. *Africa Decentralization: Local Actors, Power and Accountability*. New York: UNRISD, 2002.

② Merilee S.Crindle (ed.). *Getting Good Government: Capacity Building In the Public Sectors of Developing Countries*. Cambridge : Harvard University Press, 1997.

③ 卡洛林·安德鲁、迈克·戈登史密著，周红云编译：《从地方政府管理到地方政府治理》，《马克思主义与现实》，1999年第5期，第50页。

④ 孙柏英：《当代地方治理——面向21世纪的挑战》，北京：中国人民大学出版社，2004年，第73–74页。

⑤ 李泉：《治理思想的中国表达——政策、结构与话语演变》，北京：中央编译出版社，2014年，第69–72页。

⑥ 俞可平：《走向善治》，《学习月刊》，2016年第11期，第56页。

创新型政府治理模式。汪旻艳（2014）认为，在代议制民主日益显露出弱点和弊端的背景下，参与式治理和谈判治理应运而生。所以，若实现理想社会治理效果，就需要通过网络载体突破体制设计“瓶颈”，达成参与治理和协商治理的有效对接整合。①谭英俊（2015）认为，合作治理模式是推进政府改革和发展的新治理模式，探索合作伙伴，运营合作伙伴关系，提供合作资源是构建合作治理模式的关键途径。②易承志（2016）从大都市的城市化和治理实践出发，提出政府应该促进整体治理，突破行政边界的阻碍，充分发挥市场在大都市公共事务治理中的作用。③胡春阳、廖新林（2017）认为，“互联网+”时代的到来给中国的治理现代化带来了机遇和挑战。政府应科学运用“互联网+”治理平台，推动政府治理模式向网络治理模式转变。④韩兆柱（2017）认为，网络治理在治理理念、治理结构、治理体系方面与传统治理模式具有明显的差异，是一种新型治理框架，其核心思想在于推进治理主体形成合作伙伴关系，达成合作共识，实现行政善治目标。⑤

第三，基层治理研究。基层治理在维护社会秩序稳定与促进社会公平正义以及保障和增强公共利益方面具有重要意义。近年来，随着民主化、市场化、多元化浪潮的冲击，基层治理环境发生了根本性的改变，复杂多样的治理环境给基层政府治理带来了巨大挑战，同时，也引发了学者对基层治理的广泛讨论和深入研究。周根才（2014）认为，基层治理赖以选择和运用的硬工具在社会治理中的缺陷和不足日益显现，因此，以社会文化价值塑造、社会心理干预、社会合作和共治为核心内容的“软治理”逐渐成为基层治理的必然路径选择。⑥在此基础上，李慧凤、郁建兴（2014）从基层治理工具选择、基层公共事务和政府与市场、社会间的关系三个维

① 汪旻艳:《参与式治理与协商治理的对接与融合》,《领导科学》，2014年第6期，第13页。

② 谭英俊:《走向合作型政府：21世纪政府治理的新趋势》,《中共天津市委党校学报》，2015年第5期，第66页。

③ 易承志:《超越行政边界：城市化、大都市区整体性治理与政府治理模式创新》,《南京社会科学》，2016年第5期，第48页。

④ 胡春阳、廖信林:《“互联网+”驱动下的国家治理现代化模式及路径研究》,《现代管理科学》，2017年第10期，第90页。

⑤ 韩兆柱、李亚鹏:《数字化治理、网络化治理与网格化管理理论的比较研究》,《学习论坛》，2017第3期，第41页。

⑥ 周根才:《走向软治理：基层政府治理能力建构》,《学术界》，2014年第10期，第34页。

度分析了基层政府决策选择及制度逻辑，提出通过修正先前政策偏好、优化政策选择方案等途径来改变传统基层治理规则和程序，并逐步改善基层治理结构和制度环境，从而推进基层社会治理体制创新。①此外，王岩、潘友星（2016）基于协商民主视域研究基层治理，认为协商民主本身蕴含的法治、合理性、平等、宽容等内在品质在解决基层矛盾和冲突方面发挥着重要作用。因此，将协商民主演化成基层治理的政治选择，进而将其上升为一种具有中国特色的治理形式。②

（二）政府治理能力研究

首先，政府治理能力的内涵及其现代化研究。林婷（2015）认为，政府治理能力的概念源于对“多中心”治理模式中政府职能的研究，在讨论治理模型、治理现象和治理问题时，政府治理能力通常被视为技术工具。基于此观点，她强调政府治理能力现代化的要旨在于政府有效运用信息工具、高效整合社会资源、积极回应公民需求。③倪翠兰（2014）认为，政府治理能力现代化体现在政府具有治理现代社会的能力，即政府能够有效处理现代社会发展中的各类问题并达成现代社会发展目标，从而促进现代社会可持续发展。④朱茂磊（2014）认为，政府治理能力现代化即政府在现代社会治理进程中应拥有规划全局和统筹协调各领域的能力。⑤

其次，政府治理能力评估研究。张海洋（2015）从我国政府治理能力评估实践中存在的问题出发，提出整合利益、大数据支撑、制度化的运作和保障机制及拓宽公众参与渠道是建构政府能力评估系统的关键要素。⑥李文彬、陈晓运（2015）提出，应当以战略性、信息化、多元化和法治化标准，采用主客观相结合的方法来对政府治理能力现代化进行评估。⑦一些学者从主体多元化的角度研究政府治理能力

① 李慧凤、郁建兴:《基层政府治理改革与发展逻辑》,《马克思主义与现实》，2014年第1期，第174页。

② 王岩、潘友星:《协商民主视域下基层政府治理研究》,《思想战线》，2016年第2期，第93页。

③ 林婷:《“治理能力现代化”内涵解析》,《厦门理工学院学报》，2015年第4期，第94页。

④ 倪翠兰:《治理能力现代化内涵探析》,《社科纵横》，2015年第5期，第6页。

⑤ 朱茂磊:《论政府治理能力的基本维度及其现代化》,《中南财经政法大学研究生学报》，2014年第3期，第25页。

⑥ 张海洋:《构建合法性维度下的政府绩效评估体系》,《河北科技大学学报》（社会科学版），2015年第3期，第27页。

⑦ 李文彬、陈晓运:《政府治理能力现代化的评估框架》,《中国行政管理》，2015年第5期，第23页。

评估问题，如张明军、朱玉梅（2017）认为，社会组织参与评估具有增强透明度与增进客观公正的效能，亦能促进政府提供优质公共服务。但由于社会组织在参与政府评估中面临着诸多现实困境，因此，重构社会组织参与评估的指导思想，拓展其评估空间，优化其参与评估的机制等举措成为促进社会组织参与政府治理能力评估的必然路径。①吴旭红（2017）借鉴新制度主义理论，剖析了政府能力评估的制度环境，强调制度安排与制度过程将影响政府治理能力评估的客观性和真实性。②周书楠（2018）从现阶段政府治理能力评估呈现出的弊端出发，指出重塑地方政府治理能力评估传导机制的必要性。政府应建立与公众之间良好的沟通与回应关系、协调好与上下级政府间的民主合作关系来重塑能力评估传导机制。③

最后，提高政府治理能力的路径和对策研究。邱志强（2015）认为，提高地方政府治理能力应该立足于中国国情，加快多元治理模式的构建，创新治理体系，利用现代技术构建治理服务平台。④陈文权（2015）认为，政务微博的开放性和互动性特征为我国政府治理带来了机遇与挑战。所以，应通过加强政务微博与政府治理的内在逻辑联系，优化和完善政务微博运营环境，提高政务微博使用效率来提高政府的治理能力。⑤唐晓阳、代凯（2017）认为，提升政府治理能力有赖于进一步理顺大数据管理体制机制、健全网络数据管理法律、推进数据信息开放共享、注重数据人才培养。⑥

（三）民族地区社会治理研究

从当前我国对地方治理的研究现状中可以看出，国内学界对我国地方治理理论、内涵、模式等重点问题的研究日臻成熟，并将研究重点扩展到民族地区的社会

① 张明军、朱玉梅：《社会组织参与地方政府绩效评估的困境与优化逻辑》，《社会科学研究》，2017年第6期，第7页。

② 吴旭红：《制度、过程与结果：地方政府治理能力评估的三维坐标》，《理论探讨》，2017年第1期，第5页。

③ 周书楠：《地方政府绩效评估改革的动力传导机制研究》，《领导科学》，2018年第2期，第32页。

④ 邱志强：《多元治理＋机制创新：地方政府治理能力提升的路径选择》，《江海学刊》，2015年第6期，第212页。

⑤ 陈文权：《政务微博的崛起对提升地方政府治理能力的影响与对策探讨》，《云南行政学院学报》，2015年第1期，第80页。

⑥ 唐晓阳、代凯：《大数据时代提升政府治理能力研究》，《中共天津市委党校学报》，2017年第6期，第74页。

治理，取得了丰硕成果。

首先，民族地区社会治理主体研究。一是关于培育民族地区地方政府社会治理能力研究。闾柏（2010）将治理理论与治理实践有机结合，在阐述及进一步分析民族地区地方政府治理能力现状后，提出了培育民族地区地方政府社会治理能力的相关制度和机制建议。①李维宇（2015）从民族地区基层政府治理能力建设的重要性及基层政府行政环境的特殊性出发，提出民族地区基层政府应通过不断健全机制、促进职能转变、优化治理体系、夯实服务队伍等途径来提升基层社会治理能力。②叶红、李成（2015）以云南少数民族地区社会治理作为实证调研对象，通过分析当地社会治理现实困境及地方政府社会治理能力建设的特殊性，提出地方政府应通过树立治理理念和善治思想，推动社会治理制度化、法治化、系统化，并充分发挥社会组织在协同治理中的积极作用以提高其治理能力。③二是关于民族地区社会组织研究。李俊清、陈旭清（2010）通过实地调研分析了民族地区非政府组织存在的问题，提出非政府组织具有参与公益事业和提供优质公共服务的功能，可充当政府与公民之间的沟通桥梁。④李妙然（2011）将西部地区生态治理与经济发展、少数民族文化传承和政治权益保护相结合来研究社会组织在环境保护与治理问题中的重要作用。⑤三是关于公民参与民族地区社会治理研究。蒋辉（2010）认为，由于参与意识不强、参与治理制度不健全、参与途径单一等因素导致公民参与民族地区社会治理具有局限性。⑥因此，龙丽波（2016）提出，通过加强民族地区公民对治理内涵的认知，提高公民参与社会治理的意识，培育和营造公民参与社会治理的制度环境、扩大公民利益表达与参与治理的方式途径来推进公民参与民族地区社会治理常

① 闾柏:《民族自治地方政府能力与区域经济社会发展》，昆明：云南人民出版社，2010年，第5–10页。

② 李维宇:《民族地区基层政府治理能力提升的困境与进路》,《湖北民族学院学报》（哲学社会科学版），2015年第5期，第5页。

③ 叶红、李诚:《提升云南边疆民族地区政府社会治理能力》,《学术探索》，2015年第4期，第29页。

④ 李俊清、陈旭清:《我国少数民族地区社会组织发展及社会功能研究》,《国家行政学院学报》，2010年第6期，第77–78页。

⑤ 李妙然:《西部民族地区环境保护非政府组织研究——基于治理理论的视角》，博士学位论文，中央民族大学，2011年，第1页。

⑥ 蒋辉:《浅论民族地区公共管理中的公民参与》,《桂海论丛》，2010年第9期，第121页。

态化发展。[①]

其次，民族地区社会治理模式研究。朱懿（2016）提出边疆民族地区的协同治理反映出民族地区社会治理模式的创新性，同时提出，通过转变合作治理理念，完善合作治理机制，综合运用治理工具，实现边疆民族地区的协同治理。[②]青觉、闫力（2016）引用社会主义协商民主理论分析民族自治地区的公共政策形成与执行机制，认为协商民主机制有助于达成共识性政策，并提出在民族地区特殊的社会环境下，构建协同发展的社会治理模式。[③]刘建华（2016）提出，边疆民族地区地方政府应适应互联网时代的变化，树立互联网思维，通过打造“平等、开放、创新、共享、协作”的社会治理模式来实现与公民“需求链接、再组织化与价值引导”的有机结合。[④]

最后，民族地区社会治理创新研究。王虎、王磊（2016）认为，由于民族地区传统的社会管理体制难以适应社会转型带来的新特质与新变化，因此，必须强化社会治理的前瞻性；提出服务型政府是优化民族地区社会治理模式、巩固民主基础的逻辑起点。[⑤]周晓丽（2014）认为，在坚持民族平等、社会公正和公民参与的核心要义下，民族地区社会治理的创新必须严格遵守民族区域自治制度，培养少数民族公民精神，建立民族地区民间协商对话机制。[⑥]胡美术、黄建荣（2017）提出重视少数民族传统文化中的民间智慧如“谈判、理性、博爱”在民族地区社会治理中的积极作用。[⑦]

① 龙丽波:《公民参与视域下民族地区社会治理路径》,《中共云南省委党校学报》，2016年第2期，第168页。

② 朱懿:《边疆民族地区协同治理的创新实践》,《开放导报》，2016年第6期，第85页。

③ 青觉、闫力:《共建共治共享：民族自治地方社会治理的新模式——社会主义协商民主的视角》,《黑龙江民族丛刊》，2016年第3期，第18页。

④ 刘建华:《互联网思维下边疆民族地区政府社会治理方式研究》,《电子政务》，2016年第5期，第61页。

⑤ 王虎、王磊:《民族地区社会治理的现实依据与逻辑基础》,《贵州民族研究》，2016年第10期，第61页。

⑥ 周晓丽:《基于民族地区特殊性下的社会治理理念及路径》,《南京社会科学》，2014年第11期，第68页。

⑦ 胡美术、黄健荣:《情理与规法：民族地区社会治理中的民间智慧运用》,《湖北民族学院学报》（哲学社会科学版），2017年第3期，第11页。

三、现有研究的局限与不足

以上通过梳理治理的相关理论和政府社会治理能力文献，分析并探讨了当前国内外学者对相关问题的看法，我们发现政府社会治理能力领域还有深入探讨的空间，也为民族地区基层政府社会治理能力研究提供了视角与思路。

第一，多元治理模式存在一定的局限性。当前学者主要从“单一化”到“多元化”的转变、各治理主体通过协商或谈判的方式处理公共事务等视角对治理模式进行研究，未明确地划分政府、企业、市场等治理主体的分界，致使各治理主体的责任分工模糊不清，缺乏对各级政府如何在不同的职能领域行使公共权力及如何提升治理能力问题的详细研究。

第二，尚未形成系统的政府治理能力评估体系。国内外学者对政府治理能力评估主体、评估原则、评估制度与机制研究取得了诸多成果，也初步探讨了政府治理能力评估指标体系的特征与设置原则。由于现有研究缺乏对政府治理能力构成指标体系综合性、系统性、科学性的深入探讨，导致现存政府能力指标呈现“碎片化”状态，逐渐成为构建政府治理能力结构指标体系及其治理能力评价指标体系的制约因素。因此，这将成为本研究的深入研究方向。

第三，缺乏民族地区社会治理理论研究。治理的基本理论、地方治理理论和民族地区社会治理理论是本研究的重要理论工具。但从现有研究来看，国内外学者大多运用治理基础理论工具研究民族地区社会治理问题，暂时未全面发掘具有中国特色、民族地区本土化特色的治理理论，这导致民族地区社会治理实践缺乏系统的理论指导。

第四，缺乏社会治理能力现代化建设路径研究。国内学者在政府治理能力现代化发展战略研究方面取得了丰硕成果，在此基础上，一些学者提出了民族地区社会治理现代化的基本方向，但尚未系统、深入探索提升民族地区基层政府社会治理能力的路径选择，对促进民族地区基层政府社会治理能力现代化的对策和建议的研究相对匮乏。

第三节　研究思路与框架

一、研究思路

首先，本研究在对治理基础理论、社会治理、政府能力相关文献梳理的基础上，提出了民族地区基层政府社会治理能力建设问题，并对核心概念进行界定和阐释，为深入探讨民族地区基层政府社会治理能力建设提供理论依据和基础。其次，解读、分析了民族地区基层政府社会治理创新与治理现代化的战略目标、职责任务、战略选择、治理能力评价体系等一系列核心问题与重大理论问题，据此在对民族地区基层政府社会治理职能及其职责任务梳理的基础上，将民族地区基层政府社会治理能力的基本构成要素划定为经济发展能力、政策执行能力、依法治理能力、公共服务能力、自治能力、风险防范能力、创新变革能力和生态治理能力等八个方面，在深入民族地区进行调查研究的基础上，对不同治理能力存在的不足及其诱因进行了系统、全面的剖析，提出具有针对性的对策建议。最后，对民族地区基层政府社会治理能力状况进行总体评价与分析，提出了面向现代化的民族地区基层政府社会治理能力建设路径选择。

二、研究框架

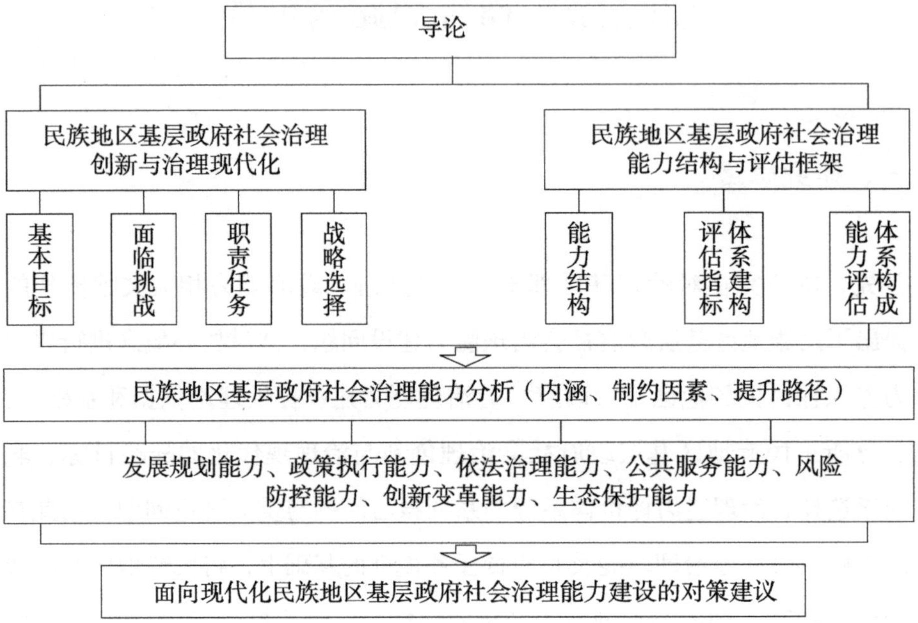

图 1–1　课题研究框架

第四节　理论工具与基本概念

一、理论工具

（一）治理理论

治理理论是20世纪末出现的一种政治思潮和社会发展趋势，其内涵包括：（1）社会治理主体的多元化。治理理论认为，除政府外，还存在着私人部门和志愿性机构，并能够在政治、经济和社会管理事务中发挥作用，以此强调第三部门参与社会治理的必要性。(2) 重塑政府角色。治理理论提出政府在社会治理中应逐步实现从“全权负责”到“赋权掌舵”角色的转变，即政府应适当下放权力，将一些不应或不宜由自己直接管理的事务转交给非政府部门，同时，确定政府行为准则，负责指导、引导、监督和服务。(3) 倡导网络管理体系。治理理论提出政府、非营利组织和公民等多元主体存在于同一治理网络中，且在市场原则、公共利益和社会认同前提下，采取多种合作形式，推动治理网络正常运转。简而言之，在同一治理体系内，每个治理主体的权力向度是多样化的，内部关系是相互依存的。

（二）民族区域自治理论

民族区域自治理论为我国处理民族事务、解决民族问题提供了解决方案。究其实质，它是以维护国家统一和促进民族团结为前提，通过将地方自治与民族自治相结合而形成的针对少数民族地方事务的治理理论。(1) 自治主体。民族自治理论的自治主体是指聚居于某一地域范围内的特定少数民族群体。(2) 自治层级。民族地区地方政府的独特属性，使其在行政层级上表现出一定的差异性。(3) 自治区域。根据我国民族分布的基本规律和主要特征，民族自治区域是指在特定的区域内，为聚居人口较多的少数民族设立的自治地方。(4) 自治权力。自治权力是民族区域自治理论的核心内容。由于民族地区属于国家制度体系下的自治区域，因此，少数民族聚居地通过建立自治行政机构和行使自治权力，自主管理本民族事务。

（三）公共选择理论

自20世纪60年代以来，公共选择理论以其实用性和创新性而被广泛接受，并逐步形成了“公共选择流派”。公共选择理论的代表人物布坎南运用“经济人假设”来分析行政问题，认为国家（政府）是一种人类组织，并非神之造物，存在“政府失败”现象，即效率低下、追求自身利益最大化、天然犯错误的倾向。“政府失败”存在的根源有：(1) 低成本的激励机制缺失。在制度体系内，由于政府及其政府官员行为的非营利性，且政府行为与个人利益之间不存在直接的利害关系，因此，政府及其官员缺乏最大限度压缩政府运行成本的动机和动力。(2) 缺乏监督机制。受政府自身的封闭性和政府活动的垄断性等因素影响，外部和内部监督部门由于获取信息的不完备而难以准确评价政府绩效，这极大地削弱了监督的有效性，并且无法避免政府官员的“寻租行为”。（3）政府机构的自我膨胀。在利益最大化驱使下，政府要求扩大组织规模，扩大权力范围。政府扩张的直接后果是通货膨胀和财政赤字。在深刻分析政府失败及其缘由的基础之上，布坎南提出了一系列对策、建议来补救政府失败：（1）改革宪政。重新构建基本的宪法规则和创立新型政治技术，使其能够直接约束政府权力。（2）强化竞争机制。破除传统政府垄断格局，逐渐形成各部门间的竞争关系来构建部门竞争结构。（3）构建激励机制。全面引入企业中的效率和效益观念，构建政府部门与个人利益相关联的财政预算制度。

（四）新公共服务理论

新公共服务理论强调重新审视和定位政府在社会治理中的职能，其主要内容包括：（1）政府的职责是“提供服务”，政府社会治理的根本内容是生产与提供公共产品和公共服务。（2）公共利益是政府服务目标，而非副产品。公共利益的实现不能仅依靠政治领袖或政务官员，更需要广泛的公众对话协商。政府政务人员将实现公共利益作为社会治理的美好愿景，在民主协商中达成个人利益与集体利益的统一。（3）重视人，而不是生产率。政府治理应“以人为本”，将公民的利益和尊严放在首位。（4）责任的重要性。政府的责任不仅在于关注市场，还要关注宪法、政府、社会及公民的尊严和利益等复杂责任。（5）发展公民权利和提供公共服务比企业家精神更重要。公共行政官员是公民的委托代理人，他们不仅要树立权力共享理念，而且是负责任的参与者而非企业家。（6）在思想上具备战略性，在行动上具备民主性。政府作为社会治理的主要参与者，在思想上应具备敏锐的洞察力和有效回应内外部复杂环境的能力；在行动上要增强对公民的责任感，促进社会公平正义，为公民服务与发展公民权利创造机会。（7）服务于公民，而不是服务于顾客。公务员不是仅仅关注“顾客”的需求，而是着重关注于公民并且在公民之间建立信任和合作关系。

二、基本概念

（一）民族地区基层政府

基层政府是处于政府组织底层的行政机构，它是国家治理的基石，具有覆盖面广、直接性、行政执行性等特征。民族地区基层政府是在我国政府组织结构中处在最低层级、直接与民族地区公众接触的、法律授权的行政机关，其依法处理民族地区社会公共事务，为少数民族公众提供公共服务。在实践中，政权在基层运转的基本单位是县级政府，而政权在基层运转的最小单位是乡镇政府。

（二）民族地区基层社会治理

20世纪80年代，“社会治理”作为一个独立的概念和理论体系，在中国实践中不断地丰富和发展。从内涵角度来看，基层社会治理是指由基层政府主导，企业、社会组织和公民广泛参与社会事务处理的过程。民族地区基层政府社会治理是由民族地区基层政府主导，充分发挥和调动多元治理主体的作用和积极性，通过改善民生，发展社会福利，促进公平正义来构建民族地区社会和谐秩序和良好社会治理体系的过程。

（三）民族地区基层政府治理能力

政府的治理能力反映了政府的行政水平，是政府治理行为和结果有效性的检验指标。正如施雪华所说，政府治理能力是政府维持政治统治、处理社会事务、协调社会冲突、维护社会稳定的所有潜在或现实的力量或能量。[①]可以看出，政府的治理能力是政府为实现公共利益、规范自身发展、引导社会力量参与公共事务治理过程所反映的质量和水平。由于民族地区基层政府具有双重属性，因此，民族地区基层政府社会治理能力体现着民族地区基层政府通过合法行使公共权力和履行自身职能，有效整合社会资源来处理民族地区的社会事务，在增进民族地区公众利益、维护民族地区社会稳定、促进各民族繁荣发展等方面的质量和水平。

① 施雪华：《政府综合治理能力论》，《浙江社会科学》，1995年第5期，第8页。

第五节 研究方法

一、文献分析法

本研究在搜集、整理有关研究社会治理、政府能力、公共服务、区域自治以及民族地区公共政策等方面的理论著作与国内外期刊文献的基础上，运用相关理论工具，对民族地区社会治理及政府社会治理能力建设的基本概念、基本原理、重大理论问题进行深入分析和论证；通过规范研究和系统分析，形成规范化、系统化的民族地区基层政府社会治理能力建设的理论框架。

二、调查研究法

本研究采用问卷调查、参观考察、个案访谈、文献检索等调研方法获取来自云南、广西、湖南、吉林等少数民族地区县级政府社会治理能力方面的相关数据和访谈资料，构建了民族地区基层政府社会治理能力评价指标体系，并在深入调查与指标数据分析基础上，了解民族地区基层政府社会治理现状及基层政府社会治理能力存在的缺陷和不足，进而提出了解决问题的对策与思路。

三、实证分析法

本研究选取了壮族、独龙族、怒族、藏族、侗族、朝鲜族等少数民族所在的广西、云南、湖南、吉林等地的基层政府作为实证分析样本。通过问卷调查、专家咨询、隶属关系分析等手段筛选民族地区基层政府社会治理能力评估指标，构建相应的能力评估框架体系，为研究观点和研究结论奠定坚实基础。通过比较民族地区基层政府社会治理能力的样本指标与参照对象，分析民族地区基层政府社会治理能力的缺陷和不足，以确保所提对策和建议的真实性和有效性。

第二章　民族地区基层政府社会治理创新与治理现代化

第一节　新时代我国政府社会治理的基本目标

随着经济体制变革和社会结构转型，全面创新社会治理体系，系统提升社会治理能力，构建共建共治共享的社会治理格局，是实现国家治理体系和治理能力现代化的重要途径。良好社会治理是人民美好生活实现的前提与保障，政府社会治理的根本任务和基本目标为：

一、增进民生福祉

从古至今，民生问题是任何一个国家、政府治国理政的核心议题。《孟子·尽天下》中的“民为贵，社稷次之，君为轻”的主张就反映了古代先贤对民生问题的重视。《尚书·五子之歌》中“民惟邦本，本固邦宁”的观点构成了儒家治国理政的核心思想。民生问题不仅关切人民福祉，更直接影响并决定着社会进步的程度和政权的兴亡，故自古人们就将“民生”与“国计”相提并论。

改革开放以来，我国人民生活水平虽然取得了巨大改善，但不可否认，我国仍然是一个发展中国家，民生问题依然是中国社会及各级政府长期面临并亟须解决的一个重大问题。随着中国特色社会主义新时代的到来，我国社会的主要矛盾已经转化为人民日益增长的美好生活需要和不平衡不充分的发展之间的矛盾，“坚持在发展中保障和改善民生”已经成为中国特色社会主义建设的基本方略之一。十九大以来，党和政府明确提出“人民对美好生活的向往就是我们的奋斗目标”，在社会建设与治理中，必须坚持“以人民为中心”的发展思想，“必须多谋民生之利、多解民生之忧，在发展中补齐民生短板、促进社会公平正义，在幼有所育、学有所教、劳有所得、病有所医、老有所养、住有所居、弱有所扶上不断取得新进展，”“保证全体人民在共建共享发展中有更多获得感，不断促进人的全面发展、全体人民共同富裕。”①不断增进民生福祉，更好地满足人民群众对美好生活的需求与向往，是新时代我国政府社会治理的核心任务与重要目标追求。

二、建设法治国家

法治是推动人类社会不断走向文明与进步的重要机制，也是现代国家治国理政的基本理念与方式。从人类历史发展来看，法律秩序的存在是人类社会生活得以正常运行的基本要件，“法律秩序和法治能够公正地尊重和保护每个公民的权利和自由，提供人类精神能够自由而多样发展的条件”。法治所具有的普遍性、平等性、确定性、稳定性和长期性特质，对法治国家、法治政府、法治社会的建立具有不可替代的价值与意义。

作为国家治理现代化的核心要素，法治建设是中国特色社会主义的本质要求和重要保障，是实现国家治理体系和治理能力现代化的必然要求。党的十八届四中全会首次以“依法治国”为主题并通过了《中共中央关于全面推进依法治国若干重大问题的决定》，明确提出了建设“法治中国”的重大任务和奋斗目标。党的十九大报告进一步提出完善以宪法为核心的中国特色社会主义法律体系，建设中国特色社

① 习近平:《决胜全面建成小康社会　夺取新时代中国特色社会主义伟大胜利》，中国共产党第十九次全国代表大会报告，2017年10月18日。

会主义法治体系，坚持依法治国、依法执政、依法行政共同推进，实现法治国家、法治政府、法治社会一体建设。全面落实依法治国的基本方略，确保宪法和法律的全面有效实施，全面建设法治国家，已经成为我国社会建设与治理中的一项重要任务与目标追求。

三、实现民主治理

民主是人类社会发明、设计并用以维持社会良好运转并实现美好社会理想的一种机制与规则。民主不仅仅是一种政治理念，更是一种治国方式。民主的本质就是要在国家治理中真正落实和实现“人民主权”的原则与“人民当家作主”的社会理想。民主是全体公民平等地行使并参与公共事务治理的权利实现方式及其制度化途径。民主意味着多元、参与、平等、协商、透明、开放与合作，民主及民主治理的价值就在于它能够确保和实现公共治理过程及治理体系的参与性、透明性、法治性、可靠性、有效性及公平性。

民主治理是政治文明与政治进步的产物，也是实现美好社会的政治基础和重要途径。十八大以来，党和政府积极推进社会主义民主政治和政治文明建设，把体现人民意志、保障人民权益、激发人民创造活力、保证人民当家作主，作为新时期我国社会主义民主政治建设的根本任务与治国理政的基本要求。习近平同志在党的十九大报告中明确强调要“发挥社会主义协商民主重要作用”“要推动协商民主广泛、多层、制度化发展”。广泛形成人民群众参与各层次管理和治理的机制，重视吸纳社会各方面的意见和建议，不断促进和完善民主协商与民主治理，是提升政府治理能力的重要途径。推进民主建设，实现民主治理，是新时代我国政府治理的目标之一，也是实现政府治理现代化的一个重要途径。

四、促进生态文明

生态文明是人类文明的重要组成部分。在当今世界，生态文明已经成为影响一个国家或地区经济社会可持续发展的重要因素，成为衡量一个国家或地区现代化水平及其竞争力高低的重要指标。所谓的生态文明就是人类生活与自然环境间的和谐依存与良好顺应，它意味着人类行为与社会发展必须以尊重自然、顺应自然、保护自然为前提，必须以和谐、友好、永续发展为目标。良好的生态环境是经济社会可持续发展的重要条件，也是我国全面建设小康社会和美丽中国的必然要求和战略使命。

改革开放以来，在强调以经济建设为重心的发展模式下，先污染后治理、先破坏后恢复、边治理边破坏的发展方式以及过分推崇改造自然、战胜自然，人定胜天的思维方式，实践证明了其短视与不可持续，也使我们付出了高昂的资源环境代价，引发并导致严重的生态危机。资源约束紧张、环境污染严重、生态系统退化等已经成为影响人民生活质量以及经济社会可持续发展的重要制约因素。顺应广大人民群众对良好生态环境及生存质量的强烈需求与期待，从整个国家民族长远发展的大计和子孙后代的福祉出发，党的十七大报告第一次明确提出要建设生态文明，十八大报告首次将建设“美丽中国”作为未来生态文明建设的重要目标，并将生态文明建设与经济建设、政治建设、文化建设、社会建设一同纳入到了中国特色社会主义事业的总体布局之中。十九大报告进一步提出“坚持人与自然和谐共生”“要提供更多优质生态产品以满足人民日益增长的优美生态环境需要”的生态文明建设指导思想及其具体措施，把建设生态文明上升为中华民族永续发展的“千年大计”。因此，推动绿色发展，解决环境问题，加大生态保护，促进人与自然和谐相处，实现经济、社会与生态系统的共利共生，走生态文明之路，是我国社会建设与治理的应有议题与目标导向。

五、维护公平正义

公平正义是人类几千年追求的社会理想，是人类构建理想社会的基本原则，也是衡量社会文明、社会和谐与社会进步的重要依据与标准。著名政治学家罗尔斯在《正义论》中指出，社会公正是一个国家公民和平相处的政治底线。公平正义，意味着社会各方面利益关系能够得到妥善协调；意味着社会矛盾能够得到妥善处理；意味着社会成员间的权利公平、机会公平与规则公平；意味着社会正义、政治正义和法律正义。公平正义是社会和谐的前提与基础，对维护和实现一个国家或地区的社会和谐与稳定具有积极功能与意义。

随着改革深入和社会转型，公平正义越来越成为国家和社会亟待解决的课题。一直以来，收入差距、就业、“三农”等问题的原因及根源错综复杂，但多多少少都与社会的不公平、不正义有着一定的关联。古人云“治天下也，必先公，公则天下平矣。”十八大以来，党和政府特别注重公平正义问题，强调公平正义是中国特色社会主义的内在要求，是马克思主义政党谋求的重要执政目标。党的十九大报告指出，要不断促进社会公平正义，形成有效的社会治理和良好的社会秩序，让人民群众感受到公平正义。维护和促进公平正义，不仅是未来中国政府改革的一个重要面向，更是建设社会主义和谐社会的必由之路。作为当代国家治理的重要理念与价值取向，公平正义已经成为中国社会建设与治理的长远目标与行为选择。

第二节　新时代民族地区基层政府社会治理面临的主要挑战

改革开放以来，我国民族地区经济社会发展取得了巨大成就，脱贫攻坚取得了全面胜利。但由于历史基础薄弱，发展条件限制，民族地区成为我国全面建成中国特色社会主义现代化强国的重点、难点与短板，民族地区的社会建设与治理更具复杂性、艰巨性与挑战性。目前，我国民族地区政府社会治理面临的主要矛盾与挑战有：

一、巩固脱贫攻坚成果的压力与挑战

贫困是人类社会的大敌，是影响社会和谐与稳定的重要障碍。党的十八大以来，党和政府高度重视民族地区脱贫攻坚工作，民族八省区贫困人口从2012年的

3121万人下降到2018年的603万人，贫困发生率从21%下降到4%。[①]2019年全国农村贫困人口进一步下降到551万，贫困发生率下降到0.6%，民族地区的贫困发生率下降到2%以下。[②]截至2020年上半年，西藏、内蒙古、青海等省份实现区域内绝对贫困"清零"，区域性整体贫困得到解决，脱贫攻坚取得全面胜利。但是，与东部地区相比，受自然环境、地理区位、经济发展、收入水平等诸多因素的制约，民族地区相对贫困的现状并没有根本性改变，巩固脱贫攻坚成果面临着巨大的压力和挑战。

表2-1　2010-2019年民族地区农村贫困发生率

年度	国家贫困标准	贫困发生率								
		全国	内蒙古	广西	贵州	云南	西藏	青海	宁夏	新疆
2010	2300	17.2	19.7	24.3	45.1	40	49.2	31.5	18.3	44.6
2011	2536	12.7	12.2	22.6	33.4	27.3	43.9	28.5	18.3	32.9
2012	2673	10.2	10.6	18	26.8	21.7	35.2	21.6	14.2	25.4
2013	2736	8.5	8.5	14.9	21.3	17.8	28.8	16.4	12.5	19.8
2014	2800	7.2	7.3	12.6	18	15.5	23.7	13.4	10.8	18.6
2015	2855	5.7	5.6	10.5	14.7	12.7	18.6	10.9	8.9	15.8
2016	2952	4.5	3.9	7.9	11.6	10.1	13.2	8.1	7.1	12.8
2017	2952	3.1	2.7	5.7	8.5	7.5	7.9	6	4.5	9.9
2018	2995	1.7	1	3.3	5	4.8	5.1	2.6	2.2	5.7
2019	3218	0.6	0.11	0.6	0.85	1.8	0	0	0.47	1.2

目前我国正处于从治理绝对贫困向治理相对贫困的转型时期，脱贫攻坚工作的重心必须从消除绝对贫困人口转向提高相对贫困人口的收入。民族地区是我国脱贫攻坚的重点区域，贫困线附近人口多，自主脱贫能力不足，贫困发生率易受外部事

① http://www.chinanews.com/sh/2019/09-04/8947525.shtml

② 赵志君，罗红云，王文豪：《相对贫困测度与民族地区贫困发生率研究》，《民族研究》，2020年第3期，第9页。

件冲击的脆弱性明显等特点，因此，如何消除隐性贫困，预防返贫风险，遏制相对贫困；如何实现由“输血式”扶贫向“造血式”帮扶转变；如何对扶贫对象实行精细化管理和精准化扶持；如何将脱贫攻坚与乡村振兴有机衔接，是民族地区政府社会治理面临的艰巨任务与挑战。

二、区域经济发展的压力与挑战

经济发展是民族地区全面建成小康社会的物质基础与保障，也是衡量民族地区政府社会治理水平和治理能力高低的重要指标。改革开放以来，我国的整体经济实力显著增强，但相对于东部地区，由于受地形、地貌、气候等客观条件约束以及基础设施建设落后、人才匮乏、产业结构单一、市场化水平较低等因素制约，我国民族地区的经济发展相对滞后且发展差距有逐渐拉大的趋势。“少数民族和民族地区市场经济起步晚，竞争能力比较弱；民族地区经济加快发展势头和发展低水平并存，总体上与东部地区发展绝对差距拉大的问题突出”①。根据对2019年民族八省区居民可支配收入占全国平均水平、民族八省区一般财政预算收支及占全国地方财政收支比重的统计分析，民族八省区居民可支配收入为全国平均水平的75%左右，地方预算财政收入仅占全国地方财政收入的10%左右②，民族地区经济发展相对缓慢，与东部发达地区相比还存在一定的发展差距。

表 2-2　2019 年民族八省区一般财政预算收支及占全国地方财政收支比重（单位：亿元）

省份	地方一般财政预算收入	占全国地方财政收入比重	地方一般财政预算支出	占全国地方财政支出比重
贵州	1767.46	1.7486%	5948.74	2.9197%
内蒙古	2059.69	2.0377%	5100.91	2.5036%
新疆	1577.63	1.5608%	5315.49	2.6089%

① 中共中央、国务院：《关于加强和改进新形势下民族工作的意见》，2014年12月22日。

② 数据来源：国家统计局、民族八省区统计局网站，由《中国统计年鉴-2020》、2020年民族八省区《统计年鉴》整理而成。

续表

省份	地方一般财政预算收入	占全国地方财政收入比重	地方一般财政预算支出	占全国地方财政支出比重
广西	1811.89	1.7925%	5850.96	2.8717%
云南	2073.56	2.0514%	6770.09	3.3229%
青海	282.25	0.2792%	1863.67	0.9147%
西藏	221.99	0.2196%	2187.75	1.0738%
宁夏	423.58	0.4191%	1438.29	0.7059%
民族八省区	10218.05	10.1088%	34475.9	16.9213%
全国地方财政	101080.61	100.0000%	203743.22	100.0000%

目前，我国经济发展进入了转型升级和高质量发展阶段，给民族地区带来了前所未有的良好发展机遇，也使得民族地区面临巨大的发展压力和挑战。一方面经济发展的“新常态”为民族地区优化产业结构，发挥后发优势，实现区域经济跨越式发展，提供了广阔的发展空间；但另一方面也使得民族地区不得不面临并应对整体经济放缓与下行压力加大对区域经济发展产生的冲击与影响。因此，如何依托民族地区独特的资源和区位优势，实现区域产业结构的转型升级与合理化，以带动并促进区域经济的快速发展；如何通过建立完善的市场机制并借用市场力量，提升民族地区的市场化水平，以确保区域经济的竞争力；如何通过体制机制创新，实现区域经济增长在质量与效益上的双重提升，以缩小与发达地区经济发展水平上的巨大差距，就成为民族地区政府社会治理面临的一项严峻任务与挑战。

三、生态环境保护的压力与挑战

生态环境问题是人类整体生存与发展的全球性问题，也是影响一个国家或地区经济社会可持续发展的重要制约因素。我国是世界上生态交错区分布面积最广、脆弱生态类型最多、生态脆弱性表现最为明显的国家之一，我国生态环境最为脆弱的地区主要分布在宁夏、西藏、青海、内蒙古、甘肃、贵州等中西部少数民族聚居省份，民族地区是我国生态环境系统中最为脆弱的地区。据相关资料显示，我国西部少数民族地区的水土流失面积占全国的80%，荒漠化面积占全国的98%，草原“三化”面积（退化、沙化、盐碱化）占到全国的93.2%①。受全球气候变暖以及地方政府对资源无序与过度开发等人为因素的影响，西部地区仍面临和存在“江河、湖泊水生态系统严重失调；植被大量减少，水土流失严重；土地荒漠化，草原沙化进程加速；自然灾害频繁发生；工业“三废”污染严重”②等问题。

近年来，尽管国家实施了一系列生态环境保护与建设工程并取得了阶段性成果，但西部少数民族地区生态环境保护的形势依然十分严峻。生态环境脆弱，治理难度大，生态产业发展不足，特殊的地理环境和气候特点，尤其是民族地区生态系统存在潜在的脆弱性、反复性和不稳定性，决定了民族地区生态建设与环境保护的艰巨性和长期性。因此，如何科学合理地保护自然环境，为我们的子孙后代留住“青山绿水”；如何在经济发展与生态环境保护之间找到平衡并实现双赢；如何解决好生存与发展的双重困境，保护好中华民族永续发展的本钱，是民族地区政府社会治理必须直面的一个现实问题，也是亟须破解的一大难题与挑战。

四、基础设施建设的压力与挑战

基础设施是经济社会发展和民生改善的重要条件与基础，是政府基本公共服务供给的有机组成部分。1994年世界银行在以“为发展提供基础设施”为主题的发展报告中指出，基础设施存量增长1%，GDP就会增长1%”③。实践证明，基础设施能够为经济增长、减轻贫困以及环境可持续性发展创造重大收益，因此在当今世界，基础设施已经成为衡量并决定一个国家或地区竞争力高低的重要指标之一。我国5大自治区主要集中在西部高原高寒地带，受地形地貌气候条件以及民族地区基础设施建设体量大、投资大、难度大等因素的限制与影响，我国民族地区的基础设施建

① 郝时远等:《中国民族发展报告（2015）》，社会科学文献出版社，2015，第228页。

② 林建华:《西部大开发20年西部地区绿色发展的历史进程、存在问题与未来路径》,《陕西师范大学学报（哲学社会科学版）》，2019年第7期。

③ 《1994年世界发展报告》，中国财政经济出版社，1994年8月。

设尤其是与民众生活密切相关的公共交通、网络设施等基础设施建设还不尽完善。以民族八省区农村宽带入户、公共交通车辆为例，截至2019年，农村宽带入户平均只有25%左右，每万人拥有公共交通车辆为全国平均水平的89%①。

表 2-3　2019 年民族八省区部分基础设施普及情况

省区	农村宽带入户（户）	本省区户数	占本省区户数比重	每万人拥有公共交通车辆（标台）	占全国平均比重
全国	134773300	476015385	28.31%	13.13	100.00%
内蒙古	877000	9628205	9.11%	11.53	87.81%
广西	6015000	14952564	40.23%	10.1	76.92%
贵州	1772000	11398718	15.55%	11.16	85.00%
云南	3722000	14720513	25.28%	12.97	98.78%
西藏	161000	852564	18.88%	7.62	58.04%
青海	442000	1956410	22.59%	14.09	107.31%
宁夏	542000	2246154	24.13%	12.85	97.87%
新疆	2674000	7605128	35.16%	13.39	101.98%
民族八省区	16205000	63360256	25.58%	11.71375	89.21%

民族地区基础设施建设是制约民族地区经济社会发展的“瓶颈”之一，一定程度上影响着当地民众生产生活的质量，也加剧了民族地区城乡发展的差距和不平衡。如何通过加快基础设施建设来带动并促进民族地区的经济发展；如何通过基础设施的不断完善来提升人民群众的生活品质；如何通过提供一体化的基础设施服务来提升民族地区基本公共服务的均等化水平，是民族地区政府社会建设与治理中必须解决的一个重大问题。民族地区大多处于偏远山区，地理条件复杂，自然屏障重重，人口居住分散，经济基础薄弱，因此，解决民族地区基础设施建设问题，尤其

① 数据来源：根据《中国统计年鉴-2020》、2020年民族八省区《统计年鉴》整理而成。

是加快偏远山区及农牧区的基础设施建设，对民族地区各级政府而言，既面临诸多的压力，也是一种挑战。

五、人力资源紧缺的压力与挑战

英国经济学家哈比森在《作为国民财富的人力资源》中指出“人力资源是国民财富的最终基础。资本和自然资源是被动的生产因素，人是积累资本，开发自然资源，建立社会、经济和政治组织并推动国家向前发展的主动力。”[①]在竞争激烈的当今社会，人力资源已经成为决定一个国家或地区竞争力的核心要素。新中国成立以来，我国民族地区的文化教育事业获得了前所未有的大发展，在改善和提升民族地区人口的文化知识水平及人才队伍整体素质方面取得了巨大成就。但是，受自然条件、历史发展、经济基础薄弱等因素的影响，民族地区的人力资源存在着明显的总体质量不高、结构不尽合理、人才流失较为严重等问题。一是民族地区人力资源总体质量有待提升。在国家大力支持下，民族地区人口受教育水平普遍提高，九年义务教育得到重视和加强，但从接受高等教育的人数来看，仍与发达地区存在差距。根据对2017–2019年的相关数据统计，民族八省区每十万人口高等学校平均在校生数占全国平均水平的76%（如下图所示）[②]，人力资源总体质量有待提升。二是人才结构不合理。民族地区大多以传统农业或畜牧业为主，受传统生产方式以及区域经济发展水平较低、产业结构单一等因素的影响，民族地区的传统型劳动力较多、专业技术人才短缺、高层次管理人才和高新技术人才缺乏等结构性问题较为突出，特别是一些边远地区的县及县以下基层单位普遍缺乏教育、卫生、农业、畜牧等专业技术人才。三是人才流失现象较为普遍。受地理位置、生活条件及发展空间等因素影响，民族地区的人才吸引力不足，人才竞争力较弱，外地人才不愿去，本地人才留不住的问题相当严重。

① 哈比森:《作为国民财富的人力资源》，上海人民出版社，2000年，第2页。

② 数据来源:《中国统计年鉴–2020》整理而成。

表 2-4　2017-2019 年民族八省区每十万人口高等学校平均在校生数及占当年全国平均水平比重

单位（人）

省份	2017年每十万人口高等学校平均在校生数	占2017年全国平均水平比重	2018年每十万人口高等学校平均在校生数	占2018年全国平均水平比重	2019年每十万人口高等学校平均在校生数	占2019年全国平均水平比重
全国	2576	100.00%	2658	100.00%	2857	100.00%
内蒙古	1969	76.44%	1984	74.64%	2053	71.86%
广西	2383	92.51%	2602	97.89%	2887	101.05%
贵州	2129	82.65%	2254	84.80%	2453	85.86%
云南	1999	77.60%	2166	81.49%	2401	84.04%
西藏	1678	65.14%	1616	60.80%	1588	55.58%
青海	1391	54.00%	1426	53.65%	1486	52.01%
宁夏	2278	88.43%	2379	89.50%	2581	90.34%
新疆	1863	72.32%	1954	73.51%	2106	73.71%
民族八省区	1961	76.14%	2048	77.04%	2194	76.81%

民族地区人力资源的匮乏与人才竞争力的不足，严重制约了民族地区的创新发展能力和动力，也难以适应国家“人才强国”的战略需要。因此，如何推动民族地区人力资源的整体性开发，尽快改变和提升民族地区人力资源的整体质量与素质；如何通过创新人才培养机制，更快更多地培养民族地区急需的各级各类专业人才；如何通过创造良好的用人机制与环境，形成民族地区人才竞争的比较优势，以增强民族地区的人才吸引力；如何加快吸引和培养高层次创新创业人才，发挥人才核心竞争力的作用，是当前及今后相当一段时期内民族地区政府社会治理面临的一个重要任务和巨大挑战。

六、社会不稳定因素多发的压力与挑战

社会不稳定因素多发是威胁和影响我国民族地区社会稳定与社会和谐的重大障

碍。由于社会转型、利益分化、风俗习惯、宗教信仰、民族问题以及境外敌对势力渗透等各种因素的交互影响，民族地区已经成为我国多种社会矛盾交织与多发的重点区域，社会不稳定因素明显且十分复杂。一是民族地区的结构性矛盾与发展不平衡是引发各种矛盾与冲突的一大诱因。目前，民族地区经济发展和民生建设上的相对滞后与落差，如城乡差距、区域差距、贫富差距、收入差距以及基本公共服务不均等是影响民族地区社会稳定与和谐的主要隐患与潜在威胁。二是“三股势力”是民族地区以及我国边疆安全与稳定的最大威胁。近年来，民族分裂势力、宗教极端势力、恐怖主义势力，打着民族、宗教的幌子，煽动民族仇视，制造宗教狂热，大搞暴力恐怖活动，造成严重社会危害。“三股势力”已经成为影响民族地区社会稳定以及国家安全的主要威胁。三是民族问题与宗教问题相互交织是民族地区社会矛盾错综复杂的重要根源。我国是一个多民族、多宗教的国家，多民族、多宗教的文化奠定了我国文化多样性的基础，但也容易形成并导致民族问题与宗教问题的相互交织。众所周知，不同的民族有着不同的文化、信仰及行为习惯，也有着世代繁衍的生活或活动区域，随着社会变迁及社会融合，不同民族之间容易因为资源归属、群体权利、发展利益等问题引发民族间的矛盾或冲突，也容易因为不同宗教信仰与风俗习惯的问题加深甚至激化民族间的矛盾或冲突。民族问题与当今社会生活中的一些问题相互交织，近年来少数民族地区发生的一些群体性事件也大多与民族或宗教问题密切相关。

民族地区的社会稳定不仅事关民族地区各族民众的幸福与安宁，也决定并影响着国家安全与稳定。受众多复杂因素的影响，民族地区的维稳任务重，维稳成本高，维稳压力大，因此，如何消除、预防并有效化解引发民族地区社会不稳定的各种诱因与因素，促进和实现民族地区持续稳定、长期稳定、全面稳定的维稳目标；如何提升民族地区各级政府的社会调控能力，构建融洽和谐的民族关系，促进和加强各民族间的包容与团结；如何通过建立跨区域合作治理机制，加大国际合作反恐力度，维护边疆安全与稳定；如何构建维护稳定的长效机制，确保民族地区的长治久安，是民族地区政府社会治理面临的一个最为严峻的任务与挑战。

第三节　新时代民族地区政府社会治理的重点与战略选择

促进各民族共同繁荣发展，实现民族地区的社会和谐与稳定，是民族地区社会建设与治理的核心任务与重要目标。目前，民族地区不仅面临着衔接好脱贫攻坚与乡村振兴的任务，更面临着保护生态环境与发展经济的双重困境以及维护社会稳定与加快发展步伐的多重压力与挑战。从可持续发展的战略出发，确立民族地区政府社会治理的重点，明确民族地区政府社会治理的战略选择，具有重要的战略意义和现实意义。

一、加快民生建设，实现民族地区基本公共服务均等化

民生问题不仅仅关系老百姓的生活质量与幸福安康，更影响着民心向背。民生问题是引发各种社会矛盾的重要根源，如若得不到妥善解决或长期落差过大，势必会影响人民群众对政府的信任与认同，进而影响社会稳定与和谐。习近平总书记在第二次新疆工作座谈会上就明确指出“要紧紧围绕各族群众安居乐业，多搞一些改善生产生活条件的项目，多办一些顺民意、惠民生的实事，多解决一些各族群众牵肠挂肚的问题，让各族群众切身感受到党的关怀和祖国大家庭的温暖”①。民生问题涉及老百姓的基本生活与权益保障，涉及老百姓的生存权与发展权，如公共教育、公共卫生、社会保障、住房、就业等等，因此，民生建设的本质与核心就是要满足和实现民众“学有所教、劳有所得、病有所医、老有所养、住有所居”的基本要求。

目前，民族地区与发达地区的发展差距，突出体现在民生和基本公共服务上。党的十九届五中全会对推进基本公共服务均等化提出了新要求新部署，明确提出，

① 习近平：第二次中央新疆工作座谈会上的讲话，2014年5月28–29日。

"十四五"规划末，"基本公共服务均等化水平明显提高"，到2035年，"基本公共服务实现均等化"。因此，加快民生建设，切实保障和改善民生，建立健全覆盖城乡居民的公共服务体系，提升民族地区基本公共服务均等化水平，是新时代民族地区政府社会治理的重要目标与战略选择：（1）巩固拓展脱贫攻坚成果。一是将脱贫攻坚与乡村振兴有效衔接。脱贫攻坚是乡村振兴的基础和前提，要增强脱贫攻坚与乡村振兴融合推进的意识，做好体制机制和政策之间的有机衔接，巩固脱贫攻坚成果，推动农业全面升级、农村全面进步、农民全面发展，实现脱贫攻坚和乡村振兴两者之间的相互衔接与相互促进；二是建立防贫返贫长效机制。防范返贫和新生贫困、解决次生贫困和相对贫困，是巩固脱贫成果的前提和关键，要进一步完善扶贫工作的体制机制与政策体系，强化对脱贫地区产业的培育和支持，加强东西部协作和对口支援，压实各级党委和政府巩固脱贫攻坚成果的责任，坚决守住不发生规模性返贫的底线。①（2）优先加快和重点支持民族地区的基础设施建设。一是要大力发展民族地区的铁路网规模、干线公路网和水运基础设施等具有牵引支撑功能的大型工程建设，实现基础设施的互联互通，为民族地区的开放与发展奠定良好基础；二是要优先支持与老百姓生产生活密切相关的水、电、路、气、网络等民心工程建设，彻底改善民众的生产生活条件。（3）逐步建立城乡一体化公共服务体系。一是逐步实现政策与制度上的一体化与对接。在义务教育、医疗卫生、社会保障等方面要打破政策与制度设计上的城乡差别对待与不均等，通过体制机制的创新与完善，促进城乡基本公共服务均衡发展；二是增强地方政府公共服务供给能力。逐步建立与经济发展和政府财力增长相适应的基本公共服务财政支出增长机制，加大并优先保障义务教育、基本医疗卫生、社会保障、就业服务、福利救助等民生领域的公共支出，增强民族地区基层政府公共服务供给能力；三是重点提高农村基本公共服务供给效率。加快农村及偏远地区基本公共服务体系建设，提升农村基本公共服务供给效率，缩小城乡基本公共服务供给上的不均等和差距；四是创新基本公共服务供给模式。逐步打破公共服务的政府垄断，适当引入市场化和社会化的运作方式，建立公共服务多元供给模式，加快城乡公共服务一体化的步伐。

① 习近平：全国脱贫攻坚总结表彰大会上的讲话，2021年2月25日。

二、转变经济发展方式，实现民族地区经济跨越式发展

经济发展水平是衡量一个国家政府治理水平和治理能力高低的重要指标。经济繁荣与稳定增长不仅仅决定和影响着民众的生活品质与质量，也影响和决定着一个国家的现代化水平。促进经济的持续稳定增长是政府治理的核心任务与重要使命。改革开放以来，我国民族地区的地区生产总值、财政收入高速增长综合经济实力亦大幅提升，但与东部地区相比仍存在巨大差距。缩小东西部经济发展上的差距，促进民族地区经济跨越式发展，是实现各民族共同繁荣发展和全面实现中国特色社会主义现代化强国的必由之路。

我国经济已由高速增长阶段转向高质量发展阶段，转变发展方式，优化经济结构，转换增长动力，促进民族地区经济跨越式发展是民族地区政府社会治理的重要目标与战略选择：（1）转变发展理念。也就是要确立均衡发展、绿色发展、可持续发展的新理念，充分发挥民族地区的区位优势、资源优势、特色文化优势、生态优势以及后发优势，确保并促进民族地区经济又好又快发展。（2）转变发展方式。经济发展方式不仅包括一国或地区实现经济增长，而且包括经济结构的优化、经济运行质量和效益的提高，其实质就是全面追求和实现经济社会更好的发展质量和整体的协调。[①]转变发展方式就是要从过去粗放式、单一式、破坏式、不可持续式的经济发展方式，转变为集约式、创新驱动式和包容性发展式的经济发展方式；要从传统的、单一的产业结构，转变为传统特色优势产业、战略性新兴产业、现代服务业协调发展的新格局，以形成区域经济发展的竞争优势。转变发展方式，优化产业结构，是提高民族地区经济运行质量与效益的重要前提保障，也是实现经济跨越式发展的现实路径。（3）加快民族地区市场化改革。从总体上看，民族地区的市场化程度不高，市场机制不甚完善，深层次的体制机制矛盾较为突出，充分运用和发挥市场的潜力和效率，加快民族地区融入全国市场体系的步伐，是民族地区实现经济跨越式发展的重要条件与基础。（4）积极推动和实施开放战略。西部大开发战略、“一

① 陈剑：《国家重构》，中国发展出版社，2015年9月，第184页。

带一路”倡议为民族地区借力国际国内市场及其资源提供了良好平台，为实现与国内国际市场的互动与合作提供了良好机遇，积极推动和实施开放战略是民族地区借势腾飞的重要路径。

三、完善民族法律法规，实现民族事务治理法治化

“法者，治之端也”，全面推进依法治国是国家治理领域一场广泛而深刻的革命。“建设法治中国，必须坚持依法治国、依法执政、依法行政共同推进，坚持法治国家、法治政府、法治社会一体建设。”[①]将民族事务治理纳入法治化轨道，运用法治思维和法治方式规范和调整民族关系，是贯彻落实民族区域自治法，保障少数民族合法权益的重要途径。新中国成立以来，我国制定了较为完备的中国特色的民族法律法规体系，建立了较为完备的法律实施机制，为通过法律手段调整民族关系、管理民族事务奠定了坚实基础，但在实践中还存在着配套法规规章缺乏、不同规范性法律文件相互冲突、法律供给责任不清、法律监督机制不完善等问题。完善民族法律法规体系，实现民族事务治理法治化是社会建设新常态下民族地区政府社会治理的重要目标与战略选择。

依照建设法治中国和依法治国的基本方略，推进和实现民族事务治理法治化的实现路径为:（1）健全配套法规，完善民族法律法规体系。在坚持宪法确立的有关解决民族问题的基本原则与基本框架的前提下，建立健全与民族区域自治法相配套的具体法规与规定。在中央层面重点解决法律规定过于原则、不明确或者不同的规范性法律文件之间存在冲突的问题；在省级层面重点修订和完善相关法律、行政法规和规章在地方层面的实施细则问题；民族自治地方人大重点解决好自治条例和单行条例的制定、修改和完善问题。完善的法律体系，健全的配套法规，是实现民族事务治理法治化的前提条件。（2）建立法律责任清单，严格执行法律法规。“良法美策贵在能行”。在实践中，由于缺乏对滥用或者怠于行使自治权行为的有效约束，增加了法律实施的困难。应加强和细化不同层级政府法律责任的专门规定，推行和

① 习近平:《在庆祝全国人民代表大会成立60周年大会上的讲话》，人民日报，2014年9月6日。

建立法律责任清单，以确保法律法规在本地方的遵守和实施。(3)强化法律监督，依法行使自治权。法律监督是解决立法、执法、守法之间协调发展的重要环节，也是捍卫法律尊严和地位，保证法律运行“权威性”，实现依法治国的有力支撑。完善法律监督机制，就是要明确各监督主体的监督职责，拓宽法律监督的途径和方法，增强法律监督的针对性和有效性，形成监督合力，确保民族自治地方能够真正做到依法行使自治权。(4)坚持法律面前人人平等的原则。“各族公民在法律面前人人平等，任何民族都不存在特权。裁判一断于法，不搞法外从宽从严。对少数民族的特殊需求要予以保障，对于少数民族的风俗习惯和正常宗教信仰要予以尊重”。①依法维护各民族的平等合法权益，坚持法律面前人人平等，是民族事务治理法治化的重要原则与理念。

四、建设生态文明战略高地，实现民族地区经济社会可持续发展

生态环境是人类生存与发展的基本条件，也是决定一个国家或地区可持续发展的前提保障。民族地区大多处于我国大江大河的上游和涵养地，作为我国生态保护的核心区和生态屏障，民族地区的生态环境保护与建设，不仅关系国家的生态安全，更关系中华民族的永续发展。把民族地区打造成我国生态文明战略高地，是推进美丽中国建设，实现人与自然和谐发展的重要途径。“生态也是生产力”，良好的生态环境是民族地区经济社会可持续发展的必由之路，是社会建设新常态下民族地区政府社会治理的重要任务与战略目标。

立足生态文明建设的共识和2030年我国生态环境全面进入良性好转轨道的战略目标，把民族地区建设成为我国生态文明战略高地和美丽中国的后花园，基本路径与行为选择为：(1)加快建立国家生态安全屏障体系。近几年，尽管民族地区局部生态明显改善，但荒漠化、沙化及水土流失问题仍十分严重，应加大政府的政策支持力度和相应资金投入，如重点推进西北草原荒漠化防治区、黄土高原水土保持区、青藏高原江河水源涵养区、西南石漠化防治区、重要森林生态功能区等重大防

① 王正伟:《切实提高民族事务法治化水平》，人民网–中国共产党新闻网，2015年3月3日。

护工程建设，逐步形成良好的生态安全屏障体系。(2) 加快国家重点生态工程建设。民族地区是我国生态环境脆弱区，根据《全国重要生态系统保护和修复重大工程总体规划（2021–2035年）》要求，应持续推进退牧还草、青海三江源生态保护和建设、京津风沙源治理、天然林保护、三北防护林体系建设、石漠化综合治理、沙化土地封禁保护区建设、湿地保护与恢复等重点生态工程建设，加强民族地区生态保护与修复。(3) 建立健全生态保护补偿机制。一是建立健全草原生态保护补助奖励机制，通过专项资金加大对内蒙古、新疆（含新疆生产建设兵团）、西藏、青海、四川、甘肃、宁夏和云南8个主要草原牧区的补偿标准，防治草原退化；二是建立健全森林生态效益补偿基金制度，逐步提高对国家级公益林的补偿标准，扭转森林资源长期下降的局面。(4) 建立健全资源环境保护损失补偿政策。坚持开发者付费、受益者补偿、破坏者赔偿的原则，建立限制传统工业发展权益损失补偿政策、提高地表水环境质量标准地方经济损失补偿政策、保障生态林业用地而损失的土地开发使用权损失补偿政策，适当增加对江河上游地区和重点生态功能区的均衡性转移支付，形成“谁开发谁保护、谁破坏谁恢复、谁污染谁治理、谁利用谁补偿、谁受益谁分摊”的利益调节格局。(5) 加快民族地区的节能减排。坚持绿色发展，优化产业结构，发展循环经济，淘汰、改造和升级落后产能，限制高耗能、高污染工业发展，发展低能耗、轻污染的先进制造业和现代服务业，加大节能减排的法律法规建设和环境监管力度，形成有利于节约能源资源和保护生态环境的可持续发展模式。

五、铸牢中华民族共同体意识，实现民族地区各民族共同繁荣发展

中华民族共同体意识是国家统一之基、民族团结之本、精神力量之魂。我国是56个民族组成的大家庭，是血水相溶的命运共同体。坚持各民族一律平等，铸牢中华民族共同体意识，是实现各民族共同团结奋斗、共同繁荣发展的精神支柱，是实现中华民族伟大复兴的根本保证。铸牢中华民族共同体意识为新时代我国民族工作指明了方向，提供了遵循。

铸牢中华民族共同体意识，实现民族地区各民族共同繁荣发展，是新时代我国

民族地区政府社会建设与治理的重要目标与战略选择。（1）铸牢中华民族共同体意识，必须坚持党对民族工作的绝对领导。历史经验证明，只有中国共产党才能实现中华民族的大团结，只有中国特色社会主义才能凝聚各民族、发展各民族、繁荣各民族。坚持党对民族工作的领导，是铸牢中华民族共同体的根本保证。（2）铸牢中华民族共同体意识，必须严格落实和执行党和国家的民族政策及其法律法规。1954年宪法以国家根本大法的形式确认了民族平等、民族团结、民族区域自治、各民族共同繁荣的基本原则和基本政策，完善并落实民族政策和民族区域自治法，切实维护和保障少数民族的合法权益，依法治理民族事务，是实现民族团结进步与共同繁荣发展的法律保障。（3）铸牢中华民族共同体意识，必须增强“五个”认同。铸牢中华民族共同体意识，增强各民族“对伟大祖国的认同、对中华民族的认同、对中华文化的认同、对中国共产党的认同、对中国特色社会主义道路的认同”[①]。西方著名政治学者派伊认为，现代国家建设要解决的第一个重大挑战就是构建起国民对国家的认同，使国家认同超越部落、部族等传统社会团体认同而成为政治认同的最高形式。[②]对于多民族的中国而言，建立“五个”基本认同，是实现各民族共同团结奋斗与共同繁荣发展的前提基础。（4）铸牢中华民族共同体意识，必须加强各民族交往交流交融。在当今社会，各民族成员之间具有不可分割的相互依存关系，民族交往交流交融不仅是历史发展的必然，也是各民族共同繁荣发展的重要途径。在如今社会流动加速的时代背景下，促进民族交往交流交融的现实途径有二：一是通过建立相互嵌入式社会结构和社区环境，为各族群众创造共居、共学、共事、共乐的社会条件，以维护社会结构的稳定和社区民族关系的和睦；二是通过经济生活的互嵌，增进不同民族成员在经济活动领域的广泛合作和相互了解，逐渐实现民族关系上的相互交融。（4）铸牢中华民族共同体意识，必须正确处理影响民族团结的问题。民族问题总体上属于人民内部矛盾，在处理影响民族团结的矛盾或问题时，一是要严格区分矛盾或问题的性质，不能把涉及少数民族成员的一般民事纠纷和刑事案件简单地归结为民族问题，依法妥善处理各种影响民族团结的矛盾或纠纷；二是要依

① 习近平：在全国政协十二届二次会议上的讲话，2014年3月。

② 鲁恂·W·派伊：《政治发展面面观》，天津：天津人民出版社，2009年。

法打击敌对势力、分裂势力及其极端恐怖活动，坚决维护民族团结、社会稳定和国家安全；三是要加强民族团结宣传教育工作，完善民族团结进步激励机制，营造民族团结的条件和氛围。民族团结是我国各族人民的生命线，是实现民族地区共同繁荣发展的重要社会基础。

六、提升人才竞争力，实现民族地区人才优先发展战略

在当今知识经济时代，人才资源已经成为经济社会发展的第一推动力，成为决定一个国家或地区综合实力和核心竞争力的关键要素。人才优先发展是世界各国进入新世纪谋取长期优势发展的必然选择。党的十七大从中华民族复兴的战略高度将人才强国战略、科教兴国战略、可持续发展战略确立为我国经济社会发展的三大国家战略。习近平总书记在党的十九大报告中指出，人才是实现民族振兴，赢得国际竞争主动的战略资源。实施人才优先发展战略，提升人才核心竞争力，为民族地区快速发展提供智力支持，是民族地区政府社会治理的重要目标与战略选择。

结合民族地区的实际情况，从“人才强国”的战略出发，实现民族地区人才优先发展战略的基本路径为：（1）重点加强高层次、高技能人才的开发与培养。“两高”人才缺乏是民族地区人才队伍建设的短板和薄弱点，应结合民族地区人才结构调整和创新驱动发展战略，重点开发和培养“两高”人才，通过“两高”人才来带动民族地区人才队伍的发展壮大与整体素质提升。（2）加快人才管理体制机制及政策创新。如改革人才评价机制和工资收入分配制度，完善人才流动和激励保障机制，创新人才培养机制，加大创新创业扶持政策力度等，破除人才成长与发展的体制机制障碍，为用好用活人才和留住人才创造良好环境和条件。（3）积极落实民族地区人才资源开发专项规划。为加快民族地区的人才培养与开发，国家设立了若干专门面向民族地区的人才培训专项计划，如东部城市对口支持西部地区人才培训、公务员对口培训、管理人才创新培训等人才开发工程；少数民族高层次骨干人才培养计划；中央和国家机关、经济发达地区与民族地区干部双向交流工作等，通过对口支援和专项支持，促进民族地区人才培养的步伐和整体队伍建设。（4）推进民族地区人才

市场服务体系建设。培育和建立专业化的人才服务机构，加强人才创业技能培训和创业服务指导，完善人才公共服务网络，为各级各类人才提供全方位、个性化、便捷性的服务，为民族地区吸引和留住优秀人才。（5）加大国外人才和智力引进工作力度。按照高端引领、需求导向的原则，拓宽吸引国外人才和智力的渠道，重点引进一些能够带动突破关键技术、发展高新技术产业、带动新兴学科的战略型人才和创新创业的领军人才，提升人才核心竞争力。

第四节　民族地区基层政府社会治理现代化的实现路径

党的十八届三中全会通过的《中共中央关于全面深化改革若干重大问题的决定》首次提出“完善和发展中国特色社会主义制度，推进国家治理体系和治理能力现代化”的总目标，要求“加快形成科学有效的社会治理体制，确保社会既充满活力又和谐有序”，进而推进政府社会治理社会化、法治化、智能化和专业化水平。党的十九届四中全会围绕国家治理体系和治理能力现代化进行了一系列制度设计，推动国家治理体系和治理能力现代化进入“解码”阶段。作为国家治理体系现代化的重要组成部分，政府社会治理现代化是推进国家治理体系和治理能力现代化的必然要求，依据治理现代化的目标框架与要求，民族地区基层政府社会治理现代化的实现路径为：

一、实现政府社会治理理念现代化

理念决定行为选择，决定价值取向。政府社会治理理念直接决定和影响着政府社会治理的行为选择和社会治理目标的确定。社会治理现代化的前提要求就是要确立与时俱进且符合事务内在发展规律与行为逻辑的治理理念，就是要确立民主治理、整体治理、协同治理的思维模式，确立多方参与、多元共治的社会治理理念。政府社会治理理念现代化意味着政府在社会治理中强调并坚持以下几个方面的基本理念与治理原则：

（1）坚持人本理念。以人为本，就是把人的生存与发展作为一切管理活动、社会活动的归宿与政策依归。社会治理必须坚持“以人民为中心”的价值立场，把不断满足人的全面需求、促进人的全面发展，作为社会治理的根本出发点和最高价值取向。社会治理的终极目的就是不断满足人民群众日益增长的物质文化需要，保障人民群众的经济、政治和文化权益，让发展的成果惠及全体人民。

（2）坚持协作理念。协作是多元治理的基本理念。当代社会治理的复杂性以及参与主体的多元性，需要各个主体之间的通力协作与配合。协作治理有助于解决传统治理中存在的碎片化、分割化、部门化的弊端，有助于社会治理中多元主体之间的相互支持与配合；有助于跨部门跨区域治理问题的有效解决；有助于社会资源的整合和利用；有助于社会治理绩效的提升。

（3）坚持参与理念。参与管理是现代管理的基本理念，也是当代治理理论的重要观点与主张。所谓的参与，就是强调和重视社会治理中的公民参与，强调和重视社会治理中市场主体的参与，强调和重视社会治理中各种社会团体与社会组织的参与。社会治理的过程是公共事务管理和公共利益实现的过程，涉及并影响到每一个人的权利和利益，广泛的社会参与，有助于创新和完善社会治理体制机制；有助于公民公共意识和公共责任的养成；有助于充分调动各方面参与社会治理的积极性，对推动政府社会治理创新具有重要意义。

（4）坚持服务理念。服务是社会治理价值体系的核心要素。为公民提供良好公共服务是政府合法性的重要来源与基础。全心全意为人民服务，“建设人民满意的服务型政府”不仅是政府社会治理的精神理念，也是政府社会治理的终极目标。社会治理中的服务理念，就是要明确政府的公共服务职能，强化政府的公共服务意识，提升政府的公共服务能力，确保政府的公共服务质量，为公民提供及时、高效、满意的公共服务。

（5）坚持法治理念。法治是现代社会的核心价值与追求，也是治理现代化的基本特征与要求。全面依法治国，构建法治社会已成国家治理现代化过程中的主旋律。在社会治理中，坚持法治理念，就是要严格遵循宪法法律至上、法律面前人人平等的基本原则；就是要坚持和确保治理体制、治理机制、治理过程符合相关法律规定；就是要坚持依法开展并推动各项工作并确保公民权利不受侵犯；就是要依法治理并提升政府社会治理的法治化水平。

二、实现政府社会治理体系现代化

治理体系现代化不仅是治理结构和治理机制不断创新与优化的过程，更是治理制度化、科学化、规范化、程序化的实现过程。进入新时代，社会治理要善于调动和发挥多元主体参与社会治理的热情与积极性，推动形成政府主导、社会调节、居民自治良性互动的多元治理格局。从治理体系现代化的角度而言，政府社会治理体系现代化的实现路径为：

（1）转变政府职能，构建政府、市场、社会三者之间的良好关系结构。现阶段我国社会治理创新的前提就是要进一步推进政府职能转变，理顺政府、市场、社会三者之间的关系，使政府、市场、社会能够各归其位，各尽其责，优势互补，进而构建一个权限分工合理、职责范围清晰、运转协调高效的社会治理体系。政府、市场、社会三者之间良好关系建构的基本要求与前提是：首先，要理顺政府与市场的关系。作为人类经济社会生活中的两大重要机制，政府与市场各有自身的优势与局限，即政府失灵和市场失灵，只有两者相互弥补相互促进才能发挥最大合力与作用。从我国的实际情况出发，就是要进一步放松市场管制，完善市场机制，激发市场活力，尊重市场逻辑，充分发挥市场在资源配置中的决定性作用，以实现政府与市场的良性互补与互动；其次，要理顺政府与社会的关系。在计划体制下，我国是一个强政府、弱社会的社会管理体制，社会管理的行政化与社会组织的不发达，使我国社会的自我管理能力和自我发展能力较弱。现代化的社会治理，需要高度发达的社会组织和社会自治能力，因此，加快社会领域的改革与创新，就是要进一步放权社会，赋权社会，向社会释放更多的公共空间和权力，构建政府与社会之间良好合作与关系，充分发挥社会在社会治理中的作用。最后，科学确定政府职能范围与事权。政府虽然是社会治理的重要主体，但不是唯一。在社会治理中，政府并非万能，即有所为亦有所不为，要发挥市场与社会两大主体的作用并赋予其充分的活动空间，就必须合理界定政府的职能范围及其权限。因此，必须进一步转变政府职能，简政放权，逐步实现由“全能政府”到“有限政府”的转变，最大限度减少政府对市场、对社会的过度干预，强化政府社会服务的责任与功能，促进政府社会管理方式方法的根本转变。构建政府、市场、社会三者之间的良好关系格局，是实现政府社会治理体系现代化的前提条件与内在要求。

（2）创新治理机制，构建共建共治共享的社会治理格局。在利益多元、观念分化以及各种矛盾凸显的当今社会，社会治理的复杂性使得政府难以独自承担社会治理的重任。党的十九大报告明确指出要创新和完善社会治理制度，打造共建共治共享的社会治理格局，就是对新时期我国社会主要矛盾变化的一种积极回应。适应新时代我国社会主要矛盾变化，全面推进并深化政治体制、经济体制、社会体制等领域的改革，创新社会治理体制机制，破除传统体制机制的弊端和障碍，构建多元共建共治共享的社会治理格局，是实现政府社会治理体系和治理能力现代化的基本要求与重要途径。首先要进行制度的创新与完善。即从战略的、整体的、全局的立场和高度进行顶层设计和制度安排，通过制度创新来破除制度性困境和制度障碍，通过完善的制度设计和制度供给来构建、明晰、监管、约束、规范治理主体之间的相互关系和行为，通过制度创新来促进和保障社会治理体制机制的创新与完善；其次要鼓励和重视多元参与。真正重视多元主体在社会治理中的比较优势与功能，拓宽参与渠道，完善参与机制，为市场主体和各种社会力量参与社会治理搭建更多平台，有效整合和动员各种社会资源，实现多元主体在社会治理中的良好协作与合作，为共建共治共享社会治理格局的形成创造奠定坚实的社会基础；最后建立权责明晰、奖惩分明、利益共享的管理体制机制，通过良好的利益表达机制、利益协调机制，调动并保护各参与主体参与社会治理的热情和积极性。

（3）健全基层自治，增强基层社会的自治能力。发达的社会自治是维护社会稳定和促进社会发展的重要机制，是实现良好社会治理的重要社会基础。现代化的社会治理无疑是建立在良好社会自治的基础之上。在我国，基层自治主要包括城市社区居民自治和农村村民自治。基层自治是社会主义民主的重要形式，是基层群众实现自己的事情自己管、自己办的重要方式，发达的基层自治有利于保障公民参与社会治理的权利，有利于社会的和谐与稳定。因此，新时代社会治理，需进一步完善基层自治体制机制，创新基层自治治理结构，依法实现基层社区自治在推动社会有序运行和社会治理现代化进程中的功能与作用。

（4）壮大社会组织，发挥社会组织在基层社会治理中的正当角色与功能。社会组织是现代社会治理的有效组织形式，是社会治理和公共服务的合作者，在社会治理中扮演着不可替代的重要角色。应促进、加快、壮大各级各类社会组织的发展，最大限度地吸引社会各方力量参与到基层社会治理中来。一是加快相关立法，取消对社会组织的双重管理体制，让社会组织经过依法登记程序成为独立法人，规范和促进社会组织健康发展；二是完善社会组织内部治理结构，提升社会组织的公信力，增强社会组织自我发展的能力和治理能力；三是培育和优先发展公益慈善类、城乡社区服务类社会组织，激发社会组织参与基层社会治理的活力与积极性，发挥社会组织在教育、医疗卫生、就业以及社区服务等领域的独特功能与作用。

三、实现政府社会治理能力现代化

在社会转型中，持续、均衡、快速地实现政府社会治理能力现代化是推进和实现政府社会治理现代化的重要保证。政府社会治理能力的现代化就意味着政府社会治理方式、方法、手段及其各种能力运用的科学性、专业性、灵活性与有效性的提升。实现政府社会治理能力现代化的前提条件与基本路径为：

（1）明晰政府能力范围。政府职能和政府能力不同，有效的政府治理能力是建立在适度的政府权力和合理的政府职能基础之上，并辅之以科学的组织机构、人员配备等，才能达到预期目标。[①]厘清政府的能力范围就是要超越全能政府、有限政府的局限，确立有限政府的共识，进而明晰政府、市场、社会各自在社会治理中的

① 刘德全:《在社会转型中实现政府治理能力现代化》，中国社会科学网，2015年1月27日。

活动边界、职能范围和作用领域，彻底改变传统的政府权力运行方式和单一主体的管理模式，强调建立政府、市场、社会在社会治理中的协商合作治理模式。

（2）优化政府能力结构。社会治理的综合性、复杂性与多元性，要求政府必须具备多种多样的能力加以应对。一般而言，政府社会治理能力涵盖经济发展能力、政策执行能力、生态治理能力、依法治理能力、风险防治能力、生态治理能力、公共服务能力、改革创新能力等等，是由不同能力要素组合而成的一个综合体。构建相互补充、相互协调、相互促进的能力关系，优化政府能力结构，是政府治理能力现代化的基本特征与客观要求。

（3）提升政府能力水平。政府能力水平高低的一个决定性因素就是社会治理的专业化程度与专业化水平。治理方式方法与技术工具的专业化不仅是衡量一个国家或地区社会治理水平高低的重要标志，也是推动和实现政府社会治理能力现代化的重要前提。提升政府治理能力，首先就是要提升基层公务员和社会工作者的素质，构建一支素质高、能力强、专业硬、结构合理的人才队伍；其次就是要实现社会治理专业化。所谓的专业化就是要有专业的人才、专业的技术、专业的方法，来从事和解决专业的问题和专业的服务。如社会服务领域的社会救助、慈善捐赠、社区服务、就业援助、贫困帮扶、纠纷调解等，就需要专业人员来进行并提供相关服务。通过社会治理专业化，提升政府社会治理能力科学化和有效化。

四、实现政府社会治理技术工具现代化

常言道，工欲善其事必先利其器。技术工具的现代化是实现政府治理现代化的重要推力。党的十九届五中全会在《中共中央关于制定国民经济和社会发展第十四个五年规划和二〇三五年远景目标的建议》中提出，要提高基层社会治理精准化精细化服务管理能力，“构建网格化管理、精细化服务、信息化支撑、开放共享的基层管理服务平台”，[①]为实现基层政府社会治理的网络化、智能化和智慧化水平指明了路径。

① 参见：《中共重要关于制定国民经济和社会发展第十四个五年规划和二〇三五年远景目标的建议》。

（1）实现社会治理网络化。网络社会的形成和互联网的普及，为政府社会治理网络化提供了有力的技术支撑。如通过“互联网+政务服务”就可以有效改进和改善政府社会治理的方式方法，使政府社会治理的方式方法更加科学、更加民主、更加多元；通过建立网格化、可视化社会管理平台，就可以创新政府基层社会治理的模式，大大提高基层政府社会治理的效果和效率；通过建立“一站式”“一体化”基层综合服务平台，就可有效提高政府公共服务的便捷性和效率性，进而提高公共服务的水平和公民满意度。社会治理网络化已经成为政府社会治理现代化的重要工具与途径。

（2）实现社会治理智能化。智慧社会的快速到来对政府社会治理带来前所未有的挑战。构建智慧型政府，实现智慧化治理已经成为政府治理现代化的重要标志与目标。运用大数据、云计算、物联网、人工智能等信息技术，能够大大提升政府社会治理的智能化和智慧化水平。一是可通过大数据、云计算等科技手段，实现政府社会治理和公共服务中的精准分析、精准反馈、精准监督、精准决策，从而实现精准化服务和精准化治理；二是可借助人工智能技术，实现公共服务领域的智慧医疗、智慧教育、智慧就业、智慧养老等智慧化服务，提升公共服务的效率和满意度；三是可通过区块链技术、人脸识别技术、指纹技术等工具，强化政府社会治理的技术水平，提升政府协作治理的能力。

第三章　民族地区基层政府社会治理能力结构与评估框架

随着我国市场经济制度的确立与完善，工业化与城市化进程不断加快，公民社会蓬勃发展，国家治理改革的重点逐步从经济领域转向社会领域。1998 年《国务院机构改革方案》把“宏观调控、社会管理和公共服务”作为政府的基本职能，党的十六大、十七大、十八大也相继对社会管理创新作出论述，2018年党的十九届三中全会《中共中央关于深化党和国家机构改革的决定》指出，“要加强和完善政府经济调节、市场监管、社会管理、公共服务、生态环境保护职能”全面提高政府效能。社会管理已然成为政府的基本职能之一。十八届三中全会则首次使用了“社会治理”的概念，党的十九届四中全会提出“完善党委领导、政府负责、民主协商、社会协同、公众参与、法治保障、科技支撑的社会治理体系”。社会治理与社会治理体系的提出，不仅体现了对传统政府管理方式方法的深度反思，更凸显了我国政府职能转变的方向，重构社会多元主体之间的良好互动关系，成为政府职能改革的重点。与此同时，党的十九届四中全会提出“推动社会治理和服务向基层下移”，《国民经济和社会发展第十四个五年规划和二〇三五年远景目标的建议》提出“推动社会治理和服务重心下移”，对基层政府社会治理职能与能力提出了新的要求，其能力的高低直接关系到国家社会治理体系与治理能力现代化的建设，如何对基层政府治理能力进行客观评价，如何构建科学合理的能力评价指标，是目前社会各界研究和探讨的一个重点课题。因此，构建民族地区基层政府社会治理能力评估指标，对推进民族地区基层政府社会治理能力提升和社会治理现代化具有重要的作用与现实意义。

第一节　民族地区基层政府社会治理能力要素与结构

能力结构是指构成能力的诸要素及各要素之间相互联系、相互作用方式的总括。民族地区基层政府社会治理能力是指政府通过合法行使公共权力，通过有效整合社会资源来处理民族地区社会公共事务，在增进公众利益、维护社会稳定、促进繁荣发展等方面体现出的能力与水平。其能力并非孤立存在，而是由多个能力要素组成的，这些要素之间彼此关联，形成了一定次序，并相互作用与影响，建构起民族地区基层政府社会治理能力结构。

一、民族地区基层政府社会治理能力要素

民族地区基层政府社会治理能力要素的讨论依附于民族地区与基层的双重情境，一方面，受民族地区经济发展相对滞后、社会化发育程度相对较低、多民族传统文化相互作用、边境交流交往扩大等因素影响，民族地区社会治理较之非民族地区具有自身的特殊性与复杂性；另一方面，基层政府是政府层级的最基层，直接面对情形各异的社会公共问题履行治理职能，较之国家与省市层级政府社会治理更注重执行与实效。因此，民族地区基层政府社会治理能力构成要素在层次、内涵和外延等方面具有自身特点。

政府职能框定了政府能力的基本内容与发展方向，[①]民族地区基层政府的社会治理职能决定了其能力要素的基本内容。十八大报告提出要从办好人民满意的教育、

① 金太军:《行政改革与行政发展》，南京：南京师范大学出版社，2003年，第500页。

提高就业质量与人民收入、推进覆盖城乡的多层次社会保障体系建设、大力实施扶贫脱贫与健康中国战略出发，切实保障与改善民生，加强社会治理体制创新，促进社会公平正义，形成有效的社会治理。这进一步明确了我国社会建设与社会治理的职能目标与要求。基于此，本书认为，民族地区经济社会落后的现实导致了基层政府社会治理中首先面临着经济发展的重任，这也是保障与改善民生的基础；基层政府作为我国最低层级的行政机关，制定、执行社会政策是实现社会治理目标的途径与保障；在法治社会的背景下，依法治理是促进民族地区社会公平正义的主要体现；在全面建成小康社会，开启建设社会主义现代化国家的要求下，基层政府公共服务能力、生态治理能力是关切民生问题最直接的职能领域；创新变革能力是民族地区基层政府加强社会治理体制机制创新的关键点。因此，从民族地区基层政府社会治理的重点与职能要求出发，构成其社会治理能力的基本要素为：

（一）经济发展能力

经济结构优化、经济质量提高、经济总量增长是经济发展的重要体现。经济发展能力不仅是政府经济职能的核心部分，更是民族地区政府社会治理能力的关键所在。从理论上来看，民族地区基层政府经济发展能力是国家经济发展能力向民族地区基层政府的延伸，是基层政府履行经济职能的一种能力表现。从实践来看，民族地区基层政府经济发展能力是基层政府优化地区经济结构、改善地区经济质量、促进地区经济稳定增长、引导地区经济良好发展的能力表现。经济发展能力关系到基层政府能否拥有充足的经济与社会资源，因此，合理配置、统筹规划社会经济资源，才能在源头上保障地方社会发展动力。

（二）政策执行能力

随着国家治理体系与社会治理职能目标的提出，如何在民族地区实现改善民生、促进公平正义、体制创新的政策要求，基层政府的政策执行能力是其实现路径与基本保障。政策执行是指政策执行者以组织机构为载体，灵活运用和配置各种资源，通过实施、调和、监督等行政行为，把政策付诸实践，从而实现政策方针的进程。[①]民族地区基层政府政策执行则是指在中央和上级政府的领导下，结合民族地区生态、风俗、宗教信仰及社会和经济发展特性，积极制定与落实相关社会政策，最终实现政策价值目标的过程。其政策执行能力主要表现为民族地区基层政府综合运用各种政策工具，配置公共资源，实现政策目标的能力。

（三）依法治理能力

依法治理能力是指基层政府及其公务人员执行和遵循法律以及依法决策、依法执行、依法监督等方面的法律意识、法律素养与能力表现。在全面推进依法治国重大战略的背景下，各级政府在行使权力的过程中坚持依法行政原则，保障公权力在法治框架内运行，是维护法治社会的重要前提。与此同时，公民法治意识的增强及其对公平、正义、法治等美好生活需要的向往，无形之中也在不断督促政府依法治理，自觉加强对政府依法治理的监督，这对政府的依法治理能力提出了新的和更高的要求。依法治理能力是政府及其公务人员运用法治思维和法治方法处理公共事务的能力，是治国理政、社会治理的核心能力要求。

（四）公共服务能力

无论是十八大报告提出的办人民满意的教育、推进社会保障体系建设、加强人民健康服务的社会建设任务，还是十九大报告指出的要推进社会治理重心下移，治理领域无不关系到教育、卫生、医疗、就业等基本公共服务，关系到广大民族地区的民生改善问题，是加强民族地区社会治理的基本目标之一。这要求基层政府深入了解社会服务诉求，推进社会资源的合理分配，增强服务社会的能力。基层政府公共服务能力可以从公共服务主体、客体及其供需流程之间的关系来界定，即基层政府作为公共服务的供给主体，面对公众社会治理领域的公共服务客体，如基础性教育、社会保障、医疗卫生服务、公共基础设施建设以及公共精神文化等，通过主动搜集或畅通表达渠道获取公众公共服务需求，最大限度地整合社会资源和社会资本，及时有效地提供公众需要的、满意的、优质的公共物品与服务的能力。

① 陈振明:《政策科学——公共政策分析导论》（第二版），北京：中国人民大学出版社，2003年，第260页。

（五）风险防治能力

风险防治是为了保障群众生命财产安全，以政府为主体，灵活运用风险管理的方式降低灾害、公共卫生及社会安全事件发生的概率，确保基层政权的稳定运行和公共服务的有效供给。除面对自然灾害、社会突发事件等风险之外，在我国22800公里的陆地边境线中有19000多公里在民族自治县中，政府认定的55个少数民族中有30多个跨境而居，[①]民族地区因此面对着复杂的涉边环境，国际关系的亲疏、边境国家安全问题都增加了民族地区社会治理的难度与风险，无不考验着民族地区基层政府的风险防治能力。有学者认为，政府能力的差异主要体现为回应和解决各种不同严重程度的突发事件的效率，[②]因此风险防治能力是政府能力中的关键要素之一。张成福认为；"基层政府的风险防治能力就是对资源全面而系统地整合和把控的能力，也即在基层政府统一领导下，以现有的法律法规为导向，通过全面的风险管理去提升政府风险防范能力，以有效预防、化解、回应以及消除各类危害，从而有效保证群众的生命财产安全，在保护公共利益的同时增进社会和谐。"[③]综合学者们的观点，本研究认为，民族地区基层政府风险防治能力可分为预备与准备能力、应对与救援能力、恢复与重建能力，分别对应于民族地区基层政府面对各类自然灾害、事故灾害、公共卫生和社会安全事件时的预判、应对与灾后恢复能力。

（六）生态治理能力

人与自然、自然与社会的和谐发展，推进生态建设与社会建设的统一，是我国生态文明建设与改革的重要原则。民族地区经济社会发展离不开自然资源的开发与汲取，因此，政府在汲取与使用自然资源时，应当重视经济社会发展与生态建设之间的平衡关系，将生态开发与保护、建设与发展放在社会治理领域的突出位置，建构和谐的生态文明环境，践行绿水青山就是金山银山理念，实现基层生态环境保护职能。在生态治理中，政府既是生态治理的愿景规划者和主要实施者，也是其中的调控人和裁判员。当前，民族地区进入经济快速发展的上升期，经济发展与生态建设的矛盾日益

---

① 李俊清：《中国的跨界民族与边疆公共事务治理》，《公共管理学报》，2015年第1期，第8页。

② 张海波：《应急能力评估的理论框架》，《中国行政管理》，2009年第4期，第33-37页。

③ 张成福：《公共危机管理：全面整合的模式与中国的战略选择》，《中国行政管理》，2003年第7期，第8页。

凸显，基层政府生态治理能力直接影响到社会的可持续发展。其能力是指政府对自然认知的调整，在敬畏自然、遵从自然规律的基础上，以不致使生态退化为主调，通过出台和执行相关政策、实施相关项目来维系和恢复生态质量，达成生态良好、环境优美、自然和谐的发展愿景；在治理活动中协调动员企业、社会组织和民众参与并实现预期目标效益、效率和效能水平。

（七）创新变革能力

创新变革是社会发展的动力，是创新社会治理体制与机制改革的关键。基层政府创新变革能力，是在遵循经济、政治和社会环境变化规律及要求的前提下，为了实现政府社会治理的价值目标，对政府行政理念、组织机构、制度政策及行政工具等方面进行自我变革与创新的能力。民族地区基层政府是推动民族地区经济社会发展、维护民族团结和谐、社会安全稳定的直接主体，其创新变革能力是深化经济体制改革与加强社会体制改革的要求，是民族地区基层政府面对新形势、新发展自我变革的内在驱动力直接关系到民族地区社会各项事业的发展。民族地区基层政府创新变革能力是基层政府在民族地区经济社会快速转型时期，面对经济体制改革深化与社会体制转型带来的多元利益分化与诉求，面对社会公共事务不断涌现的新事务、新问题，对政府的行政理念、制度政策、组织机构、行政流程和行政工具等各方面进行自我创新和变革的能力。

二、民族地区基层政府社会治理能力要素间关系

社会系统包含着政治、经济、文化等诸多子系统，任何组织的发展与变化，都要受这一复杂系统中各个子系统的影响。[①]生态组织理论提到，环境系统是开放、相互作用的系统，任何团队与组织都是环境系统的子系统，都不可避免地受到来自组织外部的环境与内部环境的相互影响。其中，外部环境包括国际、政治、经济、文化与社会等因素，内部环境包括组织资源、结构、能力、协作等因素。民族地区基层政府社会治理能力作为内部环境因素对社会治理行动与效果起到促进或制约的

① Waddock，S.A.Understanding Social Partnerships. *Administration & Society*，1989，21（1）：78–100.

作用，治理行动与效果不可避免地受到内外部环境的影响。民族地区基层政府社会治理能力作为子系统，受到民族地区政治、经济、社会环境等影响，在不同发展阶段凸显出不同的能力作用；同时，它还受到内部能力要素相互关联与作用的影响，能力要素的强弱程度将影响到民族地区基层政府社会治理能力的强弱。

一是各能力要素互为条件相互作用。在民族地区基层政府社会治理中，其职能目标是在民族地区现实情境下改善民生，促进社会公平与正义，推进社会体制与机制创新。围绕着民生改善目标，经济发展能力体现为合理配置资源，统筹规划，推进经济增长，提高人民生活水平。经济发展能力的增强，能够增进民族地区基层政府在公共服务供给中的财政投入，进而强化基层政府的公共服务能力；创新变革能力是民族地区基层政府实现社会体制机制创新的重要能力体现，其自我变革与创新行政理念、制度政策、组织机构、行政流程和行政工具的能力越强，越能够主动预防民族地区社会治理风险，应对社会治理困境。政策执行能力尤其是民族地区基层政府理解政策、用好政策、执行政策，是实现社会治理政策目标。增进社会治理重心、服务与资源下移的根本保障。反之，经济发展能力不足将制约公共服务能力的发挥，创新变革能力弱化将影响风险预防能力的体现，等等。可见，民族地区基层政府社会治理能力要素之间呈现相互作用与制约的关系。

二是各能力要素呈现整体性而非均等性关系。民族地区基层政府社会治理在不同的发展阶段、不同的现实情境下面临着不同的社会治理任务与问题，社会治理能力呈现出整体性作用于社会治理行动与任务的特点。能力要素之间存在着相互关联，并不意味着其在民族地区基层政府社会治理能力体系中发挥着同等的、均一的作用。部分能力要素在特定阶段或面临特定社会治理问题时发挥着主导作用，这是社会治理能力的综合体现。例如在经济较为发达的民族地区，经济发展能力或许不是最为突出的主导能力要素，如何处理好经济发展与生态建设困境的生态治理能力、促进公共服务供给与社会公平正义的公共服务能力成为主导的能力要素；在经济较落后的民族地区，生态治理的矛盾或许不太突出，基层政府创新变革、开拓进取，大力发展经济的能力应发挥出主导作用。但这不表示其他能力的此消彼长，而是各个能力要素之间互为作用，作为一个整体体现出民族地区基层政府的社会治理能力水平与程度，在不同的外部环境影响与内部环境作用下，面对具有阶段性与针对性的社会治理问题与困境，它们发挥着非均等的作用。

三、民族地区基层政府社会治理能力结构

经济发展、政策执行、依法治理、公共服务、风险防治、生态治理、创新变革等诸能力共同构成了民族地区基层政府社会治理能力要素。它们之间并非孤立存在，而是相互关联与作用；它们之间并非均一作用，而是不断调整与强化形成一个整体，进而构成了民族地区基层政府社会治理能力结构。按照结构构成，我们将其分为民族地区基层政府社会治理能力内部结构与外部结构，分别对应政府内部社会治理能力提升与外部社会治理职能强化。

民族地区基层政府社会治理能力内部结构要求，即通过政府自身的社会治理能力提升，促进社会公共事务问题的有效解决与改善。依法治理是民族地区基层政府社会治理的行动准则，提升法治意识与运用法治手段既是促进社会公平正义的方式，也是社会公平正义的体现。其次，政策执行是基层政府履行国家与上级社会治理职能与任务的有效途径，政策执行能力提升影响到社会治理政策实施的效果。最后，创新变革是民族地区基层政府主动适应复杂的社会治理环境的自我变革与创新，包括行政理念、制度政策、组织机构、行政流程和行政工具的变革，其能力提升将利于增强政府组织的活力。民族地区基层政府通过提高自身的能动性与法治权威，增强自身的行动能力与组织活力，促进社会治理能力的提升。

民族地区基层政府社会治理能力外部结构要求，即通过政府强化社会治理职能，增进社会治理任务与目标的实现。首先，经济发展是民族地区经济社会发展的首要职能与基础，经济发展能力关系到民生改善与社会稳定，影响到政府在社会治理领域与公共服务中的经济资源供给能力。其次，公共服务是政府民生职能，加强基础教育、卫生、医疗、文化的供给能力，促进覆盖城乡的公共服务均等化，是提高民生福祉与维护社会公平的稳定器。再次，风险防治能力是在民族地区经济社会转型期，面对多元的社会利益与冲突，基层政府维护社会稳定的预判、应对与恢复

机制。最后，在推进人与自然、自然与社会、经济发展与生态建设的协同发展进程中，生态治理能力体现了民族地区基层政府维护人类福祉、促进民族地区社会和谐发展的行动与效果。由此，基层政府应由内而外加强自身社会治理能力建设，深化社会治理手段创新和治理职能的转变，实现民族地区社会治理目标与发展愿景。

第二节　民族地区基层政府社会治理能力评估指标体系建构

随着我国经济社会的改革与发展，民族地区社会领域产生了许多新事务、新问题与新矛盾，对民族地区基层政府社会治理水平与能力提出了新的要求与挑战。如何创新民族地区基层政府社会治理体制机制，实现政府社会治理的科学化、法治化、现代化，不仅是社会各界共同关注的热点问题，也是各级政府面临的一项挑战。民族地区基层是国家治理基础的主要构成部分，其社会治理程度影响着整个国家的社会治理能力和程度。近年来，我国政府社会治理与改革的实践表明，政府社会治理评估指标体系是否客观、公正、科学、健全，不仅决定着政府社会治理的目标与走向，也制约着政府社会治理的水平与成效。因此，建构完善的民族地区基层政府社会治理评价指标体系，有助于增进我国基层政府社会治理体制机制的鼎新，有助于推进民族地区基层政府治理现代化及提升其治理能力。

一、指标体系设计原则

社会治理能力是一个庞大的系统，它由不同的能力要素构成，能力要素之间既相互作用和影响，也存在堆叠或排挤。民族地区基层政府社会治理能力评价指标体系在对社会治理能力概念界定的基础上，不仅要遵循系统性、科学性、可行性等一般原则，还应依据理念价值原则、基层政府社会治理职能原则和民族地区特殊性原则等进行建构。

（一）民族地区基层政府社会治理能力评估指标设计的一般原则

1.科学性原则

政府绩效评估在我国实践多年，一直力求引导政府工作规范化、科学化、高效化。评估指标体系作为绩效评估的焦点，科学性原则是确保评估科学、公正、客观的根本。民族地区基层政府社会治理能力评估指标体系是一个综合系统，涉及政府能力的多个领域，指标体系设计的科学性原则主要体现在理论与现实相结合及遵守科学的理论构建方式等方面。第一，社会治理理论与民族地区基层政府社会治理实践相结合。指标体系既要体现社会治理理论所明确的理论内涵，又要从民族地区基层政府社会治理职能的客观实际出发，选取能够反映理论内涵与实践职能最本质的、关键的指标。我们主要选用目前国内外在政府绩效评估、治理评估与社会治理评估指标体系构建中广泛应用的关键绩效指标法（KPI）和平衡记分卡法（BSC）来进行指标设计。无论是关键绩效指标法层层分解组织目标，还是平衡记分卡建构“因果关系链”框架，都要求结合社会治理的政策内涵、民族地区基层政府社会治理目标和职能的关键领域或内外部关键要素进行指标建构，以避免主观随意性、经济指标至上和唯上级意志等思想的干扰。第二，科学的研究方法是设计一套健全、有效的指标体系的基础和前提，能避免指标设计的盲目性，保证其科学性。以科学理论为依据完成指标筛选、权重确定、数据获取，例如，专家法用于筛选指标，层次分析法用于确定权重，克隆巴赫系数法等用于进行指标检验，等等，通过遵循科学的理论方法对指标体系进行设计、建构、筛选和检验，使得指标体系能够尽可能地接近要评估的内容，客观反映评估对象的实际情况。

2.系统性原则

任何一套指标体系都是由多个指标层次和多个指标共同组成的，每个层次的指标之间并不是相互割裂的，指标层次之间的各指标有着逐级分化的关系，同一个层级的指标之间存在着彼此排斥和相互作用，它们作为一个整体共同描述和支撑评价目标。系统性原则要求指标体系所选取的指标能够全面、广泛、整合、系统地体现评价目标和衡量评价对象的近况。首先，民族地区基层政府社会治理能力评价指标体系体现社会治理的目标和要求。从十八届三中全会提出的保障和改善民生、促进社会公平正义、增强社会活力、维护社会稳定目标来看，指标体系应当以全面实现这些目标的能力要素为指标内容，应当包含以改善民生为目的的经济发展能力、公共服务能力，以促进社会公平正义为目的的依法治理能力，以增强社会活力为目的的创新变革能力，以维护社会稳定为目的的风险防治能力，同时应从民族地区的实际出发，结合民族地区基层政府社会治理职能的实际建构指标体系。其次，将社会治理能力要素作为一个整体来考察，应当包含民族地区基层政府社会治理能力要素的关键领域，防止某些重要领域的遗漏造成评估结果偏差。例如，从政府职能领域来探讨基层政府社会治理能力的主要领域，包括经济发展能力、公共服务能力、生态治理能力；从社会治理过程来看，则包含政策执行能力、依法治理能力、创新变革能力；从民族地区社会治理的特殊性来看，还应包括风险防治能力等，此外，还应当充分考虑到现实能力和潜在能力的有机结合。最后，仅仅从全面的角度去选取社会治理能力要素指标会导致指标体系过于庞大，应结合系统性原则，避免指标体系过于庞杂和指标选取出现偏颇，既突出社会治理能力的重点领域，又兼顾社会治理能力各个侧面特征指标，形成一个整体、全面、系统的、结构合理的、指标优化的指标体系。

3. 可行性原则

民族地区基层政府社会治理能力指标体系的实施，能够更规范地测量民族地区基层政府社会治理能力的绩效。经由对政府社会治理能力评估指标设计的文献分析我们发现，民族地区基层政府社会治理能力的评估指标设计既要考虑其能力内涵、评估对象和评估视角的差异，还要斟酌指标设计有利于指标数据的获得。指标体系的可行性是进行绩效评估的重要前提，主要包含指标体系的实用性和可操作性，即指标体系是否精炼实用，是否简单明确，数据是否可获取且具有评价意义。具体而言：第一，所选取的指标应当具有目标性且精准适用。社会治理能力指标应以社会治理内涵为根本，联系民族地区基层政府社会治理职能现实，在选取指标时不能将指标范围无穷扩大，同时要避免选取形式化和评价目标模糊的指标，将指标体系化繁为简，落实到服务评估目标上。第二，指标应当简单明确，便于测量。在社会治理能力指标的选取中应当尽量选取能够定量测量的指标，但是在社会治理理念的要求下，难免会涉及例如公众满意度、公平感等定性指标，此时应当尽量通过“好，较好，一般，差，较差”等可操作的分析方法使其尽可能具有可测量性。第三，指标数据是可以获得、可灵活操作的。在定量指标的使用中，应尽量选取可以通过统计数据、年鉴获取或者易于采集、便于计算的数据。有的指标对于体现社会治理某项能力要素具有较强的表征作用，但是难以采集数据，或是数据不全、难以计算、获取的成本高等都将导致指标缺乏实际评价意义，这类定量指标应不予采用。此外，在定性指标设计中，要尽可能使用科学的方法进行问卷设计、问卷对象选取和问卷信息处理，确保主观指标获取能够尽可能地客观公正，否则将影响评价结果。

（二）民族地区基层政府社会治理能力评估指标设计的特殊原则

社会治理能力评估的根本目的是为了实现社会治理目标，这决定了在其指标体系建构的过程中要以社会治理所秉持的价值追求为指引，以政府社会治理职能为依托。受地方区域特殊性影响，在民族地区基层政府社会治理能力评估指标体系建构过程中，不仅要遵循指标体系设计的一般原则，还应当基于社会治理能力评估的特点，依据一定的特殊原则进行建构。

1.价值理念原则

一套成熟且完备的民族地区基层政府社会治理能力评价指标体系，不仅能够科学有效地评价基层政府社会治理能力的水平与成效，还应能够引导基层政府社会治理职能的转变与创新，更能够充分体现和反映基层政府社会治理的价值理念与目标追求。良好社会治理的目的就是为了造福于社会、造福于人民，为人民群众的安居乐业提供支持与保障，构建以“人民为本位”的社会治理评价体系，是民族地区基层政府社会治理能力评估指标体系建构中必须遵循的基本原则。一方面，要从以“政府为本位”转变为以“人民为本位”。传统的以“政府为本位”的评价体系主要是从政府本身的立场和角度进行相关的指标挑选与设计，侧重社会治理中的政府管控能力及其效果评价，而以“人民为本位”的评价体系，更多地将“人民高兴不高兴”“人民满意不满意”“人民幸福不幸福”作为指标筛选和体系建构的重心，强调并重视民生改善、公共服务等方面的指标权重及构成，使基层社会治理能力评价能够真正体现并服务于民众福祉的改善与提升；另一方面，要正视评价体系的价值引领与导向功能。要建构以“人民为本位”的评价指标体系，就必须摒弃“为评价而评价”的线性设计思维。应加大关乎并涉及实现社会公平、社会正义、公民参与、民主自治等方面的政府社会治理能力相关指标的权重，使评价体系及其评价结果能够对基层政府社会治理发挥价值引领与激励作用。

2.基层政府社会治理职能原则

基层政府社会治理能力的构成并非随意界定或设想的，它随着国家和社会对政府社会治理职能的需求而存在与变化。从社会管理到社会治理，政府从直接管制公共事务和提供公共服务，到积极动员社会力量、鼓励公民参与而形成政府主导、多元参与的社会治理机制，社会治理职能的转变框定了政府社会治理能力的发展方向和基本内容。可见，民族地区基层政府社会治理能力评估体系的设计不能是主观任意而论，而是建立在理清基层政府的社会治理职能基础上的。首先，层级化的行政体制决定了社会治理领域的边界性。我国执行的是层级节制的行政体制，中央、地方、基层各级政府在社会治理领域各有分工，社会治理能力的作用存在边界性和有限性。比如，中央政府社会治理职能更多的是宏观政策、法律法规的制定，财政的宏观安排，更关注政策制定能力、宏观调控能力等等；而基层政府直接面向各个地区和不同阶层群众，维护社会和谐、提供基本公共服务，对基层政府的政策执行能力、公共服务能力、风险防治能力等提出了更高要求。其次，民族地区基层政府社会治理能力包含的分子非常多，涉及经济、教育、卫生、文化、就业等公共服务供给以及依法治理、生态保护、风险防治等等，几乎涵盖了基层政府社会治理职能的各个方面。因此，如要逐一对其社会治理能力要素进行分析与选用既不科学也不现实，应从众多要素中选取核心要素、关键要素设定指标体系。而且，通常来说，对民族地区基层政府社会治理能力进行评价也是对其社会治理职能的产出和成果的评估，因此，应当立足于基层政府，立足于职能的关键领域设定评价指标体系，遵循政府治理职能原则。

3.民族地区特殊性原则

我国少数民族人口占全国总人口的比例不到10%，但民族自治地方面积超过了全国国土面积的60%。一直以来，受自然、地理、历史等方面因素的影响，民族地区整体社会经济发展相对滞后，文化教育水平相对较低，加上民族宗教情况较为复杂，使得民族地区基层政府社会治理的任务更为艰巨，社会治理目标呈现出民族区域的特殊性，因而对其社会治理能力评价应当作出适当的安排。因此，民族地区基层政府社会治理能力指标体系建构既应遵循非民族地区基层政府社会治理能力的共性原则，又应当遵循民族地区特殊性原则。民族地区面临的社会治理环境具有特殊性。民族地区普遍存在着经济发展较落后、教育文化水平较低、公共服务供给不足的现状，也就是说，民族地区在公共服务方面的起点较低，在设置指标体系时应当更多地使用“投入产出比”和“增长率”等指标，取代总量或数量类的指标。此外，民族地区大都地处祖国边疆，许多民族地区的民族宗教情况复杂，当地社会组织发展较弱，维护社会稳定、加强民族团结、激发社会活力带有民族区域属性的特征，所以，为了匹配民族地区基层政府社会治理能力的真实水平，选用的指标应具有民族代表性与特殊性。而且，民族地区的特殊性还体现在《中华人民共和国民族区域自治法》中明确赋予民族自治地方的自治权，这是有别于非民族地区的一个典型性特征。民族自治地方可以根据本地方的特点和需要，制定经济、社会领域的建设方针、政策和计划，采取特殊措施提升社会活力，维护社会稳定。因此，只有遵循民族地区特殊性原则，才能建构起全面的、系统的、合理的民族地区基层政府社会治理评价指标体系。

二、指标体系设计程序和方法

本书以社会治理理论、新公共管理理论、民族区域自治理论等为基础，通过质性研究和量化分析相结合的研究途径，在对民族地区基层政府社会治理职能、社会治理能力的背景因素等进行实地调研的基础上，深入分析民族地区基层政府社会治理能力的构成要素，并运用关键绩效指标法对其评估指标体系进行理论建构。本书综合采用专家咨询法、层次分析法、隶属度分析、相关分析、克隆巴赫系数法等研究方法对指标进行筛选、权重赋值和信度与效度检测，最终获得科学、合理、可行的民族地区基层政府社会治理能力评估指标体系（见图3-1）。

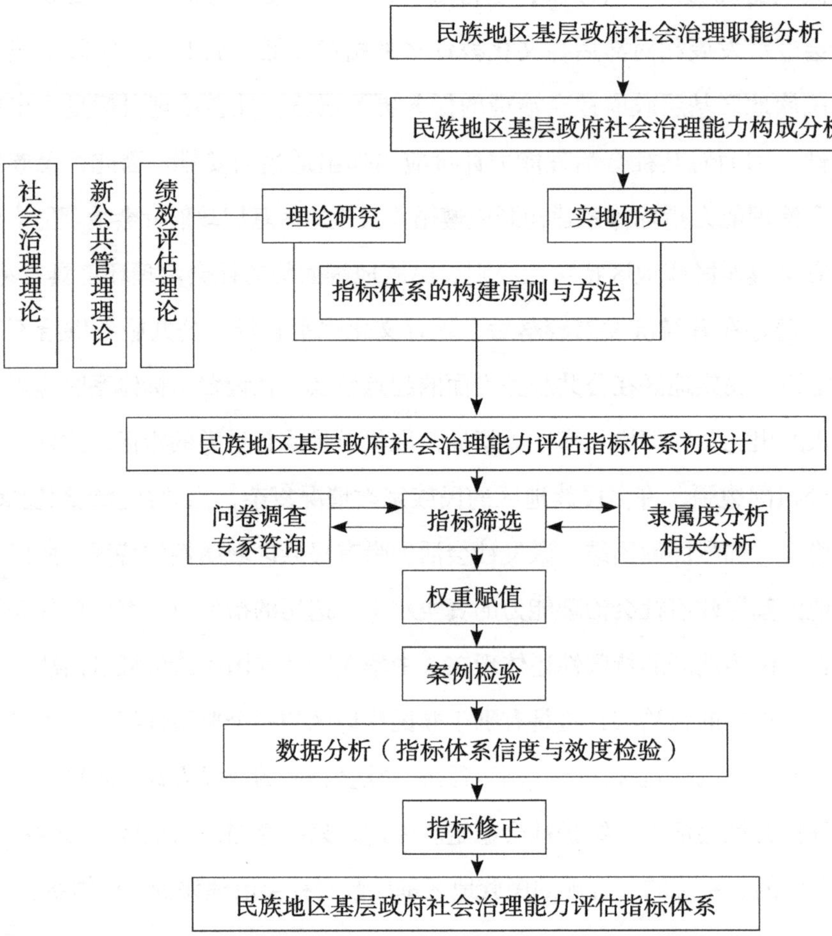

图 3-1 民族地区基层政府社会治理能力评估指标体系设计流程①

（一）职能与能力构成分析

能力本身是很难用一个统一的概念来界定的，无论是政府能力、政府治理能力还是政府社会治理能力，都不可能脱离政府的职能而存在，并随着政府职能的变化而改变。民族地区基层政府社会治理能力是基于民族地区基层政府社会治理职能，为了达到治理目和履行社会治理职能，采取有效的行动促成集体行动的能力。因此，职能分析是进行能力分析的重要前提。近年来，我国社会治理职能正逐步转变

① 图表来源：作者自制。

到培育社会力量、促进社会力量参与到政府做不好做不了的公共事务与公共服务领域，不断加强政社合作。民族地区基层政府社会治理职能在国家社会治理职能框架下，应注重动态职能与静态职能的统一进而形成全面的、系统的民族地区基层政府社会治理职能分析体系。

任何绩效指标背后都暗藏着特定的职能活动，[①]职能活动是实现组织目标的根本路径。因此，从社会治理职能角度分析能力要素，并进一步构建能力评估指标体系，是评价民族地区基层政府社会治理能力水平、实现其社会治理职能目标的前提。我国地域辽阔，不同地区基层政府的历史沿革、资源禀赋、经济社会结构等都存在一定的差异，民族地区尤为具有民族性，因此民族地区基层政府社会治理能力既基于基层政府社会治理职能也基于民族区域社会治理的特殊性。从这个角度来看，民族地区基层政府社会治理能力的关键领域应当包括与社会治理职能相关的经济发展能力、公共服务能力、生态治理能力等，与基层政府社会治理职能决定的政策执行能力、法治能力等，与民族地区相关的风险防治能力等。根据社会治理职能确定民族地区基层政府社会治理能力关键领域，是我们认识和理顺其能力要素的重要前提。

（二）指标体系初设计

民族地区基层政府广泛性、政府机构及其职能的复杂性、社会治理主体与目标的多元性，都决定了民族地区基层政府社会治理能力评估不可能直接测量，不能用简单的线性思维进行建构。在建构指标体系的过程中，应当理清和提炼出民族地区基层政府社会治理能力的内外部逻辑关系，尽可能用简化的评估指标获取尽可能多的评估信息。为了确保指标体系的科学性，本研究主要采用关键绩效指标法进行指标设计。为此，基于文献分析和对民族地区基层政府社会治理职能与能力的实践调研，兼顾社会治理理论与民族地区基层政府社会治理实践，逐级找出影响评价目标的关键要素和领域。主要步骤如下：根据民族地区基层政府社会治理能力的战略目标要求，设计民族地区基层政府社会治理能力关键业绩指标，构成各个能力维度，即组织级KPI；再

① 江易华：《县级政府基本公共服务绩效评估指标体系的理论构建与实证检测研究——基于社会公正的研究视角》，博士论文，华中师范大学，2002年。

根据组织级KPI确定各个能力维度的关键业务和职能领域，即为部门级KPI和个人级KPI；设定应当从哪些方面或者运用哪些数据对评价目标进行衡量，即评价标准或细则，从而初步设计出民族地区基层政府社会治理能力评估指标体系。

（三）指标筛选

评估指标体系的初设计主要依赖于研究者对民族地区基层政府社会治理能力的认识与理解以及所选取的设计方法，因此，体系建构附着着研究者的主观印迹。为了确保指标体系的客观性和合理性，需要对初步设计的指标体系进行指标筛选，判断各个关键指标与评价目标的隶属程度以及指标之间可能存在着的相关性程度。

隶属度分析最早来源于模糊数学，所描述的问题是当某个元素不能够直接判断这个元素是否属于这个集合时，只能描述这个元素在多大程度上属于这个集合，这个“程度”被称为隶属度。当隶属度高时，我们认为这个元素属于这个集合的水平越高，反之，我们则认为该元素属于这个集合的水平越低。因此，在我们初步设计的指标体系中，每一个指标（元素）在多大程度上属于指标体系（集合），也就是说指标与体系的隶属度高低情况如何，将直接影响到指标体系是否能够测量评估目标。一般来说，隶属度分析程序主要包括问卷设计、数据获取与分析。首先，通过设计问卷，向该领域的专家学者、向民族地区基层政府公务人员征求意见，请他们对初步设计的指标体系提出修改意见，并对每一指标的重要程度进行打分，如设计“1、2、3、4、5”五个重要程度等级，分别对应该指标“完全不重要、不重要、一般、重要、非常重要”；其次，假设指标体系为$a=\{a_1 \cdots\cdots a_i \cdots\cdots a_n\}$，参加问卷调查的专家有b名，且假设“非常重要”是每一位专家判断指标隶属于指标体系的最理想状态，那么当a_i指标有c位专家选择“5”即“非常重要”时，a_i指标的隶属度值=c/b；当所有专家都认为a_i指标“非常重要”时，c=b，a_i指标的隶属度值=c/b=1，此时隶属度最高；当没有专家认为a_i指标“非常重要”时，c=0，a_i指标的隶属度值=0/b=0，此时隶属度最低。因此0≦隶属度值≦1，隶属度值越接近1，说明指标隶属于指标体系的程度越高；反之，隶属度值越接近0，说明指标隶属于指标体系的程度越低。一般我们认为，当有2/3以上的专家认为某个指标不是非常重要时，则该指标隶属于指标体系的隶属度过低，即将隶属度值=0.33作为判定隶属度值的临界值，高于临界值的指标予以保留，低于临界值的指标予以剔除。

除了通过隶属度分析确定所设计的指标是否服务于评估目标，还需要进一步权衡所保留的指标体系中各个指标变量之间的相关性。指标变量之间的相关性低，说明各个指标独立性较好，相关性高则说明两项或多项指标变量所测量的目标和结论十分相似，说明指标变量存在较为明显的重复性，应当删除重复的指标，保证评估结果的科学性与合理性。常见的相关性分析研究方法有相关系数法、计算协方差和多元回归分析等。因为数据获取等原因，本研究在科学的理论和方法指导分析前提下，简化了指标体系的相关分析，采用关键绩效指标法确定关键指标的SMART原则与主观选取相结合的方式进行相关性分析。SMART中的S（Specific）代表了民族地区基层政府社会治理能力评价指标是具体的、明确的、切中目标的；M（Measurable）要求指标是可以权衡的、可以获得的、可以数量化或者行动化的；A（Attainable）表示指标是可实现的，避免设立太高或太低的目标；R（Realistic）要求指标是实际的、可以观察或实证的，不是凭空想象或是假定的；T（Time-bound）指评价指标应当具有时效性，要注意随着时间的推进不断修正指标。[①]因此，本研究对民族地区基层政府社会治理评价指标体系进行了主观相关性分析，对于指标体系中不可或较难获取数据的指标，通过假设指标、筛选反映评价目标相近的指标来获取，以尽可能确保指标体系的科学性。

（四）权重赋值

权重赋值在评估指标体系建构中至关重要，权重反映着每一个指标在评估当中所占的地位或者说所起的作用，通过对其赋值来获取评估结果。目前，权重赋值方法主要有专家法和层次分析法。专家法，又称专家函询调查法，是为了克服专家小组征询意见会议过程中经常出现的权威专家左右其他人意见和有些专家不能充分发表意见等弊病，以函件的形式单独向专家发函征求意见，专家之间互不讨论、互不干预，经过多轮征询、反馈，直至意见趋于集中，取得较好的团体判定成果的方法。层次分析法（AHP）是把复杂问题分解成各个组成元素，按安排关系将其分组，形成有序的递阶层次结构，再进行两两比较，以判断各层次中诸元素的相对重要

① 青觉：《和谐社会与民族地区政府能力研究》，北京：人民出版社，2010年，第155页。

性、确认诸元素在决策中的权重的方法。[①] 本研究主要采取的是德尔菲法，将初设计的指标体系以问卷的形式发放给高校的专家学者和民族地区基层政府的相关公务人员，由他们对各个指标维度进行打分、赋值，以此判断各个指标对所对应的评价维度的影响程度。

（五）信度与效度检验

通过隶属度分析和相关性分析完成民族地区基层政府社会治理评估指标体系的初步设计和指标权重赋值，此时已经完成了民族地区基层政府社会治理能力评估指标体系的理论建构。然而，该指标体系结构是否合理，是否具有稳定性，评估结果是否可信，则需要进一步验证和完善。按照民族地区基层政府社会治理能力评估指标体系获取评估数据，代入数据，进行指标体系效度和信度检验，判定指标体系的内容和结构是否合乎常理，是否还需要进行指标修正。效度和信度检验是最终形成民族地区基层政府社会治理能力评估指标体系的重要过程。

效度（Validity）即测量工具能够精准、真实、客观地度量事物属性的程度。当能够准确地度量所需测量对象时，则说明这个测量有效度，反之，则无效度。[②]民族地区基层政府社会治理能力评估指标的效度是指标能够准确地描述和评价民族地区基层政府社会治理能力的水平程度，效度高表明指标能够反映民族地区基层政府社会治理能力这一评估对象的特性，效度低则表示指标体系不能或不能全面反映民族地区基层政府社会治理能力的特性。因此，对指标体系进行效度检验是判断指标体系是否能够有效测量民族地区基层政府社会治理能力的重要手段。

内容效度、构想效度和效标效度是常用的效度检验方法，本研究采用内容效度来测量民族地区基层政府社会治理能力评估指标体系的指标与其所要测量的对象（民族地区基层政府社会治理能力）之间的适合性，即指标是否有效表达测量目标。内容效度检测方法一般采用专家咨询法，向熟悉测量对象（民族地区基层政府社会治理能力）的专家学者和公务人员征求意见，借助专家的经验判断来确定指标与对象之间的适合程度。测量指标内容时，用X代表专家总数，用X_i代表认同指标内容

① 傅家骥等主编:《工业技术经济学》(第三版)，北京：清华大学出版，1996年，第343页。

② 袁方、王汉生:《社会研究方法教程》，北京：北京大学出版社，2005年，第192页。

能够恰当测评目标内容范畴的专家评价者数量，以1/2的评价者（用X/2表示）意见为标准，其计算公式为：CVR=（X_i−X/2）/（X/2）。当有一半的专家评价者认为某指标内容与指标体系适合恰当，而另外一半专家评价者持否定意见时，X_i=X/2，此时CVR值为0；当所有专家都评价某项指标内容很恰当时，X_i=X，此时CVR值为1；当所有专家都评价某项指标内容不适当时，X_i=0，CVR值为−1。可见，某i指标内容效度比CRV值越接近1，表明指标体系的效度越高，指标所表达测量目标的内容越合适和恰当。

信度（Reliability）指对同一类或相似的测量对象进行反复测量时，所测量的结果具备一致性和稳定性，也就是说测量工具能够稳定地测量所要测量的变量的水平。[①]民族地区基层政府社会治理能力评估指标体系的信度是指指标对测量对象的测量结果的可靠程度。目前常用的信度评估方法是克隆巴赫系数（Cronbach's alpha）方法，公式是：

$$\alpha=(n/n-1)(1-\sum S_i/S_t)$$

在以上公式当中，α为克隆巴赫系数，即信度系数，n为民族地区基层政府社会治理能力评估指标体系中的指标总数，当指标体系包含若干个子指标层时，n代表该子指标层的指标总数；S_i代表第i个指标的方差，S_t代表所有指标总得分的方差。[②]一般来说，克隆巴赫系数愈高，表明民族地区基层政府社会治理能力评估指标体系的信度愈高，则使用工具测量该评价指标体系的结果可靠性越强，因而可认为该指标体系是较为科学合理的。

三、评估指标体系框架构建

通过上文对民族地区基层政府社会治理能力结构的分析，同时基于民族地区基层政府社会治理能力评估指标体系建构的程序和方法，本研究从民族地区社会治理的内涵与要求出发，进行民族地区基层政府社会治理职能与能力分析，厘清民族地

① 于涛、粟方忠：《社会经济统计学原理》，武汉：武汉大学出版社1996年，第384−391页。

② 于涛、粟方忠：《社会经济统计学原理》，武汉：武汉大学出版社1996年，第384−391页。

区基层政府社会治理能力的战略目标和关键要素。从理论上建构了经济发展能力、政策执行能力、法治能力、公共服务能力、风险防治能力、创新变革能力、生态治理能力等若干指标，利用专家法对指标进行隶属度分析和权重赋值，最终获得一个科学的、合理的、可行的民族地区基层政府社会治理能力评估指标体系。民族地区基层政府社会治理能力评估指标体系主要由经济发展能力、政策执行能力、法治能力、公共服务能力、风险防治能力、创新变革能力、生态治理能力等7个评估维度和30个评估指标构成，并涵盖若干评估细则，共同形成民族地区基层政府社会治理能力评估指标体系（见表3–1）。

表3–1　民族地区基层政府社会治理能力评估指标体系①

目标层	评估维度	评估指标	评估细则
民族地区基层政府社会治理能力	经济发展能力	经济发展规划	政府对地方经济发展的思路和方向是否清晰；地方政府所编制的经济发展规划是否具有科学性和战略性；经济成长规划中是否有周密的规划方案和完整的实施计划；经济发展规划制定者的素质和水平；地方经济发展规划适合地区发展满意度等
		经济资源汲取	人均国内生产总值；国内生产总值增长率；财政收入增长率；城镇居民人均可支配收入；固定资产投资增长率；外贸进出口总值增长率；对社会资本，如银行资本、民间资本、外国资本等的融资力度等
		经济政策执行	政策制定是不是具有系统性和前瞻性；经济政策履行中的政策监督制度是不是完善；是否能够及时、科学地对经济政策进行评估和反馈；经济政策执行效率满意度；经济政策监督中的公众参与程度等
		产业结构优化	第二产业比重；第三产业比重；第三产业产值增长率；万元GDP能耗降率；工业固体废物综合利用率；是否注重自主创新和技术进步；对新兴产业和特色经济是否进行了引导和扶持等

① 图表来源：作者自制。

续表

目标层	评估维度	评估指标	评估细则
民族地区基层政府社会治理能力	政策执行能力	政策理解能力	公务员理解能力；执行组织理解能力等
		政策动员能力	政策宣传能力；政策投入力度；公众配合程度等
		政策行动能力	及时反应能力；政策整合能力；目标达成能力等
		政策协调能力	制度协调能力；物资协调能力；信息协调能力、人员协调能力等
		政策控制能力	过程控制能力；持续监管能力等
	法治能力	法治思维能力	行政人员学历情况；法治化观念与理念；法律知识培训情况等
		依法决策能力	听证制度建立情况；专家咨询制度建立情况；合法性审查机制建立情况；信访案件按时办结率；听证会情况；专家咨询情况；合法性审查情况等
		依法执行能力	权力清单情况；行政执法人员持证上岗情况；违法行政现象的发生情况；行政执法责任制覆盖情况等
		依法监督能力	行政审计发生情况；行政复议发生情况；人大代表质询情况；行政诉讼发生率和办结情况；政府信息公开情况；新闻批评报道情况等
	公共服务能力	基础教育服务	基础教育支出占财政支出预算的比例；小学升学率；中学升学率；城市小学图书馆藏书数；乡村小学图书馆藏书数；城市小学师生比；乡村小学师生比等
		社会保障服务	社会保障支出占财政支出预算的比例；医疗保险参保率；养老保险参保率；失业保险参保率；工伤保险参保率；合作医疗参保率；对受助群体的服务成效等
		医疗卫生服务	公共医疗卫生经费占财政支出预算的比例；每万人拥有的卫生技术人员数；每万人拥有的卫生机构床位数；每万人拥有的医生数；卫生机构数量；医院数量；就医及医保报销的便利性等

续表

目标层	评估维度	评估指标	评估细则
民族地区基层政府社会治理能力	公共服务能力	基础设施服务	基础设施投资占财政支出的比例；自来水普及率；燃气普及率；新增道路里程数；每万人拥有公共交通车辆；网络覆盖率；城市公园数；绿化覆盖率；服务设施与人居环境满意度等
		公共文体服务	文化体育事业支出占财政支出的比例；“三馆一站”覆盖率；体育馆数；文体演出场次达标率；少数民族文化服务情况；居民对文体活动满意度等
	风险防治能力	预防与准备能力	拟定自然灾害、事故灾难、公共卫生、社会应急等应急预案；是否有风险预防理念；风险识别意识；风险预警机制的建立等
		应对与救援能力	在风险发生时获取财力、人力、信息、物力资源；整合社会资源、市场资源情况；整合民众动员情况和媒体宣传；管理配置能力和制度配置能力等
		恢复与重建能力	风险事务处理质量与效率；是否能维护社会秩序和保障公共卫生；实战演习频率；向专家咨询的频率等
	创新变革能力	理念创新能力	领导认同先进理念情况；普通公务员认知先进理念情况；各级公务员先进理念践行情况；公民感知政府服务态度情况等
		政策创新能力	政策数量变动情况；社会和公众参与政策拟定情况；政策拟定的评估反馈情况等
		机构变革能力	政府机构、人员编制数量变动情况；政府职能明确程度；政府主体责任强化水平等
		流程再造能力	简化、整合和根除流程的数量；流程环节的数量变化情况；流程期限的时间转变情况等
		工具创新能力	县级政府网站建设使用情况；办公室电脑配备及网络覆盖情况；“村村响”广播站建设使用情况等
	生态治理能力	生态质量	世界自然遗产地数量；国家自然保护区数目；国家级风景名胜区数目；5A级旅游景区的数量；人均绿地面积；城市绿化覆盖率；空气质量优良率等

续表

目标层	评估维度	评估指标	评估细则
民族地区基层政府社会治理能力	生态治理能力	污染防治	工业废水排放达标率；工业废气处理率；产业固体废弃物综合利用率；城市生活污水统一处理率；城市生活垃圾无害化处理率；农村生活废弃物的处置率等
		环境友好	单位GDP水耗、主要废气污染物（SO2、NO2、烟粉尘）排放量、废水排放量、工业固体废物产生量等
		环保作为	环境保护支出占地方财政一般预算支出的比重；$PM_{2.5}$是否公开；近一年内是否发生重大环境事故；是否编制和有效执行具有科学性、前瞻性、战略性的环境保护规划；环境保护宣传和普及工作情况；清洁能源的生产与使用情况等

第三节　民族地区基层政府社会治理能力评估结构

政府改革的经验表明，绩效评估对政府效能与能力提升有着不可替代的显著性作用，通过评估不仅能够评价政府效能的实现程度，还能够通过评估结果引导政府改进效能。面对民族地区发展落后的现状，要推动民族地区社会治理创新，必须要依靠民族地区基层政府，基层政府社会治理能力显得至关重要。同时，民族地区基层政府社会治理能力关系到我国社会治理创新的任务和要求是否能够实现，关系到我国社会治理能力的整体水平，因此，有必要且必须对民族地区基层政府社会治理能力水平进行绩效评估。

一、评估主体

政府绩效评估主体是指直接或间接介入政府绩效评估进程的个人、集体或组织，即政府当局绩效的评估者。①对民族地区基层政府社会治理能力进行评估，首先要知道“谁”来评估。随着我国社会治理创新的发展，社会治理关注政府与公民社会等权力主体，经由多向度的协商与互助对社会公共事务开展合作治理。多元主体的理念已经渗透到社会建设发展的各个领域，公民有了参与社会治理能力评估的要求，在理论上和实践上也受到了广泛重视与推广。治理能力评估从社会管理转向社会治理，评估主体多元化已成为基本要求与社会治理创新的题中之义。在多元主体的分类中，许多学者都从内部和外部展开划分，即内部评估主体主要囊括上级政府、本级政府中的职能部门和下级政府；外部评估主体主要指除政府外的评估主体，囊括政党、人大、大众传媒与群众。②因此，在探讨民族地区基层政府社会治理能力评估主体时，我们也主要从内部评估主体与外部评估主体两个方面进行讨论。

（一）内部评估主体

内部评估主体主要由政府自身构成，民族地区基层政府社会治理能力评估的内部主体由上级政府与基层政府组成。我国政府部门采取的是层级节制的官僚制结构，上级政府主导基层政府社会治理能力评估具有天然的动力与优势，民族地区在这一点上也不例外。评估基层政府社会治理能力，有利于上级政府掌握基层政府社会治理现状与治理程度，有利于分化上级政府社会治理职能任务，并调动资源催促其落实，最终实现直接有效的政策安排。因此，民族地区上级政府不仅是基层政府社会治理能力评估的主导者，也是直接利益相关者。

民族地区基层政府在上级政府制定的评估指标体系框架基础上，结合本地区的社会治理职能任务进行微量调整，以此作为评估工具。由基层政府的绩效评估部门向各相关职能部门搜集足够的信息进行评估，能够保证评估有序与高效，确保评估结果的有效性。然而，基层政府自身既是评估者又是评估对象，难免会因为评估结

① 范柏乃、段忠贤:《政府绩效评》，北京：中国人民大学出版社，2012年，第262页。

② 刘厚明:《我国政府绩效评估主体研究述评》,《安徽行政学院学报》，2012年第2期，第20–26页。

果可能产生的影响，而采取一些自利行为，夸大自己的能力水平或者掩盖不足，必然破坏评估结果的独立与公正。因此，作为评估成果的直接利益者——上级政府或是基层政府，在其自利驱动下进行的绩效评估，难以确保真实性与客观性，更难以得到社会的认可。这使得外部评估主体作为民族地区基层政府社会治理能力评估主体变得非常有必要且成为有益构成。

（二）外部评估主体

随着我国民主法治的健全、公民意识的提升，国家权力机关、政党组织与社会力量对政府进行监督与评价成了政府取得政治合法性的选择与要求。此外，由于政府内部评估“失灵”的存在，国家权力机关、政党组织、公众、第三方评估机构等外部评估主体也成为民族地区基层政府社会治理能力评估的制度要求。

一是权力机关是外部评估的主体。按照宪法和法令规定，“人民代表大会及其常委会拥有立法权、决定权、任免权和监督权。监督权是指各级人民代表大会及其常委会为保证宪法、法律的正常运行和维护公众的利益，防止行政、司法机关亵渎职权，经由法定的方式和程序，对由它产生的国家机关实施的检查、调查、监督、改正和处理的强制性权力。”[①]因此，一方面人民代表大会及其常委会始终代表并维护着人民的根本利益，在民族地区基层政府社会治理能力评估中基层权力机关作为评估主体具有政治上的合法性；另一方面县级人民代表大会及其常委会自身就具有监督基层政府的强制性权力，在民族地区基层政府社会治理能力评估中，基层权力机关作为评估主体具有法律上的合法性和合理性。然而，国家权力机关作为民族地区基层政府社会治理能力评估的外部主体缺乏一定的制度安排，政府主导下的社会治理评估，人大、政协代表、公众等的参与力度还较小，不足以产生有效的参与效益。

二是政党组织是外部评估的重要主体。“中国共产党是我国的执政党，从党与地方政府的关联特性来看，执政党经由对社会、经济领域的管理以及其自身的组织制度，以期实现地方政府的权力在横向上集中于政党，在纵向上向上负责。”[②]在党的

① 景跃进、陈明明、肖滨：《当代中国政府与政治》，北京：中国人民大学出版社，2016年，第67页。

② 景跃进、陈明明、肖滨：《当代中国政府与政治》，北京：中国人民大学出版社，2016年，第27页。

领导下发挥民族地区基层政府的职能作用，是我国民族地区政府的运行关键所在，因此，民族地区基层政府社会治理能力评估是在党的领导与监督下进行的。“政治协商是我国的一项基本政治制度，各民主党派作为人民政协的参加单位，经由人民政协这个专门的协商机构而对国家事务进行沟通和监督。”[①]与国家权力机关监督相比，民主党派和政协监督具有非权力性质，非权力性质的监督与评估参与更具有客观性和公正性。

三是社会力量是外部评估主体的重要补充。社会治理创新是要转变政府职能，鼓励公众的参与，政府将“做不了、做不好”的公共事务交由社会去做，将更多的社会职能转移给社会力量，这为社会力量参与公共事务拓宽了渠道和空间，提高了公民的参与积极性。同时，随着我国民族地区市场经济拓展与社会事业发展，社会公众的公民意识逐渐增强，许多学术研究者或是民间团体设立了一些评估指标，评价和监督民族地区基层政府社会治理的绩效，希望能够更好地了解基层政府社会治理的能力水平。然而，权威性不足和信息获取不畅等导致社会力量的单一评估缺乏足够的权威性与科学性。因此，公众以社会组织的形式，综合社会组织的专业知识与专业力量，能更有效地参与民族地区基层政府社会治理能力评估。由高校或科研机构专业研究团队组成的第三方评估机构，不仅可以解决社会公众专业性不足的问题，也可以弥补政府内部评估的客观性欠缺。第三方评估机构作为民族地区基层政府社会治理能力外部评估的主体，关注社会公众对基层政府社会治理创新的诉求，有助于评估主体结构的主客观结合，成为基层政府社会治理的一种重要方式。

综上所述，民族地区基层政府社会治理能力评估主体多元化已经成为社会治理创新的理论逻辑和现实需要。但是，无论是内部评估主体还是外部评估主体都存在一定的优势与劣势：基层政府虽然能真实反映基层政府的社会治理能力，但作为评估对象难免存在利己的驱动；第三方评估机构虽然独立于政府系统，精通评估专业知识与方法，但缺乏行政支持与权威；公众则难以凝集成具备专业本领的评估主体。因此，第一，应强化内部评估主体的评估能力，确保评估成果的科学性与有效性；第二，应通过制度性安排完善国家权力机关和政党组织作为评估主体的民族地

① 萧超然、晓韦：《当代中国政党制度纲论》，哈尔滨：黑龙江人民出版社，2000年，第167页。

区基层政府社会治理评估机制；第三，积极借助公众与第三方评估机构的力量，广泛动员并畅通渠道，组织公众和社会组织参与民族地区基层政府社会治理能力的满意度、公平感方面的评价，并由上级政府委托或以政府采购评估服务的方法，给予第三方评估机构制度上和经费上的支持。

二、评估原则

民族地区基层政府社会治理能力评估，为民族地区基层政府社会治理改革指明了方向，有助于推进治理进程，提升社会治理能力。为了实现评估目标，民族地区基层政府在社会治理评估中应遵循以下原则。

一是科学性评估原则。科学的评估方法、合理的评估进程与公正的评估主体，才能保证评估结果的科学性。第一，评估指标体系构建方面，现有社会治理评估主要由各级政府根据国家社会治理的需求由上至下层层分解，并以此建构评估指标，最终分解到基层政府。基层政府对上级政府拟定的指标体系并无多大自主权，介入水平低。加上社会组织与公众并未参与指标体系的设计过程，单一的指标设计主体导致指标体系缺乏来自多方面的论证，缺乏科学性。因此，要保证评估工具——评估指标体系的科学性，民族地区基层政府应当借助第三方评估机构的专业能力，广泛征求上级政府、基层政府、同行科研机构和公众对社会治理指标体系的意见和建议，通过科学的研究方法和程序设计社会治理评价指标体系。第二，政府绩效评估需要遵守规范的流程，才能得到权威的结论。①评估过程规范是民族地区基层政府社会治理能力评估有效实施与结果科学的重要保证。要严格规范评估方案设计、评估指标体系建构、评估主体确定、评估节点安排、获取评估数据，以确保评估结果的科学性。第三，从传统的绩效评估来看，政府角色的多样，使其在评估过程中难免带有很强的自利性，从而导致评估不客观、不科学。虽然随着公民意识的提升，社会产生了监督政府行为及评价政府绩效的需求，推动民间或科研机构参与对政府绩效的评估，但是社会参与仍然有限，并未产生评估的实际效果。因此，确定

① 卢小平:《从合法性视角看政府绩效评估主体多元化》,《求实》，2012年第2期，第17页。

公平、公正的评估主体，既要包含上级政府与民族地区基层政府本身，也应包括政府系统外的机构，如公民、社团组织、第三方评估机构等，进而确保评估成果的公平性。

二是主客观结合的评估原则。目前，我国政府社会治理评估呈现出两种倾向，即缺少社会认同的自我评估和缺乏政府认可的民间评估。无论是政府自身的评估还是民间主体的评估都未能带来权威的评估结果。遵循主客观结合的评估原则是确保评估成果具备权威性和真实性的主要条件，体现为评估指标体系的主客观结合以及评估主体的主客观结合。传统的政府绩效评估指标体系以客观指标为主，主观指标处于辅助地位，而社会治理的内在性决定了社会治理绩效评估需要在主观指标体系上进行创新，更注重公众视角的公平感、满意度与幸福感。[①]如上文所述，在民族地区基层政府社会治理能力评估指标体系设计时要注意权衡主观指标与客观指标的组合，避免指标重复设置，指标要可获取与可测量，力求科学、客观地反映民族地区基层政府社会治理能力水平。另外，基层政府自评应与社会团体他评相结合展开主客观评估。政府作为评估对象必须接受来自公众的监督与评估，除了上级政府与基层政府自身作为评估主体外，还应有来自民族地区基层政府外部的社会力量，以此保障民族地区基层政府社会治理能力评估结果的权威性与真实性。

三是动态评估的原则。民族地区基层政府社会治理本身体现的是基层政府动态的治理进程，民族地区对基层政府民族区域自治政策的具体化、经济发展的规划、政策执行的驱动、公共服务的生产、治理风险的防范，在生态治理中的环保作为，等等，都说明民族地区基层政府社会治理是一个动态过程，需要对其全生命周期进行监督与评估，才能真实、有效地评估其能力水平。无论是“过程评估”，即对民族地区基层政府社会治理行为的评估，还是“结果评估”，即对民族地区基层政府社会治理结果的评估，都不能全面地反映其治理能力和水平，只有将过程与结果相结合，形成动态的评估才能够有效地评估民族地区基层政府社会治理的效率与效果，实现评估目标。因此，建立动态的评估机制，既要注重社会治理能力效率的

① 张欢、胡静:《社会治理绩效评估的公众主观指标体系探讨》,《四川大学学报》(哲学社会科学版)，2014年第2期，第120–126页。

“过程”评估，设计反映社会治理行为的过程评价指标，也要注重以效果为中心的“结果”评估，设计关乎社会治理社会影响、公众满意、效果提升等的结果评价指标，并且设置一定的评估节点，获取相应的评估数据，开展评估。

三、评估方法

评估研究是否有成效，既取决于评估项目主体，也取决于评估研究者及其评估方式等客体。所以，评估者应遵守规范的研究方式，恰当应用各类评估研究的方法。[①]评估方法即评估主体通过一定的方式方法，利用评估指标体系，对评估客体或对象进行评估，真实、科学且有效地反映民族地区基层政府社会治理能力及绩效。当前，经常使用的评估方式有很多，但是并不是某一种评估方法可以适用于一切评估对象，各类评估方法都有必然的合用对象和合用范围。社会治理能力评估涉及政府在经济发展、公共服务、生态治理等众多领域的治理过程与效果，如何科学地评估与评估主体选取的评估方法息息相关。因此，对民族地区基层政府社会治理能力进行评估应当选用既适合民族地区基层政府特点又符合社会治理能力评估目的的方法。目前，绩效评估、政府能力评估等范畴经常使用的评估方法主要有关键绩效指标法、平衡记分卡法、层次分析法、数据包络分析法等。

（一）关键绩效指标法

关键绩效指标法最先是为了评估企业绩效而发明的，是指组织的宏观战略目标经过层层分化，转变成可操作的战术指标，是宏观战略实施结果的检测工具。可以说，关键绩效指标法是对组织战略目标的衡量，衡量影响组织战略目标的重点因素，不包含其他因素，所以，关键绩效指标法尤其适应于民族地区基层政府社会治理评估。关键绩效指标法的设计过程主要包括三个环节，一是指标设计。明确组织战略目标，找出影响战略目标的关键业务或职能领域，用头脑风暴法找出这些关键业务或职能领域当中的关键业绩指标（KPI），并确定首要部门级业务或职能机制

① 林聚任、刘玉安主编：《社会科学研究方法》（第二版），济南：山东人民出版社，2014年，第359页。

范畴，分化出对应构造KPI的各个部门级、个人级KPI，形成组织 — 部门 — 个人三级具有递进关系的KPI指标。二是设定评价尺度。设定评价标准，即应当从哪些方面或者哪些数据来评价目标，经过权衡这些评价尺度诠释各个指标应当达到什么程度，进而评估评价方针的水平程度；三是对关键指标进行检验，判断指标体系设计是否合理、可行和全面等。

（二）平衡计分卡法

平衡计分卡法是美国学者罗伯特·卡普兰（Robert.S. Kaplan）与大卫·诺顿（David. P. Norton）于1992年创立的绩效评估工具，是当今在世界范围内被广泛讨论和运用的绩效管理的理论方法体系之一。[①]基于组织战略目标，平衡计分卡把目标分解成顾客服务、财务、内部经营过程、学习与成长等四个维度，分别对应于顾客需求、股东需求、管理者需求与员工需求，并围绕着这四个维度建构一种“平衡”，设计能够实现目标值的评估指标体系。平衡积分卡法认为学习与成长、内部经营过程、顾客服务与财务四个维度并不是相互独立的，而是展示了业绩推动力与业绩效果之间的关系，通过四个维度之间的“平衡”，测量组织的成本与收益。将平衡积分卡法运用到民族地区基层政府社会治理能力评估中，要求设计指标时尽量保持四个维度的平衡，既要考虑到财务业绩指标，例如人均国内生产总值、国内生产总值增长率、财政收入增长率、城镇居民人均可支配收入等反映民族地区基层政府改善经济取得的效果，也要关心公众层面的公共服务需求以及民族地区基层政府政策执行、法治、自治等领域的“内部经营过程”。

（三）层次分析法

层次分析法（Analytic Hierarchy Process，AHP）是由美国运筹学家托马斯·萨提（T·L·Saaty）提出的，他把与绩效目标有关的要素分成目标、准则与方案等层次，并在分层的基础上运用定量与定性相结合的系统分析方法。层次分析法的一般进程是：把复杂问题分解成各个构成因子，按分配关系将这些因子分组，使之构成有序的递阶条理布局，在此基础上经由过程两两比较判定各条理中诸元素的相对重

① 李传军:《公共组织学》，北京：中国人民大学出版社，2015年，第45页。

要性，然后综合这些判定，肯定诸元素在决议计划中的权重。[①]在完成民族地区基层政府的社会治理评估指标体系初步设计与指标挑选的情况下，也就是说在已建立起评估指标体系的递阶级次布局的基础上，首先，设立递阶级次布局模型，确定各个评价指标的标准化比重，包括二级指标和三级指标的标准化系数；其次，要设计判别矩阵的调查问卷，请被调查者对矩阵中的指标要素进行逐一分析、两两比较，从中判断出重要程度；再次，根据所获取的问卷信息，逐层求出判断矩阵的最大特征根和相应的特征向量，该特征向量即该层次的指标权重数值。最后，因为矩阵数据是经由过程主观问卷判定得来的，不一定具备范例的一致性，所以要统计一致性指标并进行一致性查验。一般认为，相对一致性指标越小辨别矩阵的一致性越好。层次分析法的优势在于能够将复杂的系统分解成多层次单目标问题，由被调查者判断指标维度的相对重要性。这种方法既适用于多目标绩效评估，也适用于定性指标较多的政府社会治理能力评估。但是，由于这种方法过多地依赖被调查者的主观赋值，难免受主观因素的影响较大，不易客观评价。

（四）数据包络分析法

“数据包络分析法（Data Envelopment Analysis，DEA）是由美国著名运筹学家A.Charnes和W.W.Cooper在“相对效率”观点的基础上于1978年提出的一种系统分析方式。数据包络分析是一种基于数学规划理论，通过估计有效生产前沿面来评价具有多个输入与多个输出决策单元间相对有效性的方法。”[②]它是一个线性规划模型，用以表示产出对投入的比率。这种方法无须预设生产函数的具体形式与参数，可以利用已有的投入产出数据，通过模型同时处理多项投入与产出的效率评价。即操纵已有的投入产出数据，经由过程数学计划方式找出比率的参考基准，以此参考基准为衡量标准，通常数据在出产前沿面上被认为其产出与投入是具备相对有效力的，反之，未落在出产前沿面上的被认为是相对无效力的。数据包络分析法与传统的大样本数据分析法在样本集中的总体环境中统计均匀性不同，它避开了计较尺度值及均匀性的缺点，而是从样本中寻找相对最优的个别样本，所以，所权衡出来的

① 傅家骥等主编:《工业技术经济学》(第三版)，北京：清华大学出版社，1996年，第343页。

② 魏权龄:《数据包络分析》，北京：科学出版社，2004年，第26页。

效力值具备“相对的”特点。企业或政府组织可以通过识别相对有效或无效的效率值来判断如何降低导致无效率的方法。此外，与平衡积分卡法、层次分析法等不同的是，DEA对于指标间的权重分配、投入产出的参数、投入产出指标的性质没有要求，也无须考虑投入产出间的联系，因此，能够有效避免主观因素和计算模型中相关性等的影响。但是，对于民族地区基层政府社会治理能力评估来说，不能简单地用成本指标或者效益指标，或者简单地用投入产出比最大化来评价社会治理能力水平，还应当重视公众满意度、社会稳定、社会公平等价值评估。

第四章　民族地区基层政府经济发展能力分析

第一节　民族地区基层政府经济发展能力及其构成

一、民族地区基层政府经济发展能力的内涵

经济发展是通过经济结构的改进和优化、经济质量的改善和提高达到经济量的增长。从理论上来看，民族地区基层政府经济发展能力是基层政府履行其经济职能的表现，是国家政府经济发展能力向民族地区基层政府的延伸。从实践来看，由于受自然地理环境、社会环境、制度环境的制约，民族地区基层经济发展缓慢、滞后，市场在民族地区基层社会经济发展中尚无法有效地配置资源和提供公共物品，市场机制的不健全，市场机制未能有效发挥作用，自然要求民族地区基层政府在促进地方经济发展上发挥引导作用。

作为政府的一项重要职能，民族地区基层政府经济发展能力是完善市场体系、培育市场主体、优化市场环境、调整经济结构，引导产业发展、助推经济提升、提高经济质量，促进经济增长等一系列措施的综合反映。

经济发展能力是政府的重要职责所在，是政府综合治理能力的重要组成部分，提升民族地区基层政府经济发展能力，对促进民族地区经济的繁荣、稳定与可持续发展具有重要作用。

二、民族地区基层政府经济发展能力的构成要素

为深入挖掘民族地区基层政府经济发展能力的实际内涵，通过收集、梳理和归纳相关文献资料及对实地调研结果进行分析与考量，本研究将经济发展规划能力、经济资源汲取能力、经济政策执行能力、产业结构优化能力作为民族地区基层政府经济发展能力的基本构成要素及评价依据。

（一）经济发展规划能力

科学合理的经济发展规划对于政府确定经济发展重心和方向、发展民族经济与特色经济、增强地方经济发展竞争力具有重要意义。民族地区基层政府经济发展规划能力的强弱，决定其能否为当地经济选择一条正确的发展道路。如果民族地区基层政府善于规划与布局地方经济，则有助于推动地方社会稳定及经济持续、高效、健康发展；反之，将会给地方经济带来难以挽回的损失。因此，提高民族地区基层政府经济发展规划能力，是民族地区基层政府经济发展能力建设的重要环节。

民族地区基层政府欲提升经济发展规划能力，首先，要以中央经济发展战略为依据，明确地方社会经济发展目标，明确实施步骤并加以落实；其次，要因地制宜，根据地方实际，确定人才、技术、资金的方向和要求；最后，要制定具体的规划方案和实施计划，确保经济发展规划的战略目标的实现。

（二）经济资源汲取能力

经济资源汲取能力是民族地区基层政府为了公共物品供给，通过财政手段从辖区内外汲取资源的能力。民族地区基层政府汲取经济资源的主要方式有税收、非税收、转移支付、社会资本等，以此发挥推动经济发展的调节功能。

民族地区基层政府的经济资源汲取能力是影响其政策实施、意志实现的重要因素，在经济发展能力结构中占有突出的地位。目前，由于民族地区基层政府总体财力贫乏，自身造血功能不足，民族地区在发展各项事业时对上级政府财政的依赖还较强。因此，只有增强资源汲取能力，才能为民族地区基层经济社会的发展奠定坚实的物质基础，这也是民族地区基层政府经济发展能力提升的关键所在。

（三）经济政策执行能力

经济政策是国家或各级政府为增进经济福利与解决经济问题而制定的指导原则和措施。经济政策执行能力是指政府为有效落实各项经济政策，推动经济政策从计划到落实、行动的能力，是实现经济政策目标的根本保证，是检验经济政策质量的核心保障。民族地区基层政府的经济政策执行能力是基层政府通过成立相关组织机构，运用各种经济政策资源，将经济政策、观念形态具体化为实践成果和社会推动力，从而为基层政府实现既定经济政策目标提供所需的能量和力量的总和。民族地区基层政府的经济政策执行能力对于保障基层政府履行经济职能和推进经济发展以及增进和维护民族地区的公共利益具有重要意义。

（四）产业结构优化能力

产业结构优化升级是提高我国经济综合竞争力的关键，科学合理的产业结构是构建现代化经济体系的坚实基础，有利于促进产业的优化与转型，加快转变经济增长方式推动地方经济良性、高速运行。优化产业结构既需要市场经济提升自我调节能力，更需要政府加大宏观调控力度。政府的宏观调控主要通过政策诱导与资金投入来培育、扶持主导产业、支柱产业，包括：政府通过各项行政事业改革，创造良好的投资、融资和经营环境，吸引更多的社会资本和技术投入地方产业的培育与发展；通过产业规划和政策引导，鼓励发展优势产业，调整和改造传统产业，对新型特色产业给予政策上的扶持和倾斜；提供法制服务，运用各项法规来规范市场主体行为，维护市场规则的权威性。

第二节　民族地区基层政府经济发展能力评价
——以广西X市为例

一、经济发展能力评价指标体系的设计与建构

（一）评价维度

根据民族地区基层政府经济发展能力的基本构成要素，本研究将经济发展规划、经济资源汲取、经济政策执行、产业结构优化四个方面作为民族地区基层政府经济发展能力的评价维度。

1.经济发展规划能力维度

经济发展规划能力用于考察民族地区基层政府经济发展能力的强弱，应从系统性、战略性、科学性的研究角度对其进行衡量。我们主要从以下内容来准确而有效地评价民族地区基层政府经济发展规划能力：民族地区基层政府是否宏观掌控地方经济发展现状；对地方经济发展的方向和思路是否明晰；经济发展规划是否具有科学性和战略性；是否有周密、具体的规划方案和完整的实施计划；经济发展规划制定者的素质和水平如何；各方对地方经济发展规划的满意程度如何。

2.经济资源汲取能力维度

经济资源汲取是民族地区基层政府提供公共服务的财力保障，衡量民族地区基层政府经济资源汲取能力的强弱，不仅要注重考察当前地方经济发展水平和人民生活水平情况，还要注重衡量基层政府在经济资源汲取方面所做努力的程度。衡量民族地区基层政府经济资源汲取能力的具体标准为：地方人均国内生产总值和国内生产总值的增长率如何；地方财政收入的增长率如何；反映人民生活水平的城镇居民人均可支配收入如何；固定资产投资增长率和外贸进出口总值增长率如何；是否具备多元融资渠道且对社会资本加大了融资支持力度。

3.经济政策执行能力维度

经济政策执行情况是基层政府经济发展能力的直观体现。民族地区基层政府重在执行上级经济发展政策，并相应地制定地方政府经济发展专项政策。根据公共政策制定与实施流程，衡量民族地区基层政府经济政策执行能力的具体标准为：政策制定是否具有系统性和前瞻性；群众对政策执行的满意度如何；政策监督机制是否完善，监督形式是否公开公正，是否充分发挥社会监督的作用；在政策的评估和反馈上，是否能够科学地评估和反馈经济政策，并进行修正和完善。

4.产业结构优化能力维度

评估民族地区基层政府产业结构优化能力，目的在于衡量地方政府是否致力于提高地方产业结构整体素质和效率，使其向更高层次不断演进。衡量民族地区基层政府产业结构优化能力的具体标准为：当地产业结构是否科学合理；第三产业的发展和产值增长率如何；万元GDP能耗降率和工业固体废物综合利用率如何，经济发展中是否注重和秉承可持续发展和绿色发展理念；是否重视企业的自主创新和技术进步；是否对新兴产业和民族特色经济进行开发引导和积极扶持。

（二）评价指标体系

遵循经济职能导向、评价指标可行性、社会公众参与的指标设计要求，本章遴选出以下具有代表性的指标，并构建了民族地区基层政府经济发展能力的评价指标体系（见表4–1）。

表4–1　民族地区基层政府经济发展能力评价指标体系

一级指标	二级指标
经济发展规划	政府发展地方经济的思路和方向是否清晰
	地方政府所编制的经济发展规划是否具有科学性和战略性
	经济发展规划中是否有周密的规划方案和完整的实施计划
	经济发展规划制定者的素质和水平
	各方对地方经济发展规划符合地区发展实际的满意度

续表

一级指标	二级指标
经济资源汲取	人均国内生产总值（元）
	国内生产总值增长率（%）
	财政收入增长率（%）
	城镇居民人均可支配收入（元）
	固定资产投资增长率（%）
	外贸进出口总值增长率（%）
	对社会资本，如银行资本、民间资本、外国资本等的融资力度
经济政策执行	政策制定是否具有系统性和前瞻性
	经济政策执行中的政策监督制度是否完善
	是否能够及时、科学地对经济政策进行评估和反馈
	经济政策执行效率满意度
	经济政策监督中的公众参与程度
产业结构优化	第二产业比重（%）
	第三产业比重（%）
	第三产业产值增长率（%）
	万元GDP能耗降率（%）
	工业固体废物综合利用率（%）
	是否注重自主创新和技术进步
	是否对新兴产业和特色经济进行引导和扶持

（三）指标权重和计算方式

1.指标权重

为构建科学的指标评估体系，本研究对3位专家学者、7位民族地区地方政府领导及公职人员和100名群众展开了相关问卷调查，收回110份问卷，并全部有效。问卷采用评价赋值的方法来评价各个指标的重要程度，然后结合问卷中的指标相对重要程度来确定各个指标的权重，通过计算相关数据得出评价民族地区基层政府经济发展能力指标体系的具体各项权重。民族地区基层政府经济发展能力的总权重值为100，即四个维度的权重总值为100，其中，经济发展规划维度权重值为24，经济资源汲取维度权重值为32，经济政策执行权重值为22，产业结构优化权重值为22（见表4-2）。

表4-2　民族地区基层政府经济发展能力评价指标体系权重表（表值100）

一级指标	权重	二级指标	权重（Q）
经济发展规划能力	24	政府发展地方经济的思路和方向是否清晰（D1）	4
		地方政府所编制的经济发展规划是否具有科学性和战略性（D2）	6
		经济发展规划中是否有周密的规划方案和完整的实施计划（D3）	6
		经济发展规划制定者的素质和水平如何（D4）	4
		地方经济发展规划符合地区发展实际的程度（D5）	4
经济资源汲取能力	32	人均国内生产总值（元）（D6）	5
		国内生产总值增长率（%）（D7）	5
		财政收入增长率（%）（D8）	6
		城镇居民人均可支配收入（元）（D9）	4
		固定资产投资增长率（%）（D10）	3
		外贸进出口总值增长率（%）（D11）	3

续表

一级指标	权重	二级指标	权重（Q）
经济资源汲取能力	32	对社会资本，如银行资本、民间资本、外国资本等的融资力度（D12）	6
经济政策执行能力	22	政策制定是否具有系统性和前瞻性（D13）	4
		经济政策执行中的政策监督制度是否完善（D14）	5
		是否能够及时、科学地对经济政策进行评估和反馈（D15）	4
		经济政策执行效率满意度（D16）	5
		经济政策监督中的公众参与程度（D17）	4
产业结构优化能力	22	第二产业比重（%）（D18）	2
		第三产业比重（%）（D19）	2
		第三产业产值增长率（%）（D20）	3
		万元GDP能耗降率（%）（D21）	3
		工业固体废物综合利用率（%）（D22）	3
		是否注重自主创新和技术进步（D23）	4
		对新兴产业和特色经济是否进行引导和扶持（D24）	5

2.计算方式

在本套指标体系中包含了定量指标和定性指标两种，下面对两种指标的计算方式分别作简要说明。将民族地区基层政府经济发展能力的各项指标值与全国平均值进行直观比较，以全国平均值作为衡量标准，地方计算值高于全国平均值为其政府经济发展能力较好，与全国平均值相差不大为其政府经济发展能力一般，低于全国平均值为其政府经济发展能力较差。

其中，定量指标即为可量化的指标，本套指标体系中的定量指标为经济资源汲取能力维度中的D6、D7、D8、D9、D10、D11和产业结构优化能力维度中的D18、D19、D20、D21、D22，总计11个定量指标。与全国平均值进行对比，计算方法为：

定量指标计算值＝地方实际值/全国平均值 × 指标权重值

每一项指标指数的计算值结果为Z，地方实际值为D，全国平均值为P，权重为W，那么定量指标指数的计算公式即为：$Z_i=D_i/P_i \times W_i$

另外，本套指标体系中剩下的13个指标均为定性指标，我们采取综合打分方法获取定性指标的地方实际值，邀请地方领导、政府工作人员和市民分别对每项指标进行综合测评和打分，以确保数据的全面和客观。满分为100分，其中政府领导平均分值为K1，权重占0.3，工作人员平均分值为K2，权重占0.3，市民平均分值为K3，权重占0.4。地方实际值D=K1 × 0.3+K2 × 0.3+K3 × 0.4。

另外，由于定性指标无法获得可对比的全国平均值，我们设立理想的全国平均值来辅助指标数据的计算。例如，全国经济发展规划制定者的素质和水平，在理想状态下全国平均值为90。在计算方法上，定性指标和定量指标相同，即：

定性指标指数计算值＝地方实际值/理想的全国平均值 × 指标权重值

计算公式同为：$Z_i=D_i/P_i \times W_i$

综上所述，民族地区基层政府经济发展能力的指数值为各项指标计算值的总和，用EGA表示民族地区基层政府经济发展能力指数，则民族地区基层政府经济发展能力的计算公式为：$EGA=\sum Z_i$，其中Z_i为每项指标的计算值。由于指标是以全国平均值或理想全国平均值作为参考值进行对比得来的，各指标全国平均指数即为其权重值，即$EGA_{全国平均}=100$，考虑到数据和样本指标值的浮动性，本研究认为：

$EGA>EGA_{全国平均}+3$时，即$EGA>103$时，经济发展能力为较好；

$EGA_{全国平均}-3 \leqslant EGA \leqslant EGA_{全国平均}+3$时，即$97 \leqslant EGA \leqslant 103$时，经济发展能力为一般；

$EGA<EGA_{全国平均}-3$时，即$EGA<97$时，经济发展能力为较差。

二、广西X市政府经济发展能力评价

县域经济是我国国民经济中非常重要的部分，特别是在少数民族地区，县及县以下的GDP总量在整个GDP中占有相当大的比重。因此，深入探究民族地区基层政府经济发展能力问题应从县级地方政府出发。本章选择广西X市这一县级市作为研究对象，并对其进行实证分析和研究，以期能够为研究民族地区基层政府经济发展能力提供有价值的参考。

（一）广西X市基本情况

X市是隶属于广西壮族自治区崇左市的一个县级市，面积为650.32平方公里，人口10万多人，下辖Y镇、S镇、P镇、X镇4个镇，33个村委会，8个居委会，260个自然屯，是以壮族为主的多民族聚居地，另有苗、瑶、侗、傣等11个少数民族。X市作为祖国的南大门，地处战略要地，由于过去一度处于战争前沿战备状态，经济发展受到阻碍，总体经济水平较为落后。随着近些年国家对边疆少数民族地区经济发展的重视，X市的综合经济实力有了显著提高，但与东部发达地区相比仍然存在较大差距。

（二）广西X市政府经济发展能力评价

1.X市经济发展能力总体评价

我们采用2020年X市经济发展的各项数据并结合问卷调查，对比2020年的全国平均数据与理想平均值，参照前述指标体系中相应的指标算法，对X市政府经济发展能力的各项指标值计算如下：

表 4-3　X 市政府经济发展能力评价指标数据值①

一级指标	二级指标	地方实际值（D）	全国平均值（P）	全国平均指数=权重（Q）	地方实际指数（Z）
经济发展规划能力	政府对地方经济发展的思路和方向是否清晰（D1）	85×0.3+84.6×0.3+82×0.4=83.68	85	4	3.94
	地方政府所编制的经济发展规划是否具有科学性和战略性（D2）	88×0.3+88.5×0.3+82.6×0.4=85.99	90	6	5.73
	经济发展规划中是否有周密的规划方案和完整的实施计划（D3）	87.3×0.3+84×0.3+83×0.4=84.59	90	6	5.64
	经济发展规划制定者的素质和水平（D4）	85×0.3+82×0.3+75×0.4=80.1	85	4	3.77
	地方经济发展规划符合地区发展实际的程度（D5）	88×0.3+86×0.3+85×0.4=86.2	90	4	3.83
经济资源汲取能力	人均国内生产总值（元）（D6）	67680元	72447元	5	4.67
	国内生产总值增长率（%）（D7）	6.2%	2.3%	5	13.48
	财政收入增长率（%）（D8）	−5.2%	−5.3%	6	5.97
	城镇居民人均可支配收入（元）（D9）	39078元	43834元	4	3.57
	固定资产投资增长率（%）（D10）	11%	2.9%	3	11.38

① 表中地方实际值的客观数值来源于地方政府2020年工作报告以及政府信息门户网站等；全国平均值中的客观数值均来源于《中国统计年鉴》《2020年中国财政年鉴》、国家统计局网站等以及对数据的二次分析。

续表

一级指标	二级指标	地方实际值（D）	全国平均值（P）	全国平均指数=权重（Q）	地方实际指数（Z）
经济资源汲取能力	外贸进出口总值增长率（%）（D11）	1.58%	1.9%	3	2.49
	对社会资本，如银行资本、民间资本、外国资本等的融资力度（D12）	88×0.3+86.6×0.3+84.2×0.4=86.06	85	6	6.07
经济政策执行能力	政策制定是否具有系统性和前瞻性（D13）	83×0.3+82.5×0.3+78.4×0.4=81.01	90	4	3.60
	经济政策执行中的政策监督制度是否完善（D14）	84.4×0.3+86.8×0.3+84.2×0.4=85.04	90	5	4.72
	是否能够及时、科学地对经济政策进行评估和反馈（D15）	86.2×0.3+84.2×0.3+84.5×0.4=84.92	90	4	3.77
	经济政策执行效率满意度（D16）	81.6×0.3+83.4×0.3+78×0.4=80.7	85	5	4.75
	经济政策监督中的公众参与程度（D17）	82×0.3+80.4×0.3+76×0.4=79.12	85	4	3.72
产业结构优化能力	第二产业比重（%）（D18）	24.7%	37.8%	2	1.31
	第三产业比重（%）（D19）	65.8%	54.5%	2	2.41
	第三产业产值增长率（%）（D20）	−0.9%	2.1%	3	−1.29
	万元GDP能耗降率（%）（D21）	0.2%	2.6%	3	0.23
	工业固体废物综合利用率（%）（D22）	46.3%	55.63%	3	2.5

续表

一级指标	二级指标	地方实际值（D）	全国平均值（P）	全国平均指数=权重（Q）	地方实际指数（Z）
产业结构优化能力	是否注重自主创新和技术进步（D23）	79.4×0.3+80×0.3+77.6×0.4=78.86	85	4	3.71
	对新兴产业和特色经济是否进行引导和扶持（D24）	86.4×0.3+88×0.3+86×0.4=86.72	85	5	5.10

综上，$EGA_{全国平均}=100$，$EGA=\sum Z_i=105.07$，$EGA\geqslant EGA_{全国平均}+3$，因此可以判断X市政府的经济发展能力整体强于全国平均水平。

2.经济发展规划能力评价

X市积极落实中央经济发展战略，制定符合地方实际情况的中长期或年度规划、专项规划，并有条不紊地分步实施本地经济发展规划。过去几年，为了做好X市经济发展规划工作，X市制定了《X市国民经济和社会发展“十二五”规划纲要》《X市二〇三五年远景目标和“十四五”发展目标》《关于X市2018年国民经济和社会发展计划执行情况与2019年国民经济和社会发展计划草案的报告》《广西X市重点开发开放试验区发展规划》《中越X市—同登跨境经济合作区总体发展规划》等经济发展规划性文件。这些经济发展规划性文件既有X市经济发展整体规划性纲要，又有该市中小企业、跨境合作区、重点开发区等具体发展事项的规划文件。

在X市基层政府经济发展规划能力评价中，通过计算各个二级指标的评价结果不难看出，X市政府经济发展规划能力维度的指标数值22.91，略低于全国平均指标数值24。评价结果显示，当地经济发展规划制定者的素质和水平偏低，政府发展地方经济的思路和方向的清晰度、所编制的经济发展规划的科学性和战略性、经济发展规划具体方案的周密程度等评价指标分值低于评价标准值，X市经济发展规划的制定效率与效果偏低。

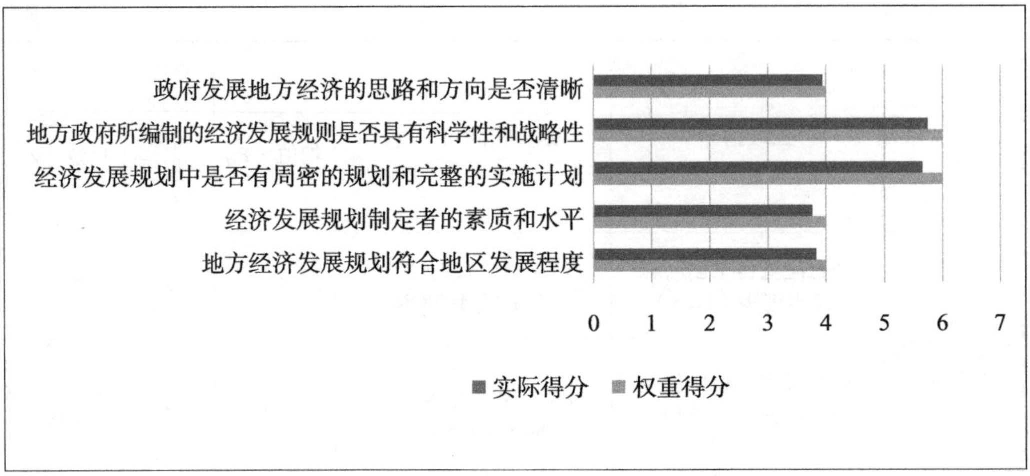

图 4-1　X 市政府经济发展规划能力得分情况

在对X市政府有关职能部门工作人员的访谈中，我们也获悉，X市积极完成指导性规划、总结性规划以及重点经济任务规划，基层政府对当地经济发展现实有较科学、准确的把握。其中，X市在年度计划中对上年的经济增长、优势产业、重大项目等规划执行情况做出总结和汇报，在此基础上确定下一年度经济社会发展的主要目标。这充分说明，X市政府具有较清晰的规划发展思路和强烈的规划发展意识。虽然X市政府在经济发展规划能力中体现出较强的发展规划意识，但对经济发展规划本身的设计缺乏科学性和前瞻性。特别是由于规划制定者的业务素质、能力有一定欠缺，在制定经济规划过程中有偏离当地实际的情况。此外，X市政府对自然环境价值认识不足，缺乏发展绿色经济意识，发展规划片面地将GDP增长作为总目标和总任务。

3. 经济资源汲取能力评价

经济资源汲取评价维度包含了六项定量指标和一项定性指标。在定量指标中，X市2020年的财政收入较上一年呈现负增长状态，与全国平均负5.3%的增长率持平；而在融资力度的定性指标中，调查数据显示，地方实际值超过全国平均值，说明X市政府具有较强的融资能力。另外，国内生产总值增长率和固定资产投资增长率都数倍高于全国平均值。总体而言，X市政府的经济资源汲取能力略高于全国平均水平。

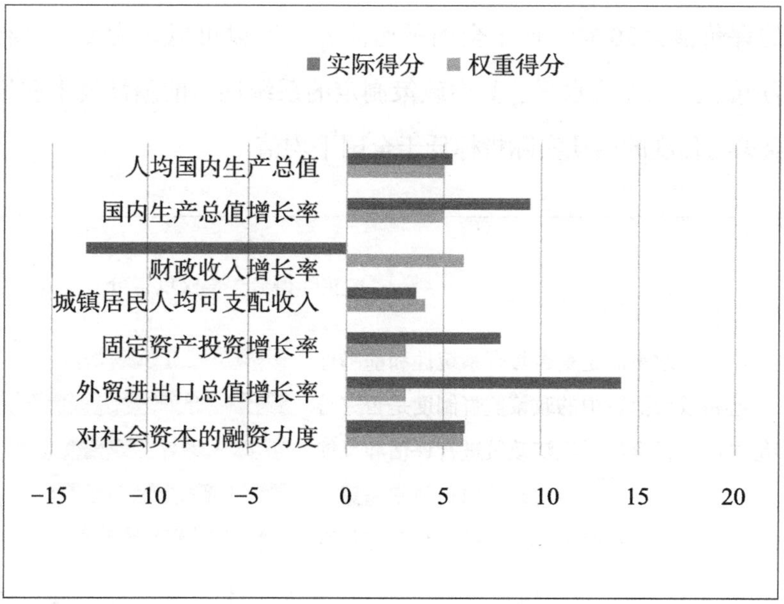

图 4–2　X 市政府经济资源汲取能力得分情况

经过深入访谈我们了解到，受经济发展基础薄弱、农业所占比例高、工业化水平低下等因素的影响，X市缺乏稳定可观的税源，财政收入偏低，政府财政收入能力难以满足日益增长的公共服务需求，难以适应经济社会快速发展的需要。近年来，X市政府的融资能力逐步加强，主要体现在三个渠道的资金量大幅增加：一是积极向上级政府争取资金。2020年，X市获得扶贫专项资金超5000万元，实施项目116个，重点投资人饮工程，解决群众用水问题。二是村级集体经济发展成效明显，全市38个村（社区）集体经济收入全部达到5万元以上，成为地级市中首个完成此项任务的县（市、区），累计收入达到531.29万元。三是自主招商引资。X市自主招商引资也取得积极进展，加大了政府与外资、私营企业的合作力度，特别是在公共服务、基础设施建设方面积极鼓励社会资本广泛参与，鼓励采用PPP模式，政府采购方式推进各项设施建设。

4.经济政策执行能力评价

在X市政府经济政策执行能力维度中，通过数值比较可以看出，X市政府经济政策执行的评价值为20.56，低于全国平均值22，所以可以认为X市政府的经济政策执行能力低于全国平均水平。其中政策制定的系统性、前瞻性要求和经济政策监督中的公众参与程度的两项实际指标低于全国平均值。

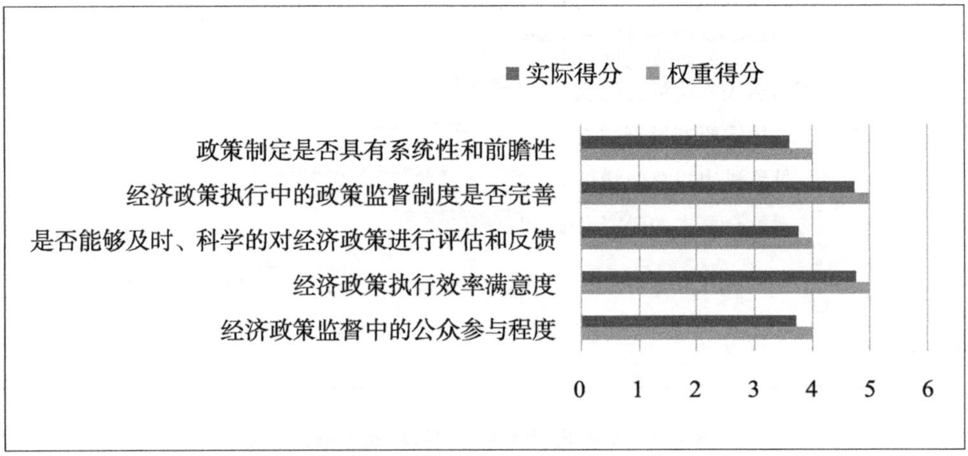

图 4–3　X 市政府经济政策执行能力得分情况

X市部分经济政策的前瞻性不强，政策的系统性和可操作性设计较弱，缺少与之相配套的政策措施，导致有些经济政策在后续实施过程中效果不佳，一定程度上造成了经济发展的低效和浪费，影响了地方经济发展。X市已经形成较为完善的政府考核评估体系，且评估主体多元化与评估方式多样化在完善绩效评估方面发挥了重要的作用；但公众参与程度相对较低，基层政府对公众的评议和反馈重视程度不高，影响和制约绩效评估的可靠性和有效性。其次，行政审批手续复杂，直接导致办事效率不高，进而影响政府行政效能，使得一些经济建设项目引不来、落不下、留不住，制约地方经济发展。X市政府各部门为了激发市场主体活力，大力梳理清权，编制责任清单，推进简政放权、下放经营管理权，对161项行政审批项目进行取消、承接和调整，下放126项乡镇行政审批事项，进而精简审批流程，提升政策执行效率。

5.产业结构优化能力评价

从X市产业结构优化能力评价结果可看出，X市的第二产业在所有产业中的占比低于全国平均值。X市稳步推进农业发展，逐步改善工业发展环境，着力投资现代服务业。2020年,X市三大产业结构比为9.5 ： 24.7 ： 65.8,X市第三产业占比较高，产业结构趋于合理，经济发展以对外贸易为主，符合“三二一”产业结构优化的目标要求，这得益于X市对地方优势产业的政策支持和对产业结构的不断调整。

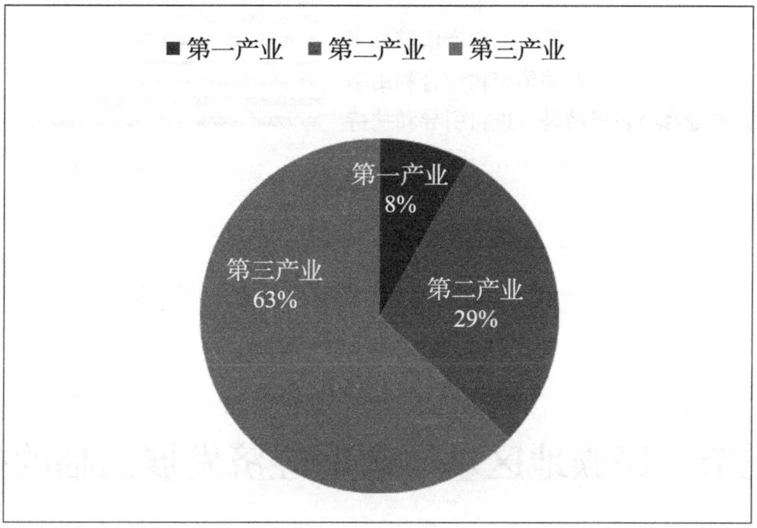

图4–4　X市2020年产业结构占比图

如图4–5所示，在万元GDP能耗降低率和工业固体废物综合利用率两项指标中，X市地方实际值相比低于全国平均值，说明X市在发展经济的同时，对生态可持续发展的重视还不够。由于受经济增长目标驱使，X市政府官员的可持续发展思想转变尚不到位，存在生态价值理念缺失、环境执法能力不足、地方保护主义等问题，资源环境保护未得到足够重视，环保形势依然严峻。因此，X市政府亟待改善生态治理理念。另外，自主创新和技术进步的评价分值偏低，反映出X市对企业技术创新的必要性认识不足，对科技创新平台的投入力度不大，无法满足广大企业的技术创新需求，容易导致创新企业动力不足，高层次研发及创新性人才流失。但X

市注重引导、扶持新兴产业和特色经济，而且重视程度的评价结果也强于全国平均值。总体而言，X市政府在产业结构优化维度的得分数值为13.97，低于全国平均值22，可见，X市政府的产业结构优化能力整体上看仍有待提升。

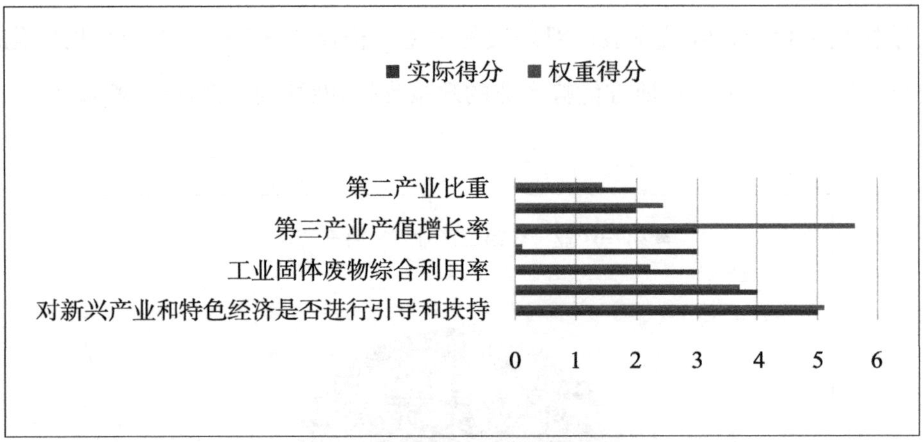

图 4-5　X 市政府产业结构优化能力得分情况

第三节　民族地区基层政府经济发展面临的挑战

一、自然环境方面的挑战

（一）生态环境较为脆弱

民族地区自然资源丰富，生物多样性明显，但大多数为生态功能区，生态环境脆弱，其中宁夏、西藏、青海、甘肃、贵州、新疆属全国生态脆弱地区（见表3-1）。在我国的四大生态脆弱地带中，滇黔桂的石漠化、西北地区的沙漠化、北方的水土流失和青藏高原的高寒气候多分布在民族地区。这些地区环境容量低、生物自育繁殖能力弱、自然恢复功能差，与非民族地区相比，生态较为脆弱，成为影响民族地区发展速度的重要因素。生态环境的脆弱性决定着民族地区发展模式的选择，最终影响基层经济的发展。

表 3-1　我国民族地区生态环境脆弱程度

脆弱等级	省区及指标					
轻度脆弱	湖南					
	0.3418					
中度脆弱	湖北	广西	辽宁	黑龙江		
	0.4766	0.4507	0.44	0.4137		
强度脆弱	四川	内蒙古	云南	吉林		
	0.6258	0.6186	0.5925	0.5248		
极强脆弱	宁夏	西藏	青海	甘肃	贵州	新疆
	0.8353	0.8329	0.8045	0.7821	0.7153	0.6537

资料来源：根据周毅《中国西部脆弱生态环境与可持续发展研究》，新华出版社2015年版，第162页内容整理。

（二）环境保护面临挑战

随着工业化和城镇化进程加快，尤其是西部大开发战略实施，我们面临着如何平衡经济发展和环境保护的挑战。民族地区由于历史、自然环境、社会经济发展结构和人口特征等方面的差异，在生产力发展水平、经济结构、生计等方面存在着多种形态①，使得人们形成不同的生态环境观，对待环境保护的实际行动也就有所不同。受“要吃饭还是要环保”“先污染、后治理”的传统观念影响，一些地方为了加快发展，忽视社会生态环境和生存环境的保护，“开绿灯”鼓励企业建厂，以“高投入、高耗能”的工业化来实现“高增长”，这种经济发展方式对民族地区的可持续发展造成负面影响。如广西某市是“自治区文明城市”“自治区卫生城市”“广西绿化模范县（市）”，属广西区重点生态功能区，该市是典型的喀斯特地貌区，自然资源丰富，但石漠化明显，随着森林面积的减少，该地区不少国家珍稀动植物濒临灭绝。

① 黄健英：《当代少数民族地区经济发展简要回顾及几点思考》，《中央民族大学学报（哲学社会科学版）》，2016年第43卷第2期，第20页。

近几年，民族地区经济发展增速明显，人民生活水平不断提高，然而在经济发展取得成效的同时，水体污染、土地盐碱化、沙尘、极端恶劣天气等给当地民众的生产生活也带来不利影响。如果不重视环境保护而任其发展，未来情况有可能进一步恶化，也会对基层经济社会发展造成影响。

二、产业发展不平衡问题

（一）资源依赖程度高

民族地区生产资料型产业在整个经济发展中所占比重较大，容易产生资源开发的路径依赖。萨克斯与华纳（Sachs& Warner）运用1970 ~ 1989年对许多国家的经济发展数据进行分析研究，发现自然资源和经济增长存在着负相关关系，自然资源丰富的国家经济增长率偏低，而自然资源短缺的国家经济增长率偏高，从而有所谓“资源之咒”的说法①。如日本面积小、自然资源少，通过改革创新成为亚洲发达国家；荷兰过度开发天然气资源最终导致其经济停滞不前。我国民族地区拥有丰富的矿产、森林、水利、药用植物和生态等资源，尽管资源丰富，但许多属不可再生资源。可供开发利用的资源受科学技术水平的限制，粗放式管理、资源浪费现象比较突出，未能将资源优势充分转化为经济发展优势，过度依赖资源消耗会对环境带来不利影响。有研究认为，云南、青海、宁夏和新疆等省区资源环境承载率处于递减状态，随着东部向西部地区进行产业转移，民族地区部分省份陆续出现资源环境超载问题②。从可持续发展的角度看，过度依赖资源，反倒会成为经济社会发展的障碍。过度依赖资源，造成环境污染、生态环境环境破坏，时间越长，需要支付的环境代价越高，也必将制约未来区域经济的健康发展。

（二）产业结构不尽合理

目前，民族地区还处于工业化发展初期阶段，GDP对传统资源汲取型产业依赖

① Jeffrey D.Sachs and Andrew M.Warner, *Natural Resources,Abundance and Economic Growth*,Harvard In-stitute for International Development（Report,1997）。

② 成艾华:《民族地区经济增长中的环境压力与响应机制研究》，北京：科学出版社，2017年，第92页。

程度高，受此影响，地方政府积极利用当地丰富的自然资源，通过项目投资、招商引资或“筑巢引凤”等方式引进以能源、冶金、化工等为主的资源密集型企业。这些产业受技术发展水平限制，未能建立起有区域特色、民族特色的本土化经济产业体系，在发展模式上与东部地区有趋同化特征①。如2019 ~ 2020年，X市全年规模以上工业增加值增幅分别为31%和22%，规模以上工业总产值中有大部分属于资源汲取型行业；固定资产投资总额超过全年GDP产值，项目投资分别占全年固定资产投资的93.6%、96.6%，项目投资中工业产业投资占比较大，难以形成产业间的优势互补。对于民族地区来说，优化产业结构是增强核心竞争力的必然选择，产业结构不合理不利于民族地区基层经济的健康发展。

（三）科技创新能力不足

有研究表明，高科技R&D经费投入对产出成果有着较强的促进作用②。2014 ~ 2015年，民族八省区规模以上工业企业数量分别有2.18万个和2.29万个，有R&D活动的企业数分别为0.18万个、0.23万个，分别占工业企业数量的8.25%和10.04%，工业数量和有R&D活动的企业数低于东部地区和全国水平，新产品收入差距明显（见表3–2），科技创新能力不足降低了产品的市场竞争力。2018 ~ 2019年，民族八省区科技研发投入经费占GDP比重不到1%，低于全国2%以上的水平，民族八省区的科研经费投入总量还达不到以科技创新赋能发展为引领的浙江省一半的水平（见表3–3），民族地区总体创新能力不足。民族地区科技研发投入不足、知识产权创造能力不强、企业创新平台少、企业创新人才缺乏、高层次研发领军人才尤为短缺等问题，影响科技创新对产业结构优化升级的作用效果③。随着国家“一带一路”倡议的发展，面对巨大市场需求和挑战，产业科技创新能力不足不利于民族地区社会发展和经济总量的提升。

① 胡鞍钢：《地区与发展：西部开发新战略》，北京：中国计划出版社，2001年，第280–284页。

② 黄静，吴和成，李慧：《基于面板数据的高技术产业R&D投入产出关系研究》，《科技进步与对策》，第58页。

③ 刘琳：《基于产业组织理论的民族地区产业结构优化研究》，《广西民族大学学报》（哲学社会科学版），2017年，第147–152页。

表 3-2　2014 ~ 2015 年民族八省区规模以上工业企业基本情况

		工业企业数量（万个）	有R&D活动的企业数（万个）	主营业务收入中的新产品收入（万亿元）
2014年	民族八省区	2.18	0.18	0.35
	东部地区	22.2	4.61	10.03
	全国	37.79	6.37	14.29
2015年	民族八省区	2.29	0.23	0.4
	东部地区	22.42	5.35	10.45
	全国	38.32	7.36	15.09

资料来源：王延中:《中国民族发展报告（2017）》，北京：社会科学文献出版社，2017年，第126 ~ 127页。

表 3-3　2018 ~ 2019 年民族八省 R&D 经费投入强度基本情况

地区	2018年		2019年	
	R&D经费（亿元）	R&D经费投入强度（与国内生产总值之比%）	R&D经费（亿元）	R&D经费投入强度（与国内生产总值之比%）
贵州	121.6	0.82	144.7	0.86
云南	187.3	1.05	220	0.95
广西	144.9	0.71	167.1	0.79
宁夏	45.6	1.23	54.5	1.45
西藏	3.7	0.25	4.3	0.26
内蒙古	129.2	0.75	147.5	0.86
青海	17.3	0.6	20.6	0.69
新疆	64.3	0.53	64.1	0.47
民族八省区合计	713.9	0.79	823.1	0.82
北京	1870.8	6.17	2233.6	6.31
天津	492.4	2.62	463	3.28

续表

地区	2018年		2019年	
	R&D经费（亿元）	R&D经费投入强度（与国内生产总值之比%）	R&D经费（亿元）	R&D经费投入强度（与国内生产总值之比%）
河北	499.7	1.39	566.7	1.61
辽宁	460.1	1.82	508.5	2.04
上海	1359.2	4.16	1524.6	4
江苏	2504.4	2.7	2779.5	2.79
浙江	1445.7	2.57	1669.8	2.68
福建	642.8	1.8	753.7	1.78
山东	1643.3	2.15	1494.7	2.1
广东	2704.7	2.78	3098.5	2.88
海南	26.9	0.56	29.9	0.56
东部沿海地区合计	13650	2.7	15122.5	2.82
全国	19677.9	2.19	22143.6	2.23

资料来源：中华人民共和国国家统计局编《中国统计年鉴》（2019）（2020）相关数据整理。

三、经济发展差异问题

党的十八大以来，全国经济发展成效显著，尤其是民族地区经济总体发展形势较好，稳中有进。新中国成立以来，我国民族地区经济不断发展，GDP发展增速明显，由1952年的57.9亿元、1978年的324亿元、2000年的8411亿元、2010年的41800亿元增长至2017年的84533亿元和2019年的100448亿元，分别占全国的8.52%、8.8%、8.38%、10.14%、10.29%、10.19%（见表3–4）。2019年，贵州、西藏、云南、内蒙古、广西、青海、宁夏、新疆等民族八省区生产总值增速高于全国平均水平，贵州、云南增速排至全国前两名，民族地区经济增速快。但是从绝对量上看，民族地区生产总值仅占全国的10.9%，所占比重不大，民族地区的经济实力、经济发展总量长期相对落后的局面没有得到明显改善。此外，在与经济发展和居民生活水平密切相关的人均可支配收入中，民族地区同样存在发展差距，2019年，全国城镇和农村人均可支配收入分别为42395元、16021元，民族地区城镇和农村人均可支配收入分别为35800元、12755元，民族地区城镇和农村人均可支配收入低于全国平均水平。民族地区与东部地区之间无论是横向上的经济发展还是纵向上的城乡经济收入水平都存在着较大的发展差距。

表3-4 新中国成立以来我国民族地区和全国GDP变化情况表（单位：亿元）

	1952	1978	2000	2010	2017	2019
民族地区	57.9	324	8411	41800	84533	100448
全国	679.1	3678.70	100300	412100	820800	985333
民族地区占全国比重（%）	8.52	8.8	8.38	10.14	10.29	10.19

四、财政收支失衡问题

（一）财政汲取能力有限

地方政府的财政汲取能力同当地社会经济社会发展密切相关，其能力的提高对当地经济发展具有促进作用。地方政府财政汲取能力主要包括财政收入和财政支出，为了反映各地方政府财政能力差异，我们将民族地区和东部沿海地区财政收入进行比较，对民族地区财政能力进行分析。

地方政府财政收入包括一般公共预算收入和中央转移支付收入。从财政收入构成上看，2015 ~ 2019年，民族八省区一般预算财政收入之和分别为8899.73亿元、9044.49亿元、10218.06亿元；东部沿海地区11省市分别为48593.62亿元、54888.04亿元、60683.25亿元，两者分别相差39693.89亿元、45843.55亿元，50465.19亿元，后者分别是前者的5.46倍、6.06倍、5.9倍。东西部财政收入差距明显。从财政支出方面看，2015 ~ 2019年，民族八省区一般预算财政支出之和分别为24810.78亿元、28986.37亿元、34475.90亿元，东部沿海地区11省市分别为67927.79亿元、77748.64亿元、90438.03亿元，两者分别相差43117.01亿元、48762.27亿元、55962.13亿元，后者分别是前者的2.73倍、2.68倍、1.62倍。从财政结余方面看，2015 ~ 2019年，民族八省区一般预算财政结余之和分别为−15911.05亿元、−19941.88亿元、−24257.84亿元，东部沿海地区11省市分别为−19334.17亿元、−22860.6亿元、−29754.78亿元。从中央税收返还和转移支付方面看，2015 ~ 2019年，民族八省区中央税收返还和转移支付之和分别为10516.53亿元、14070.12亿元、17382亿元；东部沿海地区11省市分别为11901.55亿元、12995.6亿元、1211亿元。

民族地区财政支出远远超出本级财政收入，虽然中央转移支付给民族地区的资金高于东部地区，但民族地区经济基础薄弱，经济发展水平低于东部地区，与民族地区经济社会发展需求相比，中央财政转移支付仍有较大差距；东部地区地方政府经济汲取能力强，经济持续快速发展，本级财政收入能为其财政支出提供有力的经济基础保障（见表3−5）。由于财政收支结构不平衡，一方面财政投入有限导致基础设施建设财政投入不足，无法发挥基础设施建设对经济增长的拉动作用，难以满足人们对美好生活的需求；另一方面，财政支出不足使得一些地方“想干的事”干不了，“能干的事”由于没有财政支持也不了了之，影响经济社会的稳定发展。民族地区基层财政汲取能力不足制约了地区经济的发展。

表 3−5　2015 ~ 2019 年民族八省区和东部沿海地区财政收支比较（单位：亿元）

	2015年			2017年			2019年		
	一般公共预算收入	一般公共预算支出	中央税收返还和转移支付	一般公共预算收入	一般公共预算支出	中央税收返还和转移支付	一般公共预算收入	一般公共预算支出	中央税收返还和转移支付
贵州	1503.38	3939.5	1725.51	1613.84	4612.52	2281.5	1767.47	5948.74	2654.14
云南	1808.15	4712.83	1942.04	1816.17	5712.97	2478.63	2073.56	6770.09	3304.91
广西	1515.16	4065.51	1718.6	1615.13	4908.55	2245.97	1811.89	5850.96	2801.86
宁夏	373.45	1138.49	498.87	417.59	1372.78	679.2	423.58	1438.29	830.14
西藏	137.13	1381.46	821.21	185.83	1681.94	1288.24	221.99	2187.75	1686.14
内蒙古	1964.48	4252.96	1594.9	1703.21	4529.93	2094.2	2059.69	5100.91	2248.85

续表

	2015年			2017年			2019年		
	一般公共预算收入	一般公共预算支出	中央税收返还和转移支付	一般公共预算收入	一般公共预算支出	中央税收返还和转移支付	一般公共预算收入	一般公共预算支出	中央税收返还和转移支付
青海	267.13	1515.16	663.42	246.2	1530.44	917.09	282.25	1863.67	1156.64
新疆	1330.85	3804.87	1551.98	1446.52	4637.24	2085.29	1577.63	5315.49	2699.30
民族八省区	8899.73	24810.78	10516.53	9044.49	28986.37	14070.12	10218.06	34475.90	17381.98
北京	4723.86	5737.7	315.95	5430.79	6824.53	700.46	5817.10	7048.19	922.63
天津	2667.11	3232.35	305.58	2310.36	3282.54	472.84	2410.41	3555.71	482.36
河北	2649.18	5632.19	1901.48	3233.83	6639.18	2333.08	3738.99	8309.04	2960.62
辽宁	2127.39	4481.61	1383.02	2392.77	4879.42	1853.71	2652.40	5745.09	2347.55
上海	5519.5	6191.56	375.76	6642.26	7547.62	525.28	7165.10	8179.28	524.9
江苏	8028.59	9687.58	865.93	8171.53	10621.03	1348.65	8802.36	12573.55	1430.32
浙江	4809.94	6645.98	657.93	5804.38	7530.32	799.85	7048.58	10053.03	812.8
福建	2544.24	4001.58	772.8	2809.03	4684.15	1016.73	3052.93	5077.93	1210.59
山东	5529.33	8250.01	1625.18	6098.63	9258.4	2063.84	6526.71	10739.76	2412.16
广东	9366.78	12827.8	1042.61	11320.35	15037.48	1261.42	12654.53	17297.85	1331.17
海南	627.7	1239.43	2655.31	674.11	1443.97	619.74	814.14	1858.6	736.33
东部沿海地区	48593.62	67927.79	11901.55	54888.04	77748.64	12995.6	60683.25	90438.03	12210.81

资料来源：根据中华人民共和国国家统计局编《中国统计年鉴》(2016)(2018)(2020)、中华人民共和国财政部《中央对地方返还和转移支付分地区预算汇总表》(2015)(2016)(2017)相关年份统计数据整理。

（二）财权事权不清晰

我国目前实行的是自上而下的行政管理体制，实行分税制后，中央和地方事权的划分只是在原有分税制框架里进行技术性调整，对财权的划分没有明确界定，使得中央和地方财权、事权不统一。教育、卫生医疗、社会保障、基础设施建设等公共服务责任传导至基层，给基层政府财政带来较大压力。民族地区由于经济发展落后，财政收入较少，各项财政支出负担重，不可避免地导致"吃饭财政"等问题出现。民族地区财权事权不清晰不利于基层政府职能的高效发挥和经济社会的发展。

五、基础设施尚待完善

民族地区还存在城乡间经济发展差异大，发展不平衡、不充分的问题。国家相继出台《扶持人口较少民族发展规划（2005 - 2010年）》《扶持人口较少民族基础设施专项建设规划》，支持较少数民族居住地区基础设施建设，有力促进了各民族共同繁荣。2014年，习近平总书记在中央民族工作会议上指出，"要加强民族地区基础设施、扶贫开发、城镇化和生态建设，不断释放民族地区发展潜力"。中央陆续划拨专项财政资金支持人口较少数民族地区基础设施建设，地方政府配套相应资金，共同促进民族地区基础设施建设的高质量发展。但由于自然条件较差，民族地区（山区、高原、牧区和森林地区）民众居住分散，村多人少，客观上增加了基础设施供给难度。2019年，西藏和青海人口分别为351万、608万人，人口密度较小，但南北直线距离都超过了1200公里；新疆和内蒙古国土面积广，幅员辽阔，东西直线距离也都超过了1900公里（见表3-6）。民族地区同样质量要求的基础设施建设需要花费巨大的人力、物力和财力，使得其造价要比一般地方高出很多。如云南的公路、铁路建设成本平均1公里达1.3亿元到1.4亿元，贵州修建一条高速公路平均造价为每公里1.2亿元。"要致富，先修路"，但基础设施投资成本高，外部资本不愿进入，地方财政难以承受，给地方政府基础设施供给带来很大压力，基础设施建设和公共服务难以满足居住在广阔地理空间的人民群众的实际需求，成为制约民族地区基层经济发展的重要"瓶颈"。

表 3-6 民族八省区人口密度与东西 / 南北直线距离

	云南	贵州	广西	宁夏	西藏	内蒙古	青海	新疆
年末人口总数（万人）	4858	3623	4960	695	351	2540	608	2523
人口密度（人/平方公里）	123.3	205.6	209.5	104.6	2.9	21.4	8.4	15.1
土地面积（万平方公里）	39.41	17.62	23.67	6.64	120.22	118.3	72.1	166
东西/南北距离（公里）	990（南北）	595（东西）	758（东西）	456（南北）	2000（东西）	2400（东西）	1200（东西）	1950（东西）

数据来源：根据国家统计局编《中国统计年鉴》(2020）和相关数据整理。

六、贫困问题带来的挑战

习近平总书记曾强调，消除贫困、改善民生、逐步实现共同富裕，是社会主义的本质要求，是中国共产党的重要使命。民族地区一直是我国贫困问题突出的地区，是目前民族地区基层经济发展面临的主要挑战，也是制约民族地区基层经济发展的重要因素。

（一）贫困面广

《中国农村扶贫开发纲要（2011–2020年）》划定的14个集中连片特困区的592个扶贫开发工作重点县中，民族地区占11个，其中有民族自治地方263个。在整村扶贫开发推进的3万个贫困村中，民族自治地方占43.9%。

（二）贫困人口多

按照农民人均纯收入2300元的国家贫困标准测算：2014年，我国有7017万农村贫困人口，民族八省区农村贫困人口2205万人，占贫困总人口的31.42%；2015年，农村贫困人口5575万人，民族八省区农村贫困人口1813万人，占贫困总人口的32.52%；2016年，农村贫困人口3046万人，民族八省区农村贫困人口1411万人，占贫困总人口的32.55%；2017年，农村贫困人口尚有3046万人，民族八省区农村贫困人口1032万人，占贫困总人口的33.88%；2018年，农村贫困人口减少至1660万人，民族八省区农村贫困人口降至603万人，占贫困总人口的36.32%。到2019年，农村贫困人口已减少至551万人。在党中央的战略决策部署下，民族地区贫困人口在逐渐减少，脱贫攻坚效果显著。但从数量上看，2014年–2019年，民族地区贫困人口占全国贫困人口比例总体变化不大，民族地区仍旧是脱贫攻坚的主战场。贫困人口多已经严重制约民族地区基层经济发展和社会进步。

（三）受教育水平偏低

人力资源是社会经济发展的重要条件之一，教育的发展决定着人力资源的质量。根据2019年全国人口变动情况抽样调查样本数据（抽样比为0.837‰）数据统计显示：在抽查6岁及以上年龄段1016417人中，未受过教育的有51892人，其中民族八省区未受教育的有9417人，占全国未受过教育的18.5%。从抽查数据来看：全国6岁及以上年龄段人口受教育率达93.4%，其中，小学程度教育的占比为30.97%，初中占36.06%，高中占9.7%，大学本科占11.84%，研究生占0.24%。总的来看，与全国相比，民族八省区人口受教育程度低，高学历人数低于全国平均水平（见表3–7）。同民族地区受高等教育相伴的是高等学校数量较少，2019年，民族八省区的高等教育数量为376所，占全国高等教育数量2688所的13.99%（见表3–8）。

除此之外，民族地区还存在一定比例的未受教育人口，2019年，贵州有15岁以上文盲人口2237人，占该省15岁以上人口的10.19%；云南为2268人，占7.52%；广西为826人，占2.73%；宁夏为359人，占8.38%；西藏为671人，占33.09%；内蒙古为713人，占4.15%；青海为404人，占10.61%；新疆为553人，占3.71%（见表3–9）。

表 3-7　2019 年民族八省区 6 岁以上年龄段受教育情况（单位：人）

地区	总人数	未上学	小学	初中	高中	大学	研究生
全国	1016417	51892	257030	379039	132219	141685	6485
全国各阶段比例（%）		5.11	25.29	37.29	13.01	13.94	0.64
贵州	25671	2624	9041	8976	2115	2113	23
云南	34999	2534	12974	11359	2601	3871	76
广西	35151	1317	9442	15250	3883	3253	71
宁夏	4937	429	1336	1695	593	684	14
西藏	2448	306	811	464	134	206	2
内蒙古	18679	885	4101	6669	2459	3756	83
青海	4348	512	1508	1216	366	585	13
新疆	17833	810	5399	6316	1824	2587	66
合计	144066	9417	44612	51945	13975	17055	348
民族八省区各阶段占全国比例（%）		6.54	30.97	36.06	9.70	11.84	0.24

资料来源：根据国家统计局编《中国统计年鉴》（2020）相关数据整理。

表 3-8　2019 年民族八省区高等学校数量

地区	大学（所）	占全国高校比例（%）
贵州	72	2.68
云南	81	3.01
广西	78	2.90
宁夏	19	0.71
西藏	7	0.26
内蒙古	53	1.97

续表

地区	大学（所）	占全国高校比例（%）
青海	12	0.45
新疆	54	2.01

资料来源：根据国家统计局编《中国统计年鉴》(2020) 相关数据整理。

除此之外，民族地区还存在一定比例的文盲人口，2017年贵州有15岁以上文盲人口2356人，占该省15岁以上人口的10.11%；云南为2703人，占8.39%；广西为1037人，占3.3%；宁夏为330人，占7.19%；西藏为497人，占34.92%；内蒙古为869人，占4.82%；青海为380人，占9.63%；新疆为497人，占3.19%（见表3-9）。

民族地区受教育水平低，成为制约民族地区发展的一个重要因素。教育水平低导致其在社会发展中缺乏竞争力，难以保持和社会发展同步；教育水平低导致其对社会发展认知水平不高，获取自身发展的信息有限，自我发展能力弱；教育水平低，使得当地人才只出不进，人才流失严重；教育水平低，人力资本存量不足，从而降低劳动生产率，阻碍基层社会经济的发展。

表3-9　2017年民族八省区文盲人口

地区	文盲人口（人）	文盲人口占15岁以上人口的比重（%）
贵州	2356	10.11
云南	2702	8.39
广西	1037	3.3
宁夏	330	7.19
西藏	743	34.96
内蒙古	869	4.82
青海	380	9.63
新疆	497	3.19

资料来源：根据国家统计局编《中国统计年鉴》(2017) 相关数据整理。

（四）贫困成因复杂

民族地区受自然环境、地理环境、经济环境的影响，贫困成因复杂。民族地区呈现出如北方高寒、南方湿热等气候特点，易滋生出克山病、大骨节病、碘缺乏病、血吸虫病等地方性疾病。尤其是在山区、农村、边疆和少数民族地区，地方病成为影响地方经济发展的主要因素。同自然环境一样，民族地区地理环境复杂，也是自然灾害高发区。水土流失、洪涝灾害、泥石流、滑坡、地震、低温冻害、大风大雪等自然灾害给民族地区生产生活带来巨大影响，很多地区因灾致贫。

近年来，国家脱贫成效显著，大部分民族地区基本已解决温饱问题。但民族地区经济基础薄弱，生产力发展水平不高，经济发展的汲取能力有限，因病、因灾、因升学、婚丧嫁娶返贫等问题仍然存在。贫困问题阻碍了民族地区基层的社会经济发展进程。

七、政策执行过程中存在的问题

（一）政策执行“不接地气”

科学有效的经济发展政策是保证地方经济正常运行和实现经济发展目标的前提和基础，也是实现政府治理和实现经济发展的重要制度安排。部分民族地区基层政府在经济政策执行过程中，对上级的指导依赖性强，由于财权事权划分模糊，下级政府在执行上级政策时难免会存在“以文件执行文件”“以会议落实会议”的现象。在面对本地经济发展和上级考核压力背景下，惯性地追求GDP增长，不利于本地经济的发展。部分民族地区基层政府在制定本辖区内的发展政策时，原则性内容多而操作性较弱，“不接地气”，贯彻执行难，增加政策执行成本，对基层经济发展产生了一定的负面影响。

（二）社会参与不够

鼓励社会、团体组织和公民参与地方政府的政策制定，吸纳社会利益与价值诉求，是弥补政策制定环节缺陷的重要工具，也是公共行政精神的价值体现。在民族地区基层政府公共政策制定过程中，参与的制度供给不足使得群众参与程度不高。

主要表现为：一是参与者文化水平不高。民族地区民众整体受教育水平低，受教育水平、专业知识的限制，一般民众很难参与到政府政策制定的过程中来。二是信息有限。《中华人民共和国政府信息公开条例》规定了政府主动公开的14项内容和依申请公开事项，主动公开的内容缺少政策制定的运行过程信息，民众对政策的来龙去脉认识不清晰。

良好的社会参与有助于基层政府科学制定政策，促进基层经济社会发展；相反，缺乏公众参与，则不利于经济社会持续健康发展。

第四节　民族地区基层政府经济发展能力提升的路径选择

一、加强环境保护力度，为新时期经济发展提供动力

历史证明“先污染、后治理”的做法终归不可取，得不偿失。绿水青山和金山银山绝不是对立的，关键在人，关键在思路。保护环境就是保护生产力，改善环境就是发展生产力[①]。《中华人民共和国环境保护法》明确提出，保护环境是国家的基本国策，一切单位和个人都有保护环境的义务。按照《全国主体功能区规划》划分，民族地区拥有很多限制开发区和禁止开发区区域，是国家生态环境的重要屏障，所以基层政府在发展过程中，必须加大对环境的保护力度。坚持保护优先、预防为主、综合治理、公众参与、损害担责原则，多措并举，综合施策，利用“绿水青山”制造出更多满足群众需求的生态产品，打造新时期经济发展的新动力[②]。

（一）加强宣传力度，为经济发展创造良好环境条件

增强全面保护环境的意识是环境保护的一项重要工作。我们要吸取“先污染、

① 习近平总书记在2014年3月7日参加贵州代表团审议时的讲话。

② 王延中：《中国民族发展报告（2017）》，北京：社会科学文献出版社，2017年，第69页。

后治理”的教训，充分发挥主流媒体、大众报刊、电视、网络等资源平台的优势，开展环境保护宣传，增进人们对环境的认识，了解环境污染对人类生产生活的危害。发动政府、社区、村委会、社会组织等党员进社区、进农村、进企业开展环境保护宣传教育，让居民了解生产生活中存在的环境问题和危害，帮助居民减少生产生活中的污染；帮助企业了解生产过程中如何预防污染的发生，正确理解环境污染与企业发展之间的关系。通过宣传教育让广大民众树立环境保护意识，调动全民主动参与到环境保护中来的积极性，为基层经济发展创造良好环境条件。

（二）加大环境监察力度，促进经济健康可持续发展

我们必须清楚地认识到环境保护和发展经济之间是不存在矛盾的，相反，环境保护是经济发展的基础和保障。环境监察作为一项重要的环境执法行为，它的有效发挥有助于强化民众的环境保护责任意识，促进经济的持续健康发展。在实际工作中，首先，我们要加强对各生产企业的环保执法监察力度，尤其加大对大型生产企业的排污监察力度，对违反环境污染的案件依法办理，并进行曝光，纳入环保失信“黑名单”，对这类组织依法取缔。其次是加强统筹管理，上下一盘棋。《中华人民共和国民族区域自治法（2001修正）》明确规定：“民族自治地方的自治机关保护和改善生活环境和生态环境，防治污染和其他公害，实现人口、资源和环境的协调发展”，民族地区地方政府肩负着保护和改善当地生活环境和生态环境的重任。作为我国的一项国策，民族地区基层政府必须不折不扣地落实好环境保护责任，发挥自治优势，落实党政主体责任，建设美好家园，用实际行动践行“绿水青山就是金山银山”的发展理念。最后是建立生态补偿机制，建立“谁开发谁保护、谁破坏谁恢复，谁受益谁补偿”的机制，转变粗放式发展理念，注重发展的质量和效益，依靠科技进步、管理创新、资源节约和循环经济来推动社会经济发展。

二、健全经济政策制定机制，推动经济高质量发展

（一）注重政策制定的科学性，提高政策的经济运行效能

公共政策对地方经济的发展起着引导和统领作用。民族地区基层政府在推动经

济发展的过程中应充分认识到科学制定政策的重要性，健全和完善科学的政策制定机制。政策制定的科学与否主要体现在政策是否具有合理性、明晰性、协调性、稳定性以及公平性①。一方面，政策制定必须从实际出发，要对政策所涉及的群体以及相关情况进行深入调研，在充分了解和掌握地方实际情况的基础上制定相应的政策，以增强政策的针对性和可执行性；另一方面，发挥基层群众的作用。基层群众通过一定渠道表达自身需求和意见，是一种政府外部对政府内部进行的监督，对经济政策的监督更具有客观性②。民族地区基层政府应积极搭建群众监督平台，拓宽群众表达途径，畅通意见表达渠道，通过听证会和电子政务等形式鼓励群众参与政策的讨论与制定，并认真听取和采纳基层群众的意见和建议。此外，应建立政策制定的专家咨询制度，集思广益，最大限度地减少决策失误，提高政策制定的科学性。

（二）营造经济政策执行良好的法制环境，推动区域经济互动发展

经济政策执行的主体是依法行政的主体，民族地区基层政府作为经济政策的执行主体，其依法行政能力的高低直接关系到政策执行的效率和效果。良好的经济政策执行法制环境，有助于推动民族地区基层政府经济政策执行者提升其依法行政水平和政策执行能力。民族地区基层政府应积极贯彻落实《国务院关于加强法治政府建设的意见》，按照行政程序规定和政府服务规定的要求，依法按照程序履行经济管理职能，确保基层政府经济管理行为有法可依，将经济政策的制定、执行和监督等全面纳入法制层面。民族地区基层政府在推动地方经济发展的过程中，应做到坚持科学、民主、依法决策，促进规范、公正、文明执法，坚决杜绝因决策程序不合法导致群众利益受损的现象；不断完善、规范经济管理权力规范体系，加强网上政务系统和经济发展数据平台建设，让基层政府的经济权力在阳光下运行。此外，还应加强基层经济政策执行者法律法规知识教育的常态化建设，依托法治教育提升个人执法素质，增强自我约束与自我规范，实现阳光行政。只有这样，才能更好推动基层区域经济的健康发展。

① 丁煌:《政策制定的科学性与政策执行的有效性》,《南京社会科学》，2002年第1期，第40页。

② 唐琦玉:《政府效能评价体系》，长沙：湖南人民出版社，2011年，第24页。

（三）强化经济政策执行的评估力度，促进各项决策部署落实到位

加强对民族地区基层政府经济政策执行的评估是提升其经济发展能力的关键环节。目前，民族地区基层政府绩效考评体系还不尽完善，许多基层政府并未将政府的经济政策执行情况纳入政绩考评体系当中。因此，应加快制定科学的绩效考评体系，设置科学合理的考评内容和指标，使政策制定者和执行者的任务更加明确、责任更加清晰。在评估主体方面，强调绩效评估主体多元化，广泛采用上级评估、自我评估、同级评估、下级评估、公众评估和专家评估等多种多样的评估方式。在评估指标上，将政府的经济政策制定、执行与实施、政策成效、政策反馈等纳入评估指标，并将其量化，促进经济政策执行评估的规范化和科学化。

三、加强产业结构调整，统筹推进区域经济发展

民族地区的资源禀赋决定了其经济发展和产业发展之间的关系，如何培育特色优势产业，合理布局产业，助推经济发展，这是当前民族地区亟须解决的问题。

（一）合理布局产业，发挥特色产业优势

根据新增长理论，第一产业是受益递减的产业，第二产业是受益增加的产业。在第一、第二、第三产业中，要重视第一产业的基础作用，发挥第二、第三产业的主导作用，调动第三产业的积极作用。主要表现在：保障第一产业的发展，守住耕地“红线”，发展特色农业、绿色农业，打造特色农产品。围绕民族地区特色，延伸产业链，优化产业升级，提升产品质量。第二产业方面，加快转型升级，形成区域特色的产业集群。第三产业方面，随着人们生活水平的提高，出门旅游成为人们日常生活的一种“刚需”，乡村旅游、文化旅游、四季游发展势头强劲，旅游人群覆盖不同年龄层次、不同收入群体和不同文化类型，节日游、短途游、自家游、抱团游等旅游形式和内容多样。民族地区独特的自然风光，吸引了越来越多游客的目光。面对这种良好的发展机遇，民族地区要加强整合独特自然资源和特色民族文化优势，打造集旅游、休闲、娱乐于一体的文化旅游模式，以优美的自然风光吸引人、以独特的民族文化打动人，带动当地经济发展。

（二）加强对外合作交流，抢抓机遇推动经济发展

民族地区边境线长，大多和邻边国家山水相连，语言、文化、习俗具有很多共同点，这为沿线各国人民沟通交流搭建了桥梁。国家“一带一路”倡议的提出为民族地区经济发展带来重要机遇。民族地区在发展过程中要充分利用区位发展优势，加强同邻边国家在产业、信息技术、科技、人才等方面的合作交流，优化产业升级，实现资源优势互补。如中国（广西）自由贸易试验区的建立将促进广西同东盟国家的经济贸易往来，为广西高质量发展提供契机。广西X市与越南多省接壤，边境线长，口岸资源丰富，X市积极利用中国（广西）自由贸易试验区平台优势，打造沿边经济合作、国际旅游合作、国际产能合作和加工贸易等合作模式，促进了当地经济的发展。根据习近平总书记深入云南考察提出的把云南发展成为“民族团结进步示范区、生态文明建设排头兵、面向南亚东南亚辐射中心，谱写好中国梦的云南篇章”的要求，云南围绕“三大定位”多措并举，实现基层经济跨越式发展。宁夏积极融入“一带一路”倡议，加强中阿经贸合作，加强农业、技术、医疗等领域的合作交流，实现互联、互通，提升开放型经济水平，促进双边经济发展。

（三）提供政策支持，鼓励产业创新

党的十九大报告明确提出：“创新是引领发展的第一动力，是建设现代化经济体系的战略支撑。”民族地区基层政府在发展过程中，要正视经济发展现状，不能“一刀切”，也不可“一边倒”。一是鼓励产业创新，发挥特色产业优势。如广西为打破“GDP崇拜”“财政收入崇拜”出台办法，对8个贫困县取消GDP考核，J县依托丰富自然资源发展旅游，旅游“无烟GDP”收入占GDP份额的37%；C县和Y县利用荒坡资源大力开发果林和中药材，山坡变“绿洲”，荒山变“金山”；H市百年来的煤炭开采曾给当地带来不少“生态伤疤”，为保护生态环境实现产业转型，当地依托自然资源积极培育、发展生物制药、电子科技、粉煤灰综合利用等接续替代产业，缓解煤炭开采带来的环境生态压力，实现产业转型升级。二是鼓励创新，加大创新投入力度。加强对科技活动的经费投入力度，鼓励社会资本参与研发，为新技术、新产品的创造提供物质基础；充分调动高校、科研机构、企业的积极性，开展合作创新，充分发挥各自优势，促进产学研结合，通过多方协作创新培育孵化新的

产业集群，打造新的经济增长点。三是鼓励创新，重视人才培养。积极发挥高等教育的作用，加大高等教育对科技人才的培养力度，为民族地区科技创新培养基础研究人才；提高人才的福利待遇，吸引优秀人才到民族地区工作。四是鼓励创新，提升产业竞争力。积极运用“西部大开发”“对口支援”援助政策，学习借鉴东、中部的产业创新技术和产业发展模式，通过帮扶共建加强产业技术体系建设，提高产业技术自主创新能力，最终实现产业的转型升级；充分发挥“一带一路”优势，加强与沿线国家资金、技术等的合作交流，提升产业国际竞争力，拓宽产业发展市场空间。通过创新拉长产业链，提高产品的科技含量和附加值，不断增强基层经济的核心竞争力；通过创新调整第一、第二、第三产业布局，优化基层经济发展结构；通过创新推动基层经济向高质量发展转变。

四、优化财权事权关系，激发经济发展活力

（一）厘清中央和地方财权事权关系

《中华人民共和国民族区域自治法（2001修正）》第三十二条规定，“民族自治地方在全国统一的财政体制下，通过国家实行的规范的财政转移支付制度，享受上级财政的照顾”，第六十九条规定，“国家和上级人民政府应当从财政、金融、物资、技术、人才等方面加大对民族自治地方的贫困地区的扶持力度”。民族地区作为重要的生态功能区，在自身发展中存在着环境资源保护压力大和经济社会发展困难多的难题，亟须通过中央财政转移支付增强基本公共服务的保障能力。在分税制下提升对少数民族地区的优惠力度，针对少数民族地区经济发展的特殊性，进一步优化转移支付的结构，同时加快财政转移支付制度的立法进程，建立有效透明的管理机制和监督机制①。

合理划分中央、地方和州（市）三级政府财权事权责任，并以法律形式明确各自职责权限。即全国性公共产品以及具有调节收入分配性质的支出责任由中央全额

① 朱四畅：《中国少数民族地区财政转移支付研究》，《广西民族大学学报》（哲学社会科学版），2013年3月第35卷第2期，第168页。

承担；地方性公共产品的支出责任由地方政府全额承担；具有跨地区“外部性”的公共产品的支出责任分主次，由中央与地方各级政府按照一定比例共同承担①。发挥中央和地方在发展中的协同作用，调动基层政府干事创业的积极性。

（二）拓宽经济资源汲取渠道

财政是政府的“血液”，民族地区基层政府应当拓展经济汲取渠道，开拓地方经济发展的新局面。积极创新探索投融资体系，创建良好的市场环境，引导社会资源和社会资本支持培育地方特色产业，推动地方经济发展。加强投融资体制改革，积极为投融资打造良好的外部环境，通过财政转移扶持重点产业和优势产业；做好企业的服务工作，简化对企业投资项目的审批流程，使企业投资更加便利，激发企业投资的热情和活力。此外，政府还需要对企业的投资行为进行制度规范，督促企业认真贯彻执行和遵守投融资政策与行业标准，加强对项目的审计监督，健全投资责任追究制度，对于违反法律法规的项目应依法予以处罚。

五、加强民族地区教育，提升民族地区的人口素质

从人力资本的视角看，教育在经济增长中具有重要作用，充分发挥人力资本的作用对基层经济发展有良好的促进作用。一是加强民族地区基础教育的经费投入。加大校舍和寄宿制学生宿舍建设力度，改善学生就学条件，严格落实义务教育政策，提高基础教育入学率，确保每位适龄学生在义务教育阶段有学上、能上学。二是加强教师队伍建设。教师是立教之本、是促进民族地区义务教育均衡发展的关键，筑牢教师的信仰根基、培养教师的炽热情怀、发挥教师的示范作用，坚持言传和身教统一，坚持教书和育人统一，对国家、对社会、对学生负责。三是普及高中教育，推动职业教育发展。鼓励高中阶段学生努力学习，各高校在条件允许的情况下优先录取民族地区高中毕业生，国家对家庭贫困的建档立卡学生实行学费减免，优先获得国家助学金，减轻贫困学生家庭经济负担；推动职业教育与民族地区产业

① 广西财政厅课题组:《完善中央对地方财政转移支付体系研究》,《经济研究参考》，2012第47期，第7页。

发展的融合，引导职业学校围绕社会发展、产业需求设置专业。四是培养学生的实践技能。推动院校与行业企业对接，学校招生即招工，企业招工即招生。进一步畅通学生“职校毕业—进厂就业—进修—返厂”的“工学交替”学习渠道，学以致用，边用边学①。这些教育举措的实施有利于提高民族地区民众的文化素质、技能水平，有助于阻断贫困的代际传递，将人口数量优势转化为人力资本优势，为科技创新和基层经济增长提供动力。

六、完善基础设施建设，为经济发展提供保障

基础设施是基层经济运行的基础，其发展建设的成效影响着经济社会发展水平和建设质量，对基层经济社会发展具有特别突出的重要性。完善的基础设施建设能够促进区域产业发展、降低交易成本，推动社会经济的发展。因此，一方面应加大对民族地区基础建设专项资金的支持力度。加强公路等道路交通建设能够缩短货物运输距离，减少时间消耗，降低商品物流成本，提高货物周转率，提升企业效能，促进企业快速发展；应加强网络、信息技术等现代通讯设备建设，帮助民众和企业快捷获取、传递和存储信息，降低获取交易信息的成本。通过道路、网络建设提升城乡之间的交流水平，促进劳动力城乡转移；通过道路、网络的建设提升时空可达性，改善投资环境，促进第一、第二、第三产业的结构优化。另一方面，应加强对科、教、文、卫、体等方面的公共服务的基础设施建设，改善人民群众的生存环境，提高生活质量、增进他们的幸福感和获得感，吸引更多的人才、高新企业到民族地区发展。

① 《人民日报》:《加强民族地区职业教育》，2019年8月28日。

第五章　民族地区基层政府政策执行能力分析

第一节　民族地区基层政府政策执行能力及其构成

一、民族地区基层政府政策执行能力的内涵

政策是组织发展目标的具体化，而政策执行即通过一定的方法或途径，将政策目标转变为现实的行为过程。政策执行成效与政策执行能力密切相关。基层政府政策执行能力的高低强弱，不仅影响着党和国家重大战略在基层的贯彻实施，而且影响或制约着基层经济发展与社会的和谐稳定。

民族地区基层政府政策执行能力即民族地区基层政府积极实现地方发展目标，完成上级的各项工作安排，在遵守、贯彻、实施党的路线方针政策、法律法规、战略的前提下，利用特定的手段、方法及技术支持，整合、调度、控制与使用现有的资源，将政策内容变成现实的过程中所展现出的技能和素质的综合。

民族地区基层政府政策执行能力是基层政府社会治理能力的重要组成部分，在民族地区基层政府社会治理体系和治理能力现代化进程中扮演着重要角色，对促进民族地区基层政府社会治理能力提升与治理目标实现具有重要意义。

二、民族地区基层政府政策执行能力的构成要素

政策执行包括政策解读、政策动员、政策行动、政策协调和政策控制五个主要环节，我们将从以下五个方面阐释民族地区基层政府政策执行能力。

（一）政策解读能力

政策解读能力是指基层政府学习中央和上级政策文件，明确政策内容、时间、目标等核心要素，把握政策方向，将中央和上级政策细化为可执行的政策实施方案的过程中所需要的素质。解读过程包含理解、变通与整合三个要素，综合反映民族地区基层政府整体的理论和专业素质，考验基层公务员组织和公务员个人的服务意识和综合素质。政策解读是政策执行的准备阶段工作，对民族地区政策有效执行起着总领作用。

（二）政策动员能力

政策动员能力是指民族地区基层政府政策执行组织或人员为了实现中央和上级政策目标，落实政策实施方案，通过广播、互联网、电视、宣传栏、走访等形式将政策精神和内容传达给基层民众，争取公众认同并支持配合的过程所必备技能与素质。政策动员的功能主要是整合社会力量、促进公众参与、调适社会心理以及维持政治稳定。[①]政策动员效果影响着政策实施的进程，对民族地区基层政府政策执行效率有着重要影响。

（三）政策行动能力

政策行动能力指民族地区基层政府政策执行组织和人员依据政策实施方案分工、按照任务要求完成政策执行内容的过程中所反映的技能与素质。政策行动过程的核心在于对突发事件的快速反应、对政策资源的有效整合和政策目标的迅速达成。政策行动是政策执行的过程性要素，政策行动能力主要表现为政策执行主体的决心、态度及其综合素质体现。

① 陈潭：《政策动员、政策认同与信任政治——以中国人事制度的推行为考察对象》，《南京社会科学》，2006年第5期，第66页。

（四）政策协调能力

政策协调能力指在政策执行过程中，执行团体同其他相关利益部门通过沟通，在资源调配、信息分享与人力调动环节中所反映的技能和素质。政策协调包括制度协调、物资协调、信息协调和人力协调。制度协调主要指通过相关制度对政策目标进行分解和任务分工；物资协调即政策执行团体在执行过程中对资源的调配；信息协调指基层政府在政策执行过程中的信息收集与信息互动；人力协调主要是指为了更好地执行政策所进行的人员调配工作。政策协调处于政策执行的全生命周期内，对政策的有效执行及维护政策稳定发挥着重要作用。

（五）政策控制能力

政策控制能力指在政策执行过程中，政策执行组织和执行人员为确保政策顺利落实并对政策进行有效控制和持续监管的能力。政策控制主要体现在三方面：一是保证政策目标及时落实，依据政策执行规划进行阶段性考核和监控；二是对政策执行过程中的分工协作进行控制，避免矛盾冲突，保证政策顺利执行；三是对政策执行过程中可能出现的危机事件及时反应与应对，减少突发事件对政策期望和政策目标的影响。

第二节　民族地区基层政府政策执行能力评价——以广西N县为例

一、政策执行能力评价指标体系的设计与构建

依据政策执行过程理论，选取关键节点，将民族地区基层政府政策执行能力分为5个维度，每个维度下分二级测量指标，其中政策解读能力分解四个二级指标：政策精神领悟情况、政策目标分解情况、政策内容变通情况、公众评价情况；政策动员能力下分四个二级指标：政策宣传专业人才情况、政策宣传硬件设施、政策宣

传实施情况、公众评价情况；政策行动能力分解三个二级指标：政策分工统筹情况、政策经费情况、政策目标达成情况；政策协调能力分解四个二级指标：制度协调情况、人员协调情况、物资协调情况、信息协调情况；政策控制能力分解两个二级指标：过程控制情况和政策持续监管情况，通过政策过程的控制和危机应对情况来反馈。

表 5-1　民族地区基层政府政策执行能力评价指标体系

	一级指标	二级指标	指标测量
民族地区基层政府政策执行能力（A）	政策解读能力（B1）	政策精神领悟情况（C1）	政治学习、主题培训与考核情况
		政策目标分解情况（C2）	政策目标进度表、实施方案细化程度
		政策内容变通情况（C3）	政策变通幅度、变通效果评价
		公众对解读的评价（C4）	公众对解读的满意度
	政策动员能力（B2）	政策动员人才供给（C5）	宣传专业人才配备
		宣传硬件设施配备（C6）	电脑、广播、电视等设施配备
		政策宣传实施情况（C7）	政策宣传形式、内容、频率、预算
		公众对宣传的评价（C8）	公众对宣传的满意度
	政策行动能力（B3）	政策分工统筹情况（C9）	政策分工、落实情况
		政策行动经费情况（C10）	政策行动经费预算
		政策目标达成情况（C11）	政策目标的达成
	政策协调能力（B4）	制度协调情况（C12）	政府协调方面的制度建设、使用水平
		物资协调情况（C13）	物资移动与配置的效率
		信息协调情况（C14）	信息收集、反馈的效率
		人员协调情况（C15）	人员调动、分工的效率

续表

	一级指标	二级指标	指标测量
民族地区基层政府政策执行能力（A）	政策控制能力（B5）	过程控制情况（C16）	突发事件应急预案及其实施
		持续监管情况（C17）	政策结束后的持续监管与考核

二、广西N县政策执行能力评价

（一）政策解读能力评价

政策解读能力主要通过政策精神领悟、政策目标分解、政策内容变通等指标来衡量。政策精神领悟主要通过政治理论学习、专题教育与培训活动的开展情况来衡量。依据N县政府官方网站信息统计，N县主要从党风政风、宣传教育、警钟长鸣、学习实践四方面开展政策精神领悟及学习活动。汇总出N县政府近三年活动开展情况如下表5-2所示。通过纵向对比可发现，N县在党风政风、宣传教育方面的重视程度提升，但警钟长鸣和学习实践环节有所波动。

表5-2　N县2018—2020年政策精神领悟活动开展情况统计表

（单位：次）

年份	党风政风	宣传教育	警钟长鸣	学习实践
2020	43	31	12	5
2019	27	15	6	5
2018	57	31	27	21

政策目标分解体现在政策实施进度安排与方案细化程度方面，政策内容变通依据变通幅度与效果衡量。依据N县官方网站政务信息栏目统计，2020年N县解读回应部分共有11份文件，聚焦在产业扶贫、市场秩序、特色产业发展、环境保护

与社会保障等方面，对于国家和上级重点关注的政策解读内容详细，政策目标有细分，但缺乏具体的定量分解和变通效果评价，政策变通内容比较少。另外，在重大决策预公开部分共有17份文件，聚焦在环境治理、交通治理、旅游规划、健康医疗方面，政策目标细化更具体，政策内容变通符合当地实际，但政策任务缺乏明确分工。整体来看，明县政府的政策目标分解与内容变通正在逐步规范并得到重视，但与自治区平均水平仍有一定差距。

（二）政策动员能力评价

政策动员能力主要通过政策宣传人员、宣传机构配置、政策宣传实施以及公众认同及满意状况来衡量。N县政府政策宣传工作主要由宣传部门来落实，党委宣传部设5个职能股，编制13人，年末在编10人，新招1人，1人借调口岸经济区管委，1人借调N县政府办，实际在岗8人，另设公益性岗位1人。N县边境对外宣传办公室编制5人，在编5人；N县新闻中心编制10人，在编8人；N县社会科学界联合会编制3人，在编3人；N县网络舆情管理中心编制3人，在编3人。[①]目前N县政府动员人才供给总量不足，且现有人才编制中专业宣传人才明显不足。

N县政府政策动员工作主要分为两个部分：一是政府机构专门负责政策宣传工作的广电局；二是各个政策执行负责部门的宣传机制。依据对N县相关政府机构负责人的访谈可知：互联网和信息传送技术暂时没有实现全覆盖，广播与互联网宣传不广，效果不明显；技术人才相对缺乏，宣传工作的时效性和创新性难以跟上区平均水平；此外，公众参与度不高，对政策关注度不够，政策宣传影响力有待提升。

（三）政策行动能力评价

政策行动能力主要通过政策行动统筹、政策行动经费以及政策目标达成等方面予以衡量。近年来N县政府重点政策建设主要包括：脱贫攻坚、口岸边贸、文化旅游、产业转型升级、基础设施建设、人居环境改善和民生保障等。2020年N县政府工作报告显示，政府规划项目及重点政策均取得了良好的成效，政策目标整体达成能力较好，具体如下表5-3。

① 《N县地方志》编纂委员会办公室编:《N县年鉴》，南宁：广西人民出版社，2016年，第62-65页。

表 5-3　2019 年 N 县政府政策行动概况

编号	政策重点	政策行动及成绩
1	脱贫攻坚	全年实现16个贫困村2271户7783人脱贫摘帽，贫困发生率降至0.23%。打好住房安全、教育、医疗和农村安全饮水保障“四大战役”，开展全县“四类对象”住房鉴定，实施危房改造435户，完成率100%；全年贫困户家庭适龄儿童无辍学现象，义务教育巩固率为95.5%；全县建档立卡贫困人口医保参保率100%，贫困人口住院报销比例91.41%、门诊慢性病报销比例87%。
2	口岸经济	2019年，全县外贸进出口总额248亿元，增长13.62%，连续三年超额完成任务。爱店云天物联港实现签约入驻加工企业9家，投产运营3家。边合区东区建成园区一期标准厂房18栋12.4万平方米；产业大道项目累计完成投资约2.5亿元；工业污水处理厂累计完成投资约8000万元；东区一期启动区基础设施工程道路建设完成投资1亿元；投资5000万元的易地扶贫搬迁安置区北面道路工程完成竣工验收。园区签约入驻企业26家，投产12家。
3	文化旅游	全年共接待游客703.61万人次，同比增长40.31%；实现旅游总消费79.87亿元，同比增长40.37%。入选2019年“锦绣中国榜”，被授予“中国最佳文化休闲旅游目的地”称号，成功创建“中华诗词之乡”，连续24年保持“全国先进文化县”称号。花山实景演出项目正式商演运营，获评“广西特色旅游演艺项目”。
4	产业转型	招商引资签约项目34个，两家制糖企业与33933户蔗农签订糖料蔗购销合同，养殖产业累计引进肉牛养殖规模企业14家，年度新注册成立农民合作社29家，家庭农场5家，新增上规入统工业企业11家，完成市下达目标任务的275%。第三产业占GDP比重达 45.7%，新增服务业上规入统11家，完成目标任务的137.5%。
5	基础设施	驮英水库及灌区工程年内完成投资13.55亿元，完成移民后靠安置点建房78户，完成县城安置点建设并分配住房264套，库底清理工作稳步推进。实施33个屯级道路改造提升项目、33个村级宽带网络项目、3个村级基本公共服务项目等一系列项目；“壮美广西·智慧广电”工程完成38个村95个屯的光缆建设，新增“广电云”用户4747户。新一轮农网改造建设完成226项。其中，新建改造10千伏线路244公里，配变台区227个。
6	城乡环境	完成2.52公里的兴宁大道东延长线主路建设；落实棚户区改造专项债券3.5亿元，开工建设2019年棚户区改造项目1820套。全县危旧房拆除完成3776户，2个村级垃圾收集转运处理设施项目完成选址，5个村级公厕完成建设，4个行政村生活污水处理项目完成前期规划。推进村庄风貌改造，完成基本整治型269个、设施完善型31个，正在打造精品示范型2个。
7	民生项目	全面完成10项为民办实事工程，投入3178万元实施49个义务教育学校改扩建工程项目，一般公共预算教育经费支出45357万元，比上年增长4.45%。全县城镇新增就业2321人，完成全年任务的116.05%；城镇登记失业率2.85%，比目标控制数低1.35个百分点。2019年度群众安全感满意度为97.07%。

（四）政策协调能力评价

政策协调能力主要考察政策执行过程中相关制度、物资、人员、信息等方面的配合状况。依据访谈信息，N县政府在政策协调方面的具体情况是：一是部门之间能够比较好地相互合作与支持，但存在一定分化现象，如精准扶贫和旅游文化发展项目受政府主要领导重视，在人员、物资等方面能够得到各部门鼎力支持与配合，但对于医疗教育等暂时不受领导重视的项目，相互间协调配合的效率相对较低。二是在政府与社会团体和公众之间的协调配合方面，主要以政府为主，后者处于被动配合的状态。三是由于公众参与程度较低，政府沟通协调工作存在一定难度。近几年，随着N县政府网站的建设、完善，网上互动增加，部分民众的参政意识在增强，政府与公众互动逐渐增多，相关政策协调效果明显改善。

（五）政策控制能力评价

政策控制能力主要通过过程控制和持续监管来衡量。N县政府对突发事件控制较为重视，有自己的预防和应对机制。针对突发应急事件，N县政府在人民政府办公室下设立了专门的应急管理办公室，承担县人民政府应急管理的日常业务工作和县人民政府总值班室工作。[①] 制定和颁布了政府办公室应急值守工作制度、应急信息报送制度和药品突发事件应急预案。在政策执行过程中，随着全面绩效考核体系的建立，政府部门对政策执行阶段性目标的达成越来越重视，对政策目标达成的控制效果比较好；但在政策的持续性和稳定性方面仍然存在不足，如任期领导的政府政绩工程建设、政策结束后的持续监管工作相对匮乏等。

（六）总体评价

依据民族地区基层政府政策执行能力评价指标体系权重计算方式，广西壮族自治区N县政府政策执行能力水平具体评价结果见表5-4，具体指标分布情况见图5-1，具体维度评价分布见图5-2。

---

① 转引自N县人民政府办公室，http：//www.ningming.gov.cn/inde宁明.php？ m=Page&a=inde宁明&id=116，2018年3月3日22：02分访问。

表 5-4　N 县政府政策执行能力指标评价结果统计

目标层	一级指标		二级指标	
民族地区基层政府政策执行能力（A）	政策解读能力（B1）	81.2	政策精神领悟情况（C1）	82
			政策目标分解情况（C2）	85
			政策内容变通情况（C3）	81
			公众对解读的评价（C4）	75
	政策动员能力（B2）	85.25	政策动员人才供给（C5）	80
			宣传硬件设施配备（C6）	83
			政策宣传实施情况（C7）	82
			公众对宣传的评价（C8）	88
民族地区基层政府政策执行能力（A）	政策行动能力（B3）	90.3	政策分工统筹情况（C9）	90
			政策行动经费情况（C10）	83
			政策目标达成情况（C11）	96
	政策协调能力（B4）	86.4	制度协调情况（C12）	81
			物资协调情况（C13）	87
			信息协调情况（C14）	89
			人员协调情况（C15）	90
	政策控制能力（B5）	84.5	过程控制情况（C16）	87
			持续监管情况（C17）	82
最后得分		85.7725	–	–

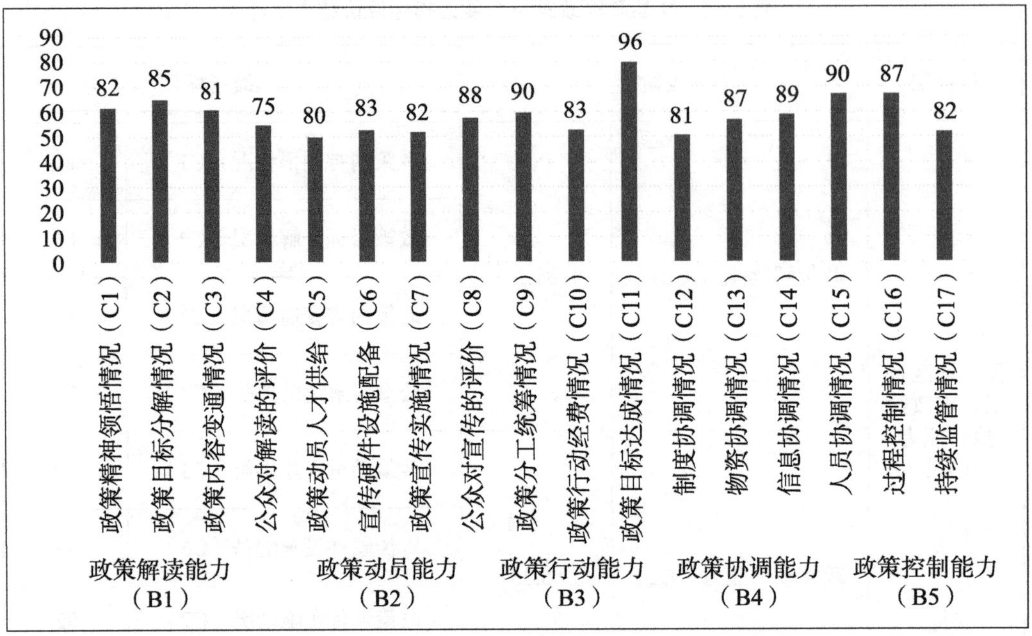

图 5–1　N 县政府政策执行能力指标评价图

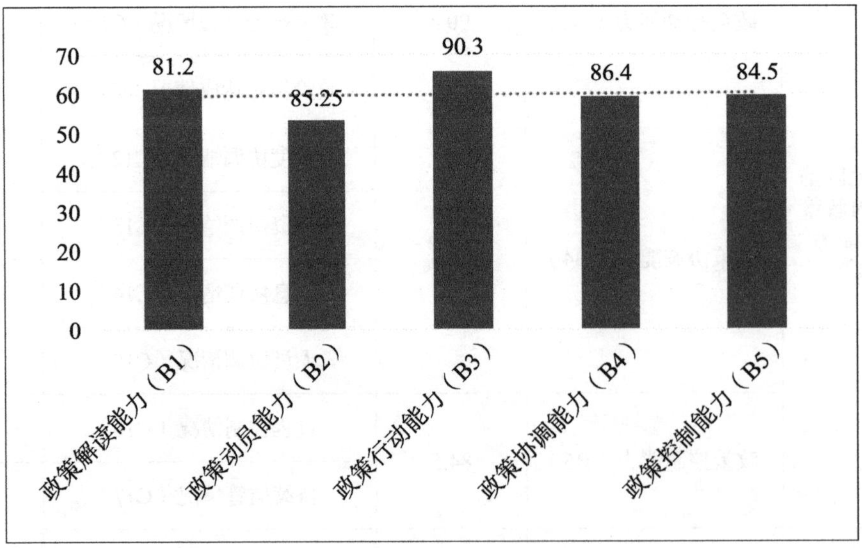

图 5–2　N 县政府政策执行能力构成维度评价图

N县县志显示，N县地处广西西南边陲，全县共有7个镇6个乡，142个行政村，20个社区。N县是一个以壮族为主的多民族聚居县，有壮、汉、瑶、京、回、满、蒙古、苗、仫佬、朝鲜等15个民族成分。2019年，全县少数民族人口36.76万人，占总人口的83.3%，其中壮族人口36.59万人，占总人口的82.9%，汉族人口有7.37万人，占总人口的16.7%。县境内语言以壮语为主，通用普通话、白话。N县的经济发展主要包括工业、边贸、特色经济产业、旅游等方面，其特色经济产业涉及甘蔗、林业、养殖业、现代农业等，经济发展特色主要是边贸、旅游和民族特色产业。由于N县独特的喀斯特地貌，影响了公路的畅通和安全；交通行政服务尚不能适应经济社会发展需要。此外，交通建设专业技术力量不足、业务能力不强等因素也制约了交通运输事业又快又好发展。在这种实际情况下，本研究综合评价N县政府政策执行能力，依据表5-4、图5-1和图5-2，N县政府政策执行能力水平总体评价接近中等，有待改善。具体分析如下：

一是政策解读能力在组织中尚待充分挖掘。在政策解读维度中，政策解读常常走形式，实施方案缺少细致的分工，影响了政策执行的实效性，整体解读能力和水平有待提高。

二是政策动员能力相对不足。从政策宣传、行为引导及公众认同等方面来看，政府政策宣传的工作难度在加大，但相应的软硬件设施还未跟上来；公众对政策的理解不足，参与度不高，政策影响力未充分发挥。

三是政策行动水平高，但统筹力度仍有待提升。在政策行动维度方面，政府对政策实施方案下达后的实施与工作安排反应迅速，目标达成率高，但行动零散，相关工作安排有待优化。

四是政策协调难度大，任务重。首先，制度协调缺位，有关职能部门在政策协调中缺乏科学依据和保障；其次，在信息资源方面，信息传达、资源供给阻滞，影响政策执行效率；再次，人员的协调评价稍高，但整体协调能力仍然有待提高，不同政策协调复杂程度不一样，效果也存在较大区别。

五是政策控制层面持续监控能力略弱。在政策过程控制方面，基层政府人员危机应对与控制能力强，形成了较好的综合预防与应对体系，但政策执行后的配套工作跟不上，影响了政策的持续调整和良好的社会效益。

第三节 影响民族地区基层政府政策执行能力的主要因素

依据第三代政策执行理论——府际间关系模型和霍恩、米特系统模型，结合民族地区基层政府实际，影响民族地区基层政府政策执行能力的因素主要包括政策目标、政策资源、执行主体、执行方式、执行环境五大方面。

一、政策目标影响政策执行效度

对于民族地区基层政府而言，政策目标有大有小，有难有易，有复杂也有简单。同样，政策标准有严有松，有系统、完备也有欠缺之处。所以，政策目标和标准是否合乎地方实际，是否具有可行性，成为基层政府政策执行的关键性影响因素。政策目标主要影响基层政府对上级政策的解读、理解和贯彻，是基层政府政策有效执行的前提和基础。只有精确地、高效地解读中央和上级政策，基层政府才能够在政策执行中领悟政策要点、把握好政策方向，更加精细地完成目标的层层分解和责任的细化与落实，不断拓展公共政策执行的效度。倘若基层政府在政策的识别、落实环节中偏离地方实际情况，未能及时地将不切实际的政策目标反馈给上级部门并作出适当修正和完善，则政策落实可能出现不到位甚至“敷衍执行”情况。除此之外，明确政策目标是民族地区基层政府政策行动的指南，政策目标越复杂、政策标准越严格，对基层政府政策行动提出的要求越高。毋庸置疑，政策执行也需要做好纠偏和控制工作，倘若民族地区基层政府发现政策执行方案出现偏差或不适应，理应及时调整思路，防止错误地贯彻与执行政策，避免政策执行的低效乃至社会资源的浪费。

二、政策资源供给影响政策协调畅通性

有效沟通与信息畅通乃是政策有效执行的重要保障。基层政府不同部门之间都会发生业务、责任与利益分割的问题，仅仅依靠常规化的人际关系模式是无法实现有效沟通的。因此，高效的政策协调不仅考验部门之间的日常交流和关系，也考验基层政府的领导权威与综合协调能力。政策执行离不开充足的人力和物力，由于民族基层地区经济发展与发达地区还存在差距，人力和物力资源相对匮乏，增加了政策执行中的协调难度，对政策推进形成一定阻碍。尤其是税费改革后，基层政府税收减少，民族地区基层政府财政来源减少，一定程度上影响了人力资本建设，成为政策执行的梗阻，使得民族地区基层政府的政策执行面临被动性困难。因此，政策实施的基础保障，即中央和上级财政及人才补助的支持力度对民族地区基层政府政策执行能力具有重要影响。

三、政策执行主体影响政策解读准确性

政策执行组织及人员是政策执行能力的重要内容。政策执行组织自身的众多因素是民族地区基层政府政策执行能力的关键，如民族地区基层政府机构设置、部门之间沟通、政策执行组织的专业性等都会影响政策执行效率。政策执行主体对政策本身的态度及其从事公务工作的精神面貌，也将影响政策执行的走向。从政策执行组织出发，政府机构设置合理、执行组织的综合素质高，有利于精准地解读公共政策，提高政策执行的效率；否则，会降低政策解读效果；从政策执行人员的角度出发，不同能力水平、素质和态度的政策执行人员对民族地区基层政府政策执行能力有影响，综合素质、能力水平较高，政策执行态度积极的政策执行人员，对公共政策有着更全面的认知，能够制定出更加科学的政策方案。事实证明，民族地区基层政府政策执行工作量大，人力物力缺乏，受政策方案的影响大，所以，政策方案的差别直接影响基层政府政策执行的效率。对于明确、具体的政策方案，各部门分工

明确、沟通流畅，政策很容易依据政策方案流程和内容设计得到顺利执行，如精准扶贫政策；模糊、原则性的政策则对基层政府的政策解读和行动带来很大挑战——政策的不明确容易导致政策执行的偏差和阻滞。

四、政策执行方式影响政策执行效率

不同类型、不同规模的政策问题对基层政府政策执行能力有不同的考验，对政策执行方式有不同的要求。民族地区基层政府的发展环境决定了中央和上级具体政策落实到地方有被曲解的可能性，需要基层政府采取灵活的方式予以执行和落实。政策执行方式对政策执行的影响具体表现在两方面：第一，沟通流向对政策执行效率的影响。现实中，政策执行中的沟通方向主要是自上而下，如果不同层级的政策执行者之间缺乏沟通，容易出现各种执行问题，不利于扫除政策执行障碍，影响政策执行进度和执行效率。第二，执行者与政策对象之间的政策传递影响政策执行。基层政府以协商抑或命令的方式执行公共政策，必然产生不同的执行效果，对政策对象的影响差别亦很大。第三，基层政府采用的政策工具和手段亦是政策执行效率的影响变量。若在政策执行过程中倡导广泛地使用互联网、智能化设备等政策工具，能够使政策执行者与政策对象实现“共情”，有利于公共政策执行及提高执行效率。

五、政策执行环境影响政策执行效果

政策环境是政策制定、实施、评价和反馈的土壤，贯穿于政策执行的全过程。政策执行的环境因素是如何对政策执行效果产生作用的呢？第一，政治生态是影响政策执行的首要环境因素。政治生态是党风、政风的综合反映，社会治理、政策执行必须依存于良好的政治生态，风清气正、制度完善的政治生态有利于政策目标的达成。相反，如果忽视政治生态建设的引领和指导，出现行政风气浊化和政治关系扭曲，势必导致政策执行目标偏离正常轨道，政策执行指令失范，进而影响政策执行效果。第二，某种程度而言，政策执行的经济环境也影响着政策执行的深度和广度。倘若民族地区经济环境欠佳，能够为政策执行提供的物质条件有限，不仅可能削减基层政府执行政策的信心和决心，也可能制约政策贯彻与执行的覆盖面和实施程度，使得政策执行的质量得不到保障。第三，社会环境影响政策执行程序和方式。民族地区基层政府所处的社会环境相对东中部地区制度化程度相对较弱，独特的民俗文化、生活习惯、公众心理对政策执行也会造成影响，可能致使民族地区基层政府的政策执行程序和方式相对更繁琐，相应的组织、协调、流程等环节的执行成本会更高。

第四节　民族地区基层政府政策执行能力提升的路径选择

民族地区基层政府政策执行能力是政府综合行政能力水平的重要体现，是推动政府治理体系与治理能力现代化的重要内容。加强基层政府人才队伍建设、重视政府政策宣传引导、完善政策执行规划统筹、优化政策协调机制、注重政策过程持续监控，是提升民族地区基层政府政策执行能力的重要途径。

一、加强公务员队伍建设，提升政策解读能力

民族地区基层政府政策解读能力是政策执行能力提升的基础。政策解读能力表现在基层政府对中央和上级政策的理解和决策方面，考验的是基层公务员对政策精神的领悟能力、对政策内容的理解能力和对地区发展实际的综合判断能力，需要加强民族地区基层政府公务员队伍建设。由于民族地区基层政府公务员素质、政治理论素养仍存在参差不齐情况，急需通过政治理论学习，提升其政治敏锐性，提高专业化能力使其更加准确把握政策方向，在面临政策选择时更具有综合判断力。因

此，民族地区基层政府公务员人才队伍建设要朝着政治理论学习常态化、专业化、系统化的方向努力，提升其整体政策执行能力。

（一）深化政治理论学习，增强政治敏锐性

政治理论学习对于公务员明确岗位职责、树立正确职业观和深化理论素质、保持政治敏锐性有重要的意义。民族地区基层政府政策执行好坏，与基层公务员政治素养及其政治敏锐性息息相关。因此，要提升民族地区基层政府政策解读能力，首先要从加强公务员政治理论学习入手，并分别从学习中央及上级的重要文件、领导讲话和其他地区的典型案例做起。

民族地区基层政府公务员要积极学习中央及上级的重要文件资料，明确国家发展方针和大局。重要文件资料包括政府工作报告、党内外重要决议、法律法规等。在文件学习的过程中，要注重发挥学习型组织的作用，在团队氛围下充分讨论和领悟政策内容；针对地方实际，结合国家政策热点，对相关政策文件进行针对性的研讨学习，准确领悟政策精神。

民族地区基层政府要注重经典案例学习，对正面案例及时进行学习和借鉴，对负面案例要及时引以为戒并思考问题所在。正面案例与负面案例相互碰撞，有助于加深公务员对工作的思考，增强政治敏锐性。

（二）发展专业人才队伍，增强理解分析能力

政策执行的关键在人，需要一批有能力、有素质、有志向的人贯彻落实和执行政策，因此，要努力建设一支高素质、专业化的人才队伍通过引进人才予以保障。人才引进要从三方面做起：一是多渠道宣传并引进人才；二是增加人才引进投资预算；三是促进引进人才与地方的融合。在人才引进宣传方面，要拓宽宣传范围，跨越省市进行全国范围的人才招揽；在人才投入方面，注重人才福利待遇的保障，让引进的人才安心放心；在人才融合方面，注重引进人才参与当地人的聚会等文娱活动的组织，加强心理融合。

公务员人才队伍的培养要注重层次性和科学性配置。针对不同岗位、工作年限、工作能力的人才需求，要有不同的培养重点和培养方案，对于有工作经验和工作能力的人才优先考虑发展和晋升，让勤奋先进的青年人才看到发展的希望；对于

工作能力一般但上进的人注重专业技能培养，增强公务员队伍的整体实力。由于民族地区经济发展水平和文化习俗影响，容易给外来人才造成排外的感觉，导致外来人才对民族地区发展存在疑虑，增加了民族地区人才引进的难度。因此，民族地区基层政府要重视人才引进环境的改善，加强对所引进人才持续关爱与培养，不断刷新公务员人才队伍的整体素质。

（三）注重执行组织建设，提升综合判断能力

执行组织是影响民族地区基层政府政策执行能力的关键。提升民族地区基层政府执行组织的综合实力，首先要从执行团队组建入手，重视团队成员的筛选工作，保证在基层政府中选出能充分实现政策目标的成员；其次，要注重执行团队的系统培训工作，不同人员知识体系、业务经验、思想观念存在差异，需要通过培训提升执行团队的凝聚力和综合能力。

政策执行团队组建要注重人员结构的整体搭配，注重不同类型执行专业理论知识、思维方式、业务经验、性格特征的人员之间的互补，尽可能挑选合适的人才进入执行团队；组建执行团队过程中，要充分考察每个执行人员的优势和劣势、性格特征，让每一个人都能发挥长处，避开弱势，增强团队的整体实力。

执行团队业务和素养的提升要从培训出发，对政策执行团队进行有针对性的业务培训，明确工作思路和技巧，以更好更快地保证政策执行。当前，民族地区各类人才较为短缺，基层政府政策执行人员学历偏低，专业能力不足，业务水平有限，急需通过系统和有针对性的业务培训提升执行团队的综合能力。与此同时，提升政策执行团队的理论素养和服务意识，要注重政策执行组织的政治理论和实战经验，增强执行组织的责任意识和人民为先意识，保证执行团队协作氛围和理念健康向上。

二、强化政策宣传引导，提升政策动员能力

民族地区基层政府政策动员能力是顺利执行政策的基础，取决于政府政策宣传、政府群众间的关系。政府对政策的宣传效果直接影响群众的态度。由于民族地

区社会发展相比沿海地区缓慢，专业人才相对较少，政府工作任务重，政策宣传水平有待提升。因此，提升民族地区基层政府的政策动员能力，需要注重政府政策宣传引导工作。在政府宣传过程中，一方面要加强对政策宣传的重视，采取多元化的方式提升基层政府政策宣传能力；另一方面是在政策宣传过程中注重与群众的互动，从群众的视角展开政策宣传工作。

（一）加大政策宣传投入，创新政策宣传机制

民族地区基层政府在政策执行过程中要注重政策宣传工作，提升上级和政府领导对宣传的重视程度。民族地区本身资源紧张，一般政策宣传投入力度小，难以引起基层政府的重视。增强政府对政策宣传的重视程度，要从两方面出发：一是设立政府政策宣传专门预算资金，保障宣传工作的经费供给，让政策宣传人员在宣传过程中能够做到后顾无忧；二是重视对政策宣传工作的绩效考评，注重宣传工作的质量和效率，对预算的使用进行严格的审计，对政策宣传工作人员提出高标准、严要求，保证投入与产出成正比。

同时提升民族地区基层政府政策宣传的综合实力，要从选拔专业的宣传人才、提升宣传团队的业务水平出发。首先要重视招揽和培养有发展潜力的宣传人才，通过人才引进和人才培养、选拔出懂宣传、会宣传的人；其次是重视宣传工作，注重宣传渠道的拓展、宣传内容的呈现。在宣传渠道方面，灵活把握现代互联网科技、新媒体、微平台的运用；在宣传内容方面，注重多元化，如利用短视频、漫画、框架图等形式多维展现政策宣传内容。

（二）重视政策宣传与群众互动，优化宣传效果

政策宣传最终的目标是让群众了解政策并配合政策执行，政策宣传的效果直接影响公众对政策的态度和配合程度，影响政策的执行。因此，民族地区政策宣传过程中要更加重视群众心理引导，增强与群众的互动，提升政策宣传影响力。创新政府与群众的沟通方式，加深政府与群众的关系，鼓励和扩大群众的参与，让群众的意见反映到政策执行当中。

在与公众沟通过程中，政府要创新沟通方式，突破单一的、形式化的沟通形式，保证沟通的及时性、准确性与覆盖性。譬如，做好政府与公众沟通工作，要利

用现代互联网技术，创新多元化的沟通方式。在政府信息公开的过程中，突破政府宣传栏、地方电视、广播等传统沟通方式，利用微信、微博、移动资讯等方式对政府信息进行及时、快速地公开传播，为公众释疑。

重视政策宣传与公众互动，要注重群众参与。在政府政策宣传过程中，民族地区基层政府要注重将宣传方式与当地民俗、生活习惯、信仰等相结合，注重政策引导与价值理念的传播，如将政策宣传与特有的民俗活动结合起来，选取有代表性的民族人物担任宣传大使等；在政府回应过程中，重点是保障回应渠道的顺畅，如开放信访接待办公室、服务热线、领导信箱等。对于群众亟待解决的问题，要主动、及时回应，而不能被动、拖延，以免影响政府的公信力。

三、完善政策执行统筹，提升政策行动能力

政策统筹是政策执行过程的关键。政策执行过程一环扣一环，若缺少政策执行的规划，不可避免地出现分散化与零散的行动模式。由于民族地区基层政府事务繁杂，人力不足，政策执行分工不明确，部分政策执行由持执行主体的推诿而被延误。因此，提升民族地区基层政府政策执行能力需要加强规划统筹。

（一）树立全局观念，制定周密的执行计划

全局观念是项目运作的重要内容，是政策有效执行不可或缺的思路，即是政策执行的分工协作、时间控制与目标达成。全局意识能增强基层政府政策执行的使命感，有助于其在政策执行过程中更好地支配政策资源和沟通协作，更有效地完成政策的执行任务，提升政策执行团体的整体执行能力。树立全局观念就要避免个人的主观臆断，从政策本源和公务员职责出发，坚持为民服务理念，客观、公正地开展政策执行工作。

树立全局观念，做到以下三个方面：第一，破除传统思想，树立科学执政理念。在政策执行过程中，注意遵守相关的法律法规，注意政策执行要紧跟政策方案目标和进程；第二要放下私人情感影响，做政策执行的“工程师”，扎实履行自身职责，为群众谋福利；第三，要坚持大的格局观，在政策执行中不拘泥于细节，立足于全

局以推进政策执行进程。

制定周密的执行计划，确保政策执行的各个环节都有据可循。在政策执行计划中，注意政策目标的分解，根据中央和上级政策文件，要对政策目标进行符合实际的分解，坚持在达成目标的前提下注重阶段性目标的考核和实现。根据目标分解，进行分工安排，并在制定政策实施方案过程中，对人员分工、资源配置等进行统一规划，保证政策执行基础。

（二）明确责任分工，加强部门协调合作

政策执行分工是部门协作与沟通的基础，关系到政策执行效益。每一项政策都会涉及多方利益主体，只有增强“四个意识”，推动不同部门和主体之间相互协商与合作，才能达成政策目标。政策执行方案中的分工，需要明晰各部门权利和责任，建立一定的责任约束机制，避免政策执行协作受到外界的阻碍。因此，民族地区基层政府需要完善政策执行分工，加强部门间的合作，来增强民族地区基层政府的政策协作能力，提升政府政策执行能力。

完善政策执行分工要注重政策实施方案的细化并建立责任约束机制。在上级政策下来以后，依据政策目标和原则进行具体分工，制定具体考核依据，保证政策分工有效落实；明确不同目标的责任分工，建立相应的责任追究机制，记录具体实施人员，并保持长期追责，保证政策执行不走样。

政策方案制定后，要加强政策执行部门的有效合作。以政策结果为目标，制定相关沟通合作方案和细节，通过召开动员会、培训会、座谈会的形式召集政策执行人员沟通交流，反馈工作进度及难易点，分享工作经验，相互学习。最后，通过相关职能部门绩效考核，评估政策执行主体的合作表现，为在政策执行过程中尽心尽力配合其他部门工作的人员给予精神和物质奖励，鼓励更多的人在今后政策执行过程中相互协作。

（三）加强组织领导，加快政策执行进程

政策的有效执行有赖于领导的积极性和权威。在基层政府，领导在政策执行规划统筹过程中发挥着主导作用，是政策落实的主要支撑力量。因此，提升民族地区基层政府政策执行能力需要建立领导负责制，发挥领导权威。领导负责制的建立需要考虑三方面的因素：第一，同一政策专人专责，即同一项政策要有一个专门的领导人全程跟进、统筹、负责；第二，赋予责任领导相应的权限，保证领导权威充分发挥作用；第三，加强对责任领导的监督与考核，强化领导责任的落实，防止其权力滥用。

依据政策类型和实际情况，任命合适的领导担任政策主要责任人，在政策执行过程中全程跟进政策分工、政策资源分配、政策调整、政策目标达成及绩效考核工作，保证政策有效落实，不偏离政策方向，不延误政策进程，不浪费政策资源。政策主要责任人应当专人专责，才能保持政策的稳定性。此外，政策领导人应具有一定的政策执行组织经验，具备相应的管理能力和知识体系，对政策理解和评估都有正确的见解。

赋予政策领导人相应的权力。只有权责一致性，才能保证领导人有足够的权威以领导政策执行团队。相应地为了保持领导权力的时效性，必须在政策执行过程中赋予领导相匹配的权力。当政策终结以后，依据领导本身职责对相应的权力进行适当的修正，保证权力不被滥用。

对政策执行领导人要加强监督与考核，防止权力滥用。在监督方面，领导在带领政策执行团队的过程中，重视执行成员和政策目标群体对自身评价及意见反馈，防止领导权力和精力用在不恰当的地方，也要防止政策执行程序不合法。在领导考核方面，要树立正确的绩效观，建立全面的绩效评价体系，防止领导贪功冒进，为民族地区高质量的发展营造良好的政治生态。

四、优化政策协调机制，提升政策协调能力

完善政策协调方案，加快推进信息公开进程，加强组织文化建设，树立合作共治意识，建立和优化政策协调机制，不断提升民族地区基层政府政策执行能力。

（一）完善政策协调方案，优化制度体系设计

有效的制度供给能够规范各行为主体的合作行为。[①]健全的制度体系是完善政

① 党秀云：《论合作治理中的政府能力要求及提升路径》，《中国行政管理》，2017年第4期，第48页。

策协调方案的依据，也是开展政策协调工作的重要原则。因此，提升民族地区基层政府政策执行能力要从完善组织机构职责分工、完善政策执行流程设计、完善政府行政流程三方面着手。

机构职责分工是政策执行分工协作的基础。民族地区基层政府要强化机构职责分工的制度设计，像企业一样进行标准化管理，为政策执行过程中事务办理和职责设计提供依据。

政府行政流程是政策执行的主要内容，政策执行流程安排是政策执行的重要依据。政策执行过程在公众的政策满意度评价中占据很大比重，因此要重视政策执行流程的制度设计。在政策执行会涉及各种各样的公文签发、调研、审批等行政活动。尽管在“简政放权”的大背景下，许多政府行政审批事项已经得到简化，但政府公务流程依然存在不合理现象，极大影响了政策执行效率。因此，民族地区基层政府在政策执行过程中要进一步完善相关制度的设计，简化政策执行本身的相关行政办公流程，通过优化政策标准，进一步规范政策执行流程。

（二）加快信息公开进程，促进政策信息沟通

信息的畅通是政策协调有序、及时传达的重要内核。因此要加强对政府信息公开建设的重视程度，从提升政府信息建设水平出发，便捷政策信息沟通。

通过轮调到不同的部门，成员之间相互融合、适应、学习，能够增强部门间的融合，为基层政府政策执行过程中的政策协调奠定基础。因此，民族地区基层政府需要完善岗位轮调制度，促进部门融合，提升政策协调能力。完善岗位轮调需要从制度方面着手，即建立适应基层组织发展的岗位轮调体系，既满足基层政府的人才需求，也适应人才发展的需要。基层政府人才通过轮岗与不同的部门同事打交道，建立长远的合作关系，适应政策执行协调的需要，有助于提升民族地区基层政府政策执行能力。

（三）加强组织文化建设，树立合作共治意识

组织文化是政府系统的内生环境，是影响政策协调的重要因素。民族地区基层政府要优化政策协调机制，必须加强组织文化建设，树立合作共治意识，共同为基层人民谋幸福和为工作谋便利。政府组织文化建设可以从学习党内重要精神等主

题活动和建立学习型组织出发。完善学习型组织建设体系，针对基层政府职责，建立不同主体的学习研讨班与专题学习小组，进行前沿理论与经典实践案例的宣传指导，调动基层政府成员的学习积极性与热情，让各部门成员在学习氛围中更好地了解彼此、认识彼此，并将学习到的内容用于提升基层政府政策执行力。

五、建立持续监控机制，提升政策控制能力

政策控制能力是基层政府对政策执行过程的把控、统筹以及对危机事件的应对和政策终结后的维护等，重点体现在政策的持续、稳定和质量控制方面。因此，政策的有效执行离不开政策目标的科学设定，还需要对政策落实进行持续监控和跟进，保证政策的持续性和有效性。许多偏远的民族地区受到网络覆盖条件的限制，群众对基层政府的关注相对较少，不利于持续监督的落实。

（一）加强政策过程监管，保障政策持续性

政策过程监管贯穿整个政策执行过程。民族地区基层政府政策执行容易受到上级态度、社会发展环境等多方面的影响，政策执行进程容易被干扰，可持续性与衔接性弱。因此，需要坚持政策目标和原则及规范政策执行流程以加强政策过程监管。

政策控制的目的是确保目标、政策的一以贯之。要实现政策持续，首先要保证政策目标的实现和坚持政策原则。在政策目标实现层面，基层政府要注意对阶段目标和政策总目标的把控，切实履行好自己的职责，保证政策目标都能如期实现。排除自身和外在两方面的消极干扰，如政府体系内部对政策执行的消极情绪和政府外界突发事件的干扰。在坚持政策原则层面，基层政府要对政策执行人员的行为和民众的反映进行实时监控，保证政策执行不走样，维护最广大人民的利益，保障政策的持续性。

政策执行流程的规范化管理是促进政策监管的有力保障。规范政策过程，保证政策执行的合法性，使政策执行有规可依、有法可循。基层政府对政策执行要有针对性的监管机制，在设计政策方案之时就考虑到政策流程的规范标准。同时，加强对基层政府政策执行人员行为的约束，通过调动司法、纪检和社会公众的力量，规

范其行政行为，保证政策规范执行。

（二）完善政策持续配套，维护政策稳定性

政策配套是在政策出台后，基层政府为适应政策改变而采取相关配套措施，避免政策目标群体因政策变化而产生不满情绪。首先，在政策执行初期，为政策影响群体制定适应政策变化的配套措施，帮助群众理解和接受新政策，并更好地配合政策执行；其次，在政策执行过程中，要充分考察政策执行效果及公众反馈，对不适宜的内容及时制定政策调整措施；最后，在政策执行末期，要对政策目标群体进行持续关注，制定跟踪性的配套措施，以保持政策稳定性。

不同地区的风俗习惯和群众心理存在着差异，面对新的政策内容，群众对政策的态度和情绪反应可能不同，如云南苗族村寨一直有安土重迁的习惯，对易地扶贫搬迁政策容易产生抵触情绪。因此，在政策执行初期，基层政府需创新性运用政策配套工具，为群众提供因地制宜的应对方案，从群众的角度出发解决问题，将政策落到实处。

民族地区政策实施需要全方位考虑。在政策执行过程中，基层政府需要对政策实施效果和群众反应开展调查，保障政策有效实施。通过对实施中的政策进行普查和公众满意程度调查，检查政策方案的可行性实施效果及其对公众的影响。面对调查结果，基层政府要及时出台配套措施，优化政策执行方案，保证政策执行效率。

政策执行末期，基层政府应对政策目标群体进行持续关注和跟踪反馈，落实配套政策。受绩效考核的影响，一些基层政府容易忽视政策终结以后的工作情况，出现“政结茶歇”的现象，从而引发新的矛盾。因此，民族地区基层政府要建立政策终结后的配套机制，维护政策稳定性。

（三）健全政策绩效评价，推动政策质量提升

绩效评价是政府政策执行控制的有效手段，是政策有效监管的依据。因此，要落实政策执行持续性监管，提升民族地区基层政府政策执行控制能力，健全政策绩效评价机制。一是完善政策绩效评价指标。重视对政策内容和目标的评估，包括政策目标达成，政策时间节点控制和政策满意度评价。在政策绩效评估体系中，明确政策目标和内容，保障政策的有效实施；强调截止时间，保证政策目标在规定的时

间内完成；重视群众对政策执行的评价，并监督政策执行效益；二是健全政策绩效评估机制。依据地方实际，勇于探索绩效评估方式，引进第三方评估机构，保障政府绩效评估的客观性与科学性。引入第三方评估机构，应避免基层政府对于第三方评估的干扰；此外，要合理运用第三方评估的结果，将评估结果反馈到政策执行当中，借此灵活处理政策执行过程中出现的问题，优化政策执行思路，强化民族地区基层政府的政策执行能力；三是注重绩效评价反馈。绩效评价反馈是政策调整、监管和控制的主要依据，对提升政策质量有重要作用。加强政府沟通渠道建设，为群众信息反馈提供有效途径，将绩效评价反馈落到实处。重视对绩效反馈结果的运用，基层政府不仅要对反馈意见和评价结果做出回应，而且，也应及时有效地对政策执行进行调整，保障政策执行目标的达成与政策执行的效益。

第六章　民族地区基层政府依法治理能力分析

第一节　民族地区基层政府依法治理能力及其构成

一、民族地区基层政府依法治理能力的内涵

将依法治理确定为治国理政的基本方略，推进依法行政，建设法治政府是促进国家治理体系和治理能力现代化的必然要求。依法治理，简称“法治”，其概念源自古希腊哲学家亚里士多德的经典著作——《政治学》。在该著作中，“法治”被归纳为两层含义，一是“已成立的法律获得普遍的服从，而大家服从的法律应该是既定的良好的法律”[①]，二是“法律应保持无上权威且在任何方面受到尊重，执政人员或公民团体只应在法律（通则）所不及的个别事例上有所选择，两者都不该侵犯法律”[②]。可见，“法治”意味着任何国家和社会治理都需要依靠法律法规而非法律之外的习惯或个人意志、看法来完成。法治是政治文明发展程度的重要标志，是现代社会的基本特征之一，是治国理政的重要基石，也是实现国家治理能力现代化的重要保障。

所谓依法治理能力，即政府及公务人员严格遵守宪法、法律和法规，依法明确职责权限和规则程序，运用法治思维和法治方式而综合反映的依法行政和依法执政

① ［古希腊］亚里士多德：《政治学》，吴寿彭译，北京：商务印书馆，1965年，第199页。

② ［古希腊］亚里士多德：《政治学》，吴寿彭译，北京：商务印书馆，1965年，第192页。

能力。

二、民族地区基层政府依法治理能力的构成要素

（一）法治思维能力

法治思维即按照法治精神与法律原则，运用法律逻辑分析问题和解决问题的思维方式与思维模式。著名政治学家卢梭提出，一切法律中最重要的法律不是铭刻在大理石上，不是在铜表上，而是铭刻在公民的内心里。良好的法治思维和法治意识是基层政府及其公务人员法治能力的重要体现。因此，加强基层政府及其公务人员的法律法规教育，不断培养其“法律至上”理念和运用法律法规处理问题的思维方式，是提升民族地区基层政府依法治理能力的关键性因素。

（二）依法决策能力

依法决策能力是在重大公共问题的决策中为实现组织目标决策主体能够严格按照宪法和法定程序，分析、论证、选择和制定方案的能力。依法决策是实现法治的重要途径与关键环节，直接关系到司法的公正和法治的成效。作为民族地区基层政府治理能力的重要构成要素，依法决策能力对防范重大决策失误、提升执政水平、维护公共利益具有积极意义。

（三）依法执行能力

依法执行能力是法定主体在政策执行过程中，能够严格依照法定权限和法定程序，将目标和计划转化为实践的能力。依法执行是民族地区基层政府法治能力的核心，是政府各行政环节的基础，贯穿于社会治理的各个方面，直接反映民族地区基层政府法治能力的水平。良好的依法执行能力是落实政策和提升政府公信力的重要保证。

（四）依法监督能力

依法监督能力即对基层公务人员在履行职责和行使职权过程中的行为进行有效监督，以确保其依法行使权力、依法行政的能力。当前，民族地区基层政府的法律监督体制主要包括三个方面：一是行政内部的自律式监督，即行政监察部门监督、审计部门监督、政府办公室监督；二是行政外部的监督，即执政党监督、权力机关

监督、司法监督、上级行政机关监督、政协监督；三是社会参与式的监督，包括公民、公民团体及新闻媒介等的监督。

三、民族地区基层政府依法治理能力的现实意义

（一）依法治理是处理民族地区社会关系的有效途径

相较非民族地区而言，由于少数民族地区存在不同民族、宗教宗族的利益诉求，社会关系更为错综复杂。因此，在处理这些社会关系的过程中，依法治理发挥着不可替代的作用。一方面，法律是公平的象征。面对复杂的社会关系，政府部门及其公务人员可以法律为依据，维护社会公平正义。另一方面，法律是权威的象征。政府部门及其公务人员可充分发挥法律的威慑作用，严厉打击不法势力，促进社会秩序稳定。由此可见，只有将各种社会矛盾和社会关系的处理都纳入法制轨道，才能从根本上保证民族间关系的融洽与稳定，促进经济社会的繁荣发展。

（二）依法治理是民族地区民主政治建设的重要内容

社会的发展以民主政治建设为保障，民主政治建设需要依靠法治途径予以推进。依法治理以法律的形式确认基本的民主体制及其活动原则，保障公民的民主权利和自由，保障了公民政治参与渠道的畅通。与此同时，依法治理依靠法律权威规范国家权力，在政治稳定的基础上不断推进民主建设进程。由此可见，宣传法律法规、促进民众树立法治观念，建立公民法治精神，有助于促进我国民主政治建设的繁荣与发展。

（三）依法治理是民族地区经济发展的根本保障

由于民族地区经济发展相对落后，市场发育水平较低，需要政府发挥行政职能矫正市场失灵来促进经济快速发展。政府发挥行政职能有赖于法治作为保障。首先，依法治理是市场经济发育的重要基础。在市场经济中，政府是社会法治环境的提供者和保障者，为社会主义市场经济提供良好的发展环境。其次，依法治理是保证政府对经济适度干预的有效工具。当前，政府对经济的干预有效地弥补了市场调节功能的不足。然而，如果行政干预超过了合理限度，势必妨碍经济的正常运行。由此，

依法治理能够对政府干预经济的权力形成有效制约，保障行政干预的合理与合法。

（四）依法治理是保护公民合法权益的重要手段

在依法治国背景下，民族地区基层政府贯彻依法治理精神，为公民评估政府绩效提供了评价标准。法治框架下的职权法定原则、法律保留原则、法律优先原则和权责统一原则旨在防范政府部门对公民个人利益的侵害，维护公民的合法权益。例如，职权法定原则对政府的活动范围和职责权限作出明确的规定；法律保留原则明确绝大部分法律保留的事项是关于公民基本权利的事项。因此，在法治环境下，政府部门及其公职人员的所有行为都必须以法律为准绳，切实维护公民的合法权益。

第二节　民族地区基层政府依法治理能力评价——以广西X市为例

一、依法治理能力评价指标体系的设计与建构

（一）评价维度

根据《全面推进依法行政实施纲要》《国务院关于加强市县政府依法行政的决定》《国务院关于加强法治政府建设的意见》，我们将民族地区基层政府法治能力的评价维度确定为以下四个方面：

1.法治思维维度

法治思维即运用法律原则、法律精神、法律规范和法律逻辑，对问题进行分析、判断并最终形成相关决定的思维过程。运用法治思维认识问题并解决问题，是依法行政和建设法治国家的基本要求。将法治思维纳入指标体系，有助于考察民族地区基层政府及公职人员理解法律和掌握法律的程度，检验基层政府及公职人员在实践中是否将依法行政作为一种思维方式来开展工作。

2.依法决策维度

依法决策即能够依照法律对需要解决的公共问题提出解决方案和选择最优方案。依法决策是依法治理的重要环节，科学、合理、民主的决策是推动整个社会又好又快发展的重要条件。民族地区基层政府依法决策不仅要依照基本的法定权限和法定程序，还应符合自治条例和单行条例的要求，从而确保决策的科学性、民主性和合法性。将依法决策纳入评价指标体系，有助于考察和评判民族地区基层政府决策机制是否健全、决策程序是否合法。

3.依法执行维度

依法执行即能够按照宪法和法定程序将政府目标和计划付诸行动。依法执行不仅是民族地区基层政府法治建设的常规性内容，也是公共利益实现的重要保障。民族自治地方基层政府除了拥有地方政府的行政权外，还享有民族区域自治权力。它在依法执行时，不可避免地要将地方特征与民族特色结合起来，做到权责统一、权威高效。而将依法执行纳入指标体系，不仅有助于了解民族地区基层政府是否依照法定权限和法定程序行使职权，还能够考察自治权是否真正发挥了效力。

4.依法监督维度

依法监督即监督基层政府及其公务人员是否在法律允许的范围内行使职权。在我国，特别是民族自治地方，依法监督是建设有限政府的保障。完备的监督机制是规范行政权力运行、保障各民族群众合法权益的制度保证，能够有效地制约政府权力的行使，积极促进政府法治能力的提升。因此，将依法监督纳入指标体系，有助于考察民族地区基层政府是否将权力囿于法定的范围内，能否提升基层政府法治能力。

（二）评价指标及权重

1.依法思维能力指标及其权重

法治思维能力维度包括行政人员法治观念情况和行政人员掌握法律知识情况，权重分值是25分。其中，行政人员法治观念情况权重总分为10分。观念是一种主观的意识和思维，无法通过客观数据进行准确的衡量，故采用访谈法对民族地区基层政府行政人员法治观念进行评价。主要通过访谈的方式，了解民族地区基层行政人员法治观念强弱、法律认知程度、法律执行情况等。

行政人员掌握法律知识情况权重总分为15分，主要衡量行政人员的学历情况和法律培训情况。学历背景相对培训而言较为客观，改变难度较大，因此其权重赋分为7分。法律培训情况赋分为8分，主要评估基层政府对法律知识的重视程度，法律培训制度越健全、法律培训次数越多，得分越高，反之则得分越低。

2.依法决策能力指标及其权重

依法决策能力包括了决策机制和决策程序两方面，权重分值是25分。

决策机制的权重分值为15分。决策机制的健全与否主要考虑三项制度建设：听证会制度、专家咨询制度和合法性审查制度；三项制度都是依法决策的制度保障，其权重分值分别为5分，各项制度建设和执行越完善，则得分越高。

决策程序的权重分值为10分。决策程序规范与否主要通过评估听证会、专家咨询、合法性审查的实施情况来确定。由于决策涉及公众利益，公众应具有参与权和知情权，故听证会权重分值为4分，专家咨询与合法性审查的权重分别为3分。决策过程中，程序越科学、越规范，则决策程序评估得分越高。

3.依法执行能力指标及其权重

依法执行能力包括执行主体、执行行为和执行责任机制，权重分值是25分，其中：

执行主体权重分值为9分。执行主体包含两方面：一是执行的机构即责任主体，只有明确执行机构的职责，行政人员才能依法履行职责；二是具体的执行者即行政人员。具体的执行者是行政行为的直接实施者，执行者素质的高低影响着整个执法行为的合法性和有效性。为此，在该项权重赋值中，权力清单状况赋值5分，行政执法人员持证上岗率赋值4分，二者情况越好，则得分越高。

执法行为权重分值为8分。执法行为直接体现了执行主体的行为是否具备合法性。在评价过程中，以违法现象的发生率作为考察指标，其赋值为8分。若出现了越位、错位的执法行为及执法程序不合法等违法现象，则得分越低，反之则得分越高。

执法责任机制权重分值为8分。执法责任机制是对执法主体的执法活动进行规范与监督的有效方式，因此，执法责任机制的覆盖和执行情况是衡量依法执行能力的重要指标。基层政府执法责任制覆盖范围越广以及执行情况越好，其得分越高，反之则得分越低。

4. 依法监督能力评价指标及权重

依法监督能力涵盖了行政内部监督和行政外部监督，权重分值是25分。

行政内部监督权重分值为9分。行政内部监督包含行政监察部门监督、审计部门监督等。行政监察部门监督主要通过行政复议发生率来衡量，赋值为5分，行政复议发生率越高则得分越高。审计部门监督则通过审计案件发生率来衡量，赋值为4分，发生率越高则得分越高。

行政外部监督权重分值为8分。行政外部监督包含执政党监督、权力机关监督、司法监督、政协监督等监督渠道。行政外部监督的情况主要通过人大代表质询率和行政诉讼的发生率来衡量，其赋值均为4分，发生率越高得分越高，反之则越低。

社会参与式监督权重分值为8分。它主要包含社会团体监督和新闻媒介的舆论监督。对社会参与式监督的评价主要通过政务公开情况和新闻批评报道率两个指标来衡量。政务公开是保证公众参与监督途径畅通的重要保证，其赋值为4分，政务公开化程度越高，则得分越高，反之越低；新闻媒体是当今社会监督的重要媒介，其赋值同样为4分，通过考察新闻批评报道次数来评价新闻媒介的监督情况，报道次数越多，得分越低，反之则得分越高。

综合考量一级指标、二级指标以及三级指标并对其进行赋值，形成民族地区基层政府法治能力评价指标体系，详见下表：

表6-1 民族地区基层政府法治能力评价指标

评价对象	一级指标	权重	二级指标	权重	三级指标	权重
民族地区基层政府法治能力	法治思维能力	25	法治观念	10		10
			法律知识	15	行政人员学历情况	7
					法律知识培训情况	8
	依法决策能力	25	决策机制	15	听证制度建立情况	5
					专家咨询制度建立情况	5
					合法性审查机制建立情况	5

续表

评价对象	一级指标	权重	二级指标	权重	三级指标	权重
民族地区基层政府法治能力	依法决策能力	25	决策程序	10	听证会情况	4
					专家咨询情况	3
					合法性审查情况	3
	依法执行能力	25	执行主体	9	权力清单情况	5
					行政执法人员持证上岗情况	4
			执法行为	8	违法行政现象的发生情况	8
			责任机制	8	行政执法责任制覆盖情况	8
	依法监督能力	25	行政内部监督	9	行政审计发生情况	4
					行政复议发生情况	5
			行政外部监督	8	人大代表质询情况	4
					行政诉讼发生率和办结情况	4
			社会舆论监督	8	政府信息公开情况	4
					新闻批评报道情况	4
	合计	100		100		100

二、广西X市政府依法治理能力评价

（一）X市基本概况

根据我国行政区划分规则，X市最初是Y镇，后经国务院批准其为县级市，下辖4个镇。作为一个典型的少数民族聚居地，市域内有8.64万少数民族人口，占总人口的77.03%。市域内的少数民族以壮族为主，同时还聚居着苗、京、侗、傣、布依等16个少数民族，是一个多民族聚居区。

X市政府共有45个行政机构，其中政府工作部门24个，包括教育局、司法局、财政局等；政府挂牌机构8个，包括扶贫办、物价局、防空办等；政府管理的事业单位11个，包括民族事务局、地震局、旅游发展局等；政府部门管理机构两个，即公安局交警大队、住房制度改革委员会办公室。而主管政府法治工作的主要是司法局，它内设办公室、法治宣传股、法律援助股、基层工作股、公证律师管理股、社区矫正股等机构。司法局承担贯彻执行国家司法行政工作的法律法规和政策、起草有关规范性文件、制订X市司法行政工作的发展规划并组织实施等职责，还需要完成X市法制宣传、法律常识普及、规划实施等工作任务。

（二）X市政府依法治理能力分析

1.法治思维能力分析

（1）法治观念方面

访谈对象：X市法制办公室副主任

问题1：作为X市法治工作的主要践行者，您是怎么理解法治的？

X市法制办公室副主任：法治从字面意义上来理解就是依法治国、依法办事。大到国家的政体，小到个人的言行，都需要在法律的框架中运行，都必须坚持法律至上的原则。具体来说，就是我们通常所说的“有法可依，有法必依，执法必严，违法必究”。

问题2：在工作过程中，您觉得当前X市公务人员的法治观念如何？

X市法制办公室副主任：说实话前几年，我市很多公务人员尤其是基层公务人员法律知识都比较薄弱，法治观念也都比较淡薄，“人治”现象时有发生。但是随着依法治国理念的提出并不断强化，我们也通过不同方式加强对公务人员法律知识的宣传和培训，强化他们的法律意识和法治观念，现在效果也是很明显，大家的法治观念也都有了较大的提升。虽然好的观念不是一时形成的，坏的观念也不是一时能改变的，但是未来我们也会不断完善各种制度，为法治创造良好的环境，不断清除“官本位”“人治”等落后思想，强化和渗透法治意识。

问题3：您的介绍也提到了大家的法治观念与之前相比有了很大的提升，那这种观念转变是如何在实际工作中体现的呢？

X市法制办公室副主任：举两个例子吧。法制办需要对各部门上报市政府批转的规范性文件，在上报之前，我们要从法制的角度把好关，对其进行审查和修改。之前有些文件在合法性方面需要修改的点比较多，但是现在合法性问题明显有所减少，我们的工作也轻松了许多。另外，现在大家主动公开信息的意识也增强了很多，无论是部门预决算还是政策执行等信息基本上都公布在信息平台上，主动接受相关部门及社会的监督。

基层政府人员法治理念的现状小结：通过对X市法制办副主任的访谈可以发现，该市大多数公务人员基本上形成了法律至上、依法办事的法治观念，并且能够将法治理念运用在实际工作中。因此，X市基层政府法治观念实际得分为9分。

（2）法律知识方面

良好的法律知识储备是公务员依法办事的基础，然而，目前X市公务人员法律知识掌握的情况不够理想。在访谈X市法制办副主任的过程中，他谈到在全市3000多名公务员中通过全国司法考试的不足10人。由此可见，X市真正通晓法律的公务人员少之又少。此外X市公务员队伍老化问题严重，部分公务人员年纪较大，学习能力和接受能力较差，对其法律培训效果不佳。总之，目前X市公务员队伍法律知识掌握情况不尽如人意。

基于上述问题，X市实施了“谁执法，谁普法，谁主管，谁负责”的普法责任制，形成了各司其职、齐抓共管的普法工作格局，加强执法人员的法治观念和法治意识，树立基本的法治信仰。2020年，X市各政府部门共进行了11次法治培训（具体如下表），邀请资深法律顾问或有丰富经验的审判人员开展专题讲座、工作会议、视频会议，运用典型案例、法条解读、问题解答等，对领导干部和基层公务人员进行法治培训，大幅提升了公务人员的法治意识和法治能力。

表6-2　2020年X市政府法治培训情况

部门	培训内容	培训时间
政府办公室	新录用公务员初任培训班	2020.12.16
综合执法管理局	业务骨干法律知识实际操作培训会	2020.12.22
	法律知识业务培训	2020.8.5

续表

部门	培训内容	培训时间
自然资源管理局	廉政教育培训	2020.12.16
司法局	社区矫正人员开展节前安全教育培训	2020.1.7
	集体学习民法典	2020.7.29
	培养“法律明白人”助力乡村振兴——X市举办“法律明白人”、人民调解员培训班	2020.12.22
公安局	“坚持政治建警全面从严治警”教育整顿专题党课	2020.10.20
财政局	扶贫领域腐败和作风问题警示教育会	2020.5.15
市场监督管理局	2020年专题党课	2020.7.10
文化旅游和体育广电局	文化旅游行业安全生产暨政策法规培训	2020.9.11

基层政府公务人员法律知识现状小结：通过调查与访谈，X市公务员队伍学历情况和法律知识掌握情况都不够理想，因此评价得分是4分。虽然缺乏先天优势，但是X市运用不同形式的法律培训弥补不足，不断提升公务人员的依法治理能力，法律培训方面可以得7分。

2.依法决策能力分析

（1）决策制度情况

为规范政府决策行为，X市政府制定了《X市人民政府重大决策制度》，文件指出，政府重大决策应坚持科学决策、民主决策、依法决策三大原则，同时规定行政决策过程中的六大制度，即：重大行政决策集体讨论制度、重大行政决策公开制度、重大行政决策听证制度、重大行政决策合法性审查制度、重大行政决策实施情况后评价制度和重大行政决策责任追究制度。六大制度涵盖了从决策制定到实施的整个过程。

决策制度现状小结：X市现有的决策制度基本上满足当地实际决策需要，为政府部门提升依法决策能力提供了保障。但是，X市政府决策机制忽视了行业专家在决策过程中的作用，因此X市在决策制度方面的评价得分是13分。

（2）决策程序情况

良好的决策机制是依法决策的前提。X市公开信息显示，2019—2020年期间，X市共举行了两次听证会，分别是2019年自然资源监理局举行征地片区综合地价成果听证会；2020年市场监督管理局举行首次处罚案件听证会。但在这两次决策过程中，专家咨询和合法性审查程序并未得到实施和执行。

决策程序情况小结：X市政府在涉及公众利益的决策中具备决策程序意识，但是在决策过程中，仅有部分决策机制得到落实，其他决策机制未能得到有效执行，从而导致决策程序不够合理。故X市政府在决策程序方面可以获得7分，其中，听证会情况3分，专家咨询2分，合法性审查2分。

3.依法执行能力分析

（1）执行主体情况

2015年X市被列入推行权力清单制度工作试点城市。为明确主体职责，X市政府成立了政府部门权力清单制度工作领导小组，在全区实施市县乡三级权力清单和责任清单"两单合一"，实现权责一致。截至2018年底，X市有49个单位纳入推行权力清单制度清理范围，共梳理出权力事项6065项，保留权力事项3586项，取消、整合、下放、转移、暂不执行事项共2479项，清权率达40.9%。

同时，为了保证执法队伍的先进性，X市对合同制人员、劳务派遣人员、临时借调人员、工勤编制人员、离职、退休、工作调动或者其他原因不在行政执法岗位的人员进行了清理，最终收回退休、转岗及没有具体从事执法工作和其他未在职在岗等人员的执法证件91个。

执行主体情况小结：X市政府实施权力清单制度，明确了政府部门及人员职责，但清权率较低，还有较大的清权空间；此外，X市政府清理了一些非持证上岗人员，清理人员以退休、转岗人员居多，在一定程度上提升了队伍的素质，但对合同制、劳务派遣人员清理力度不够。由此，X市执行主体方面最终得分7分，其中权力清单4分，行政执法人员持证上岗情况3分。

（2）执法行为情况

X市通过制定权力清单，在一定程度上规范了基层政府及公职人员的执法行为。然而，在执法过程中，部分执法人员法治意识不强，存在利用职务便利获取自身利益的现象。例如，2016年X市边境口岸执法管理部门101名干部职工利用职务之便收取“好处费”115万元；2016年X市全年共排查案件线索10件，涉案人员10人，查处渎职侵权、贪污犯罪案件5件，涉案人员5人；2017年X市全年共排查案件线索12件，涉案人员12人，查处渎职侵权、贪污犯罪案件6件，涉案人员7人；2019年在扶贫领域腐败和作风问题线索69条，转立案件12件，结案11件，处分11人。

执法行为情况小结：X市各部门在执法程序与执法行为方面均有改善，但仍有部分人员存在违法行为，因此X市政府执法行为得6分。

（3）责任制度情况

X市根据工作职责制定了相应的责任制度，例如建立了普法责任制，依法治市领导小组办公室采取定期抽查、民意测评、委托第三方机构调查等多种形式对责任落实情况进行督查，据此考核相关责任主体，将该考核结果作为考核对象业绩考评和评选法治先进单位的依据。此外，X市也建立了基层党建工作责任制、意识形态责任制等，所有责任制度都与年度绩效考核挂钩。但就责任落实方面来看，部分责任机制建立后并未得到较好的推广且在一些部门机构未得到有效执行。

责任制度情况小结：X市为了提升政府部门责任意识，建立了相应的责任制度，但某些责任制度并未真正落实，形同虚设。因此X市政府责任制度方面得6分。

4.依法监督能力分析

（1）行政内部监督情况

审计局是内部监督机构，主要是审计政府部门内的财政收支状况，并直接对县委、县长汇报情况。X市审计局审计范围涉及财政、行业专项、经济责任、政府投资项目等。2020年X市审计委员会审计年度计划项目12个，调减1个领导干部经济责任审计。截至12月底全部完成，共查出有问题资金41487元，在行政复议方面，X市2020年共收到行政复议申请14件，符合受理条件10件，受理10件，已办结9件，正在审理1件，均严格依法办理。行政复议并不以结论而终止，若发现问题应及时给行政机关提供相应的政策建议。

行政内部监督情况小结：X市审计局和行政复议机关积极履行其职责，发挥内部监督作用，但还需加强监督力度。因此X市政府在行政内部监督方面可以获得7分，其中行政审计情况3分，行政复议情况4分。

（2）行政外部监督情况

行政外部监督是监督政府行为的中坚力量。2020年向人大报备规范性文件7件，法治政府建设情况报告1次；政府系统共办理人大代表提案1件建议65件，承办市政协委员提案31件。[①]此外，审判机关也积极履行其职责，积极审理相关案件。在行政诉讼方面，2020年X市政府作为被告案件共10件，负责人出庭应诉10件，出庭率100%。

行政外部监督情况小结：X市人大、政协、审判机关等机构积极履行其监督职责，也取得了较好的效果。因此X市在行政外部监督方面可以获得6分，其中人大质询情况3分，行政诉讼情况3分。

（3）社会舆论监督情况

在信息公开制度建设方面，X市制定了《X市不予公开的政府信息上报备案制度》《X市澄清虚假或不完整信息工作制度》《X市行政机关提供主动公开政府信息工作制度》《X市政府信息公开工作年度报告制度（试行）》《X市人民政府新闻发布制度》《X市政府信息公开工作制度》等信息管理制度。与此同时，通过现场投诉，电话投诉，信函投诉，网络投诉四个平台做好投诉管理工作，对每一件群众来信来诉或投诉，均按照“一件一档，每件必查”的要求，认真进行规范流程处理并做好备案，切实做到畅通办事群众的反馈渠道，方便群众表达诉求。

2020年X市累计公开政府信息26780条，依申请公开14件，行政复议1件，无行政诉讼案件。[②]主要有以下四种信息公开渠道：一是通过政府门户网站、新闻媒体等载体来公开政府信息。2020年X市通过政府网站及电视等载体公开政府信息20000余条，网站访问量超过18万人次；二是优化由政务服务中心、档案馆、图书

① 数据来源于X市2020年X市法治政府建设情况报告。

② 数据来源于X市人民政府2020年信息公开工作年度报告。

馆组成的“两馆一中心”建设，各部门移交文件共400余份，提供信息300余条；三是定期更新信息公开栏，满足人民群众的信息需求；四是举行政务公开日活动。活动期间，行政机关和企事业单位不仅现场设点宣传相关法律法规，为群众答疑解惑，而且公开社会公共事业建设、重大建设项目等重点领域的相关信息，保证公民的知情权和监督权。

社会舆论监督情况小结：X市政府主动公开相关信息，拓宽公众监督渠道；但是在公开信息的过程中也存在公开不及时、公开范围狭窄等问题。因此，X市政府在社会舆论监督方面可以获得7分，其中主动公开信息情况3分，新闻批评报道情况4分。

表6-3 X市政府依法治理能力得分一览表

评价对象	一级指标	实际得分	二级指标	实际得分	三级指标	实际得分
民族地区基层政府法治能力	法治思维能力	20	法治观念	9	法治意识强弱情况	4
					法治思维应用	5
			法律知识	11	行政人员学历情况	4
					法律知识培训情况	7
	依法决策能力	20	决策机制	13	听证制度建立情况	5
					专家咨询制度建立情况	4
					合法性审查机制建立情况	4
			决策程序	7	听证会情况	3
					专家咨询情况	2
	依法决策能力	20	决策程序	7	合法性审查情况	2
	依法执行能力	19	执行主体	7	权力清单情况	4
					行政执法人员持证上岗情况	3
			执法行为	6	违法行政现象的发生情况	6
			责任机制	6	行政执法责任制覆盖情况	6

续表

评价对象	一级指标	实际得分	二级指标	实际得分	三级指标	实际得分
民族地区基层政府法治能力	依法监督能力	20	行政内部监督	7	行政审计发生情况	3
					行政复议发生情况	4
			行政外部监督	6	人大代表质询情况	3
					行政诉讼发生情况和办结情况	3
			社会舆论监督	7	政府信息公开情况	3
					新闻批评报道情况	4
	合计	79		79		79

第三节　民族地区基层政府依法治理的现实挑战

一、法治思维有待强化

（一）公职人员法治观念需不断强化

思想观念是行动的先导，是行动正确与否的决定性因素，正确的思想观念引导人们采取正确的行动。在依法治理过程中，民族地区基层政府公职人员法治观念清晰与否直接决定其能否依法办事、依法行政。调查发现，民族地区基层政府部分公职人员的法治观念仍需强化，主动学法、懂法、用法的意识有待加强。究其原因主要有：一是官本位思想残余的影响。权力本位观念仍有余孽流毒，少数公职人员在工作方式上重人治，轻法治。特别是在处理经济、社会、文化等矛盾时，偏好行政手法的一刀切，习惯于用行政手段取代法律手段解决问题。二是法律工具主义观的影响。法律工具观将法律视为治理的工具和手段，忽视法律的目标价值及人治与法治的有效统一，特别是在民族地区特殊环境下，法律工具主义观的存在不利于解决社会矛盾。

（二）公职人员知识结构不尽合理

行政执法能力和行政执法水平的高低，有赖于公职人员综合素质的提高。我国大部分民族地区属于欠发达地区，经济、政治、社会、教育的发展相对落后，导致公职人员法治素质养成存在“先天缺陷”。同时，由于经济发展水平相对落后，教育、医疗等公共服务质量与发达地区相比还存在差距，对社会人才的吸引力有限，致使民族地区基层政府的公职人员整体学历水平偏低、知识结构不尽合理。主要体现在：

一是学历方面。学者何立荣曾对广西某系统地级市以下工作人员的学历情况进行摸底，发现在调查的448人中，有318人拥有本科学历，占总人数的71.0%，其中264人是在职本科学历，并未获得学士学位，全日制学习并获得学士学位的工作人员只有54位，仅有两人获得硕士学位，仅占总人数的0.45%。由此可见，有近三分之一工作人员的学历是中专或初中甚至以下。基层政府公职人员学历层次偏低，在很大程度上影响其对法治价值、立法与法治精神及法律条文的正确解读，从而影响基层政府的法治能力提升。

二是知识结构方面。部分基层工作人员所学专业与其所从事的工作存在脱节现象。以X市为例，笔者从访谈对象处了解到，虽然很多访谈对象从事基层法治工作，但是其中大多数人的专业背景是文学、管理学等，法律、法学专业出身的公职人员少之又少。加上民族地区行政服务人员缺乏系统化的法律知识、法律业务培训，在工作中存在以自身积累的经验而非法律手段处理相关事务的现象，一定程度上影响了公共事务处理的科学性与规范性。

二、依法决策机制有待完善

（一）依法决策制度建设还需加强

依法决策是依法行政、依法治理的起点，决策行为的规范性是规范行政权力的基础，也是民族地区基层政府法治化建设的重要内容。然而，由于民族地区依法决策机制尚待健全，影响了基层政府依法决策能力的提升。

一是决策权需进一步界定。通过调查发现，民族自治地方同级政府工作部门决策权界限划分错综复杂，虽然各部门职能明确，但在面对需共同完成的事项时，决策过程相互影响，增加了越权或推卸责任的可能性。同时，部分职能部门上下级行政决策权界限模糊，影响了决策的效率和效果。

二是合法性审查作用发挥得不充分。合法性审查是依法决策的重要环节。当前合法性审查机制中审查主体的审查责任主要由决策承办单位承担，容易出现决策审查“自己审查自己”的情形，存在有失社会公允的不确定性。另外，合法性审查机制与依法决策的专家论证、集体讨论机制等之间缺少衔接及互动。一般而言，科学体系下的依法决策应在“群众参与—风险评估—专家论证—合法性审查—集体决定”流程中运行，其中，合法性审查是重要的环节，发挥着重要的承接作用。然而，在实际实施过程中，合法性审查在很多情况下是孤立的一环，与其他部分缺乏必要的衔接①。

三是行政决策责任追究机制实施效果欠佳。一方面，行政决策责任追究主体范围模糊。虽然民族地区基层政府已经建立起决策责任追究制度，规定了法治的决策程序，但在一些基层政府，一些涉及民生、采购、基建等重大决策，一般由领导班子集体完成，没有细化责任主体，容易出现无人担责的状况。另一方面，行政决策责任追究制度的可操作性不强。部分民族地区基层政府对行政决策追责的描述较为笼统，比如“追究相关责任”“进行相关惩罚”等，缺乏明确、清晰的规定，这在一定程度上加大了追责的难度。

（二）依法决策程序需进一步规范

在民族地区基层政府决策实践中，一些决策者对依法决策的民主化价值缺乏深刻的理解和认识，依法决策过程中征求意见不充分，存在“拍脑袋做决定”的情况。具体表现在以下三点：

---

①　刘新圣、崔璨:《重大行政决策合法性审查不能走过场》，人民网，http://www.rmlt.com.cn/2017/0412/469017.shtml，2017年4月12日。

一是调查研究不够深入。调研为科学决策提供依据，真实可靠的调研信息有助于政府决策的科学性与高效性。民族地区基层政府制定的各项决策，原则上都需要经过充分的论证，使其符合科学化的要求，具备切实的可行性。然而，由于依法决策实践中调查研究缺少科学方法支撑，或者调研环节流于形式，决策者难以获取真实完整的数据信息，影响了决策效果。

二是民主参与不充分。民主参与有利于增强决策的群众性基础，是行政决策的重要保障。调查中发现，一些职能部门在对一般工作事项的决策过程中，征求意见环节流于形式，导致一些行政决策成了个别领导干部的“个人决策”。

三是缺少必要的更新修正。法律、法规与制度需要根据实际情况不断地更新与完善，因此，任何政策与决策从制定到实施，都需要时刻关注法律、法规及制度的变化并适时调整。然而，一些民族地区地方政府法律、法规与制度的跟踪机制不健全，忽视本部门、特别是决策执行者参与实施反馈的作用，不能及时发现决策执行中产生的偏差与误差，影响了公共政策的执行效果。

三、行政执法有待规范

（一）行政执法主体需进一步明确

民族地区基层政府是国家法律法规以及各项规定和政策的直接执行者。按照2018年党和国家机构改革的要求，民族地区基层政府完成了机构改革的任务，综合执法工作平稳推进，执法体制持续完善，但依然存在以下问题：

一是多头执法。所谓多头执法，是指政府执法部门存在职能界定不清现象，执法权力分散在不同的职能部门，不同行政部门对同一执法对象进行重复、多头及交叉执法。当前，民族地区在2018年党和国家机构改革的过程中，大力推动综合执法工作并取得了一定的效果，但依然存在多头执法的现象。例如在对农贸市场的监管过程中，对于工商管理部门而言，需要维护市场秩序和保护消费者权益，对于物价部门而言，需要查处市场坑蒙拐骗、缺斤短两等价格违法行为。工商管理和物价部门的职能不同，在具体的行政执行过程中难免出现交叉执法现象。一定程度而言，交叉执法有其存在的必然性和合理性，但容易造成被执行者的不满，降低行政执法满意度，削弱行政执行力度，甚至弱化执法部门的执法功能。

二是执法主体存在缺位现象。简言之，执法主体“缺位”是指本该由政府行使执法监管权力，却由于种种原因未有效实施行政执法或者行政执法不到位。当前，主要有两种表现形式：一是由于部分职能部门上下级权限存在交叉，导致行政中存在否认自身对相关事项的管辖权或处理权的现象；二是一些职能部门因工作职权界定不科学，导致服务、执法“真空”存在。

（二）行政执法程序需进一步完善

民族地区基层政府执法人员作为行政执法具体实施者，必须严格按照法律规定来行使自身权力，特别是按照法定程序实施执法行为。调查发现，在执法过程中，个别执法人员没能按照法定程序执法，如没有依法履行告知义务，违背先取证后裁决的执法原则等，还存在态度敷衍、拖延履行的现象。究其原因可归结于两个因素：一方面，我国行政程序法尚不完善，法律法规并未明确规定某些具体行政行为的实施程序；另一方面，个别政府部门法治程序观念淡薄，一些执法人员受“重实体轻程序”观念的影响，追求执法结果，忽视执法程序，不利于执法公平性和执法效率的提升。

四、执法监督效果需不断提升

（一）行政内部监督需继续加强

行政内部监督是行政行为最直接的监督方式，不同层级的行政机关处于同一个行政体系，有可能导致内部监督受到利益干扰而被弱化，使内部监督效果不尽如人意。

一是审计监督效力不足。民族地区基层政府审计人才匮乏，审计项目工作量与工作人员配备不均衡，容易使审计工作效果减弱。同时，审计监督制度供给不足，缺乏专门的法规对政府审计、反馈程序进行规定。[①]多种因素致使部分民族地区审

① 谭理彰：《我国少数民族自治县政府法治建设研究》，博士学位论文，武汉大学，2017年。

计监督效力不足。

二是行政复议权威性有待加强。行政复议是解决行政纠纷的有效措施，由于民族地区对行政复议机构缺乏具体的指导性建议，导致某些案件无法得到妥善处理，行政复议权威性受到影响。另外，部分行政机关工作人员责任心不强，执行行政复议决定不及时，行政复议效力不足，影响了群众对行政复议的信心。

（二）行政外部监督力度不足

行政外部监督是对行政内部监督的有力补充，也是强化内部监督的手段，其根本目的是提升政府的法治能力，保障政府在行政执法过程中有效行使权力和义务。然而，在实际工作中，部分民族地区基层政府行政外部监督作用发挥不充分。

一是人大监督。从理论上看，相较其他监督而言，人大是最具权威性且效力最高的监督主体。但是，少数地方只对人大职权进行原则性说明，人大监督权力难以得到有效发挥。同时，人大对行政机关主要通过听取工作报告、质询等方式实施监督，使得人大的监督频率和强度不足。

二是政协监督。政协能够对政府部门实施监督，但不同于权力机关和司法机关，政协监督不具有强制力。目前，我国民族地区基层政府已经制定了政协监督工作的反馈程序，但在具体实施中，一些地方存在一定的随意性，政府部门难以对其监督职能进行科学的评价和修正。

（三）社会监督信息化程度需不断提升

公开透明的政府信息是良好社会舆论监督的基础和保障。当前，民族地区社会监督信息化程度仍有待提升。

一是信息公开的质量有待提高。对于民族地区基层政府而言，实行信息公开主要基于上级政府部门信息公开相关规定要求，依此决定本级政府公开信息的目的、内容、方式等，在一定程度上制约了基层政府信息公开的自主性和多样性。在信息公开内容方面，民族地区基层政府大多能及时公开群众较为关注的信息，如惠民政策的具体实施计划、实施条件及相关经费拨付等。但部分信息公开内容较为专业，加上分类不够详细，导致群众理解信息内容存在一定困难，影响了监督效果。

二是信息公开滞后。当前，基层政府不断完善信息公开体制与机制，致力于打造统一、高效的信息共享平台。但在访谈过程中，通过对当地基层政府信息发布渠道调研我们发现，一些信息发布时间滞后，时效性和实效性较差，使得群众没有及时获取有效信息。例如某市的政府信息公开平台上，该市2015年财政预算随同2015年财政预算执行情况一起发布在2016年年初，2015年的财政预算信息公开较为滞后。

第四节　民族地区基层政府依法治理能力提升的路径选择

党的十八届四中全会通过的《中共中央关于全面推进依法治国若干重大问题的决定》指出："法律的生命力在于实施，法律的权威也在于实施。各级政府必须坚持在党的领导下、在法治轨道上开展工作，创新执法体制，完善执法程序，推进综合执法，严格执法责任，建立权责统一、权威高效的依法行政体制，加快建设职能科学、权责法定、执法严明、公开公正、廉洁高效、守法诚信的法治政府。"这是我国各级政府依法行政的总纲，也为民族地区基层政府提升依法治理能力指明了方向。

一、完善民族地区行政立法体制

首先，在行政立法体制上，鉴于民族地区经济社会发展相对落后和行政环境复杂，法律、行政法规、国务院规章等应以原则性为主，中央层级应侧重立法的指导和价值的规范。民族地区、特别是民族自治地方政府的实施办法应明确具体规定，对法律适用、执法程序、裁量标准等予以明确，要立足民族地方实际。其次，在立法过程中，应充分发挥地方政府和人大的协同作用，摒弃部门以自我为主的观念，重视群众意见和执法部分的专业诉求，提高立法的科学性和民主性，增强法律的适应性和群众认同感。最后，应强化对行政立法的监督，以合宪性审查为基础，加强现有立法的审查和清理工作，确保法治的统一性、有效性。

二、加强法治队伍建设，夯实法治基础

（一）强化法治专题培训

一是注重对新招录人员的法律培训。一般基层政府新招录的行政执法人员专业背景多种多样，故刚踏入职场的新晋公职人员缺乏对依法治理的深刻理解，需要及时对其进行法律知识培训，尤其建立法律学习、培训考试制度，以此优化培训内容，提升培训效果。

二是建立长效法律培训机制。法律法规会随着社会发展不断推陈出新，民族地区基层政府应制订并实施年度法制培训计划，始终保持与国家最新法律法规同步。建立长效法律培训机制，使法治理念在执法人员心中根深蒂固，并不断强化执法为民、公正执法的依法治理理念。

三是提高利用法律培训考核结果的水平。将培训考核结果与民族地区基层政府人员的行政执法资格、岗位晋升、机构改革和人员分流相结合，淘汰不能适应行政执法要求、规范的人员，逐步提升现有行政执法队伍的整体素质，为提升民族地区基层政府依法治理能力奠定良好的基础。

（二）严格执法队伍准入制度

一是严格行政执法人员资格审查。行政执法人员资格审查不仅包括政治审查，还包括法律专业知识的审查。对于专业素质的审查，主要采取法律知识考试的方式。也只有考试合格、政治审核通过，人员才可授予其行政执法资格，赋予其行政执法职责。另外，加强对行政执法队伍的整治力度，通过对民族地区基层执法人员的分流，不断优化行政执法队伍。

二是完善人事录用制度。人事录用是进入执法队伍的第一道关口，旨在通过招考、招录、考核等人事录用环节，挑选合适的人员进入执法队伍。由此，增加法律知识在公务员录用考核中的比重，从源头上确保基层工作人员业务素质和法律知识储备。此外，基层政府应优先选拔、录用有法律职业资格证书并具备较好行政管理能力的人员，以此充实基层政府执法工作队伍，提高民族地区基层政府整体素质。

三、坚持科学民主决策，提升依法决策能力

（一）健全依法决策制度

一是建立重大行政决策的合法性审查制度。民族地区基层政府合法性审查主要关注决策事项是否有法律依据，是否属于决策机关法定职权范围等。如果不属于职权范围，则建议不决策，或者依照规定提请相关行政机关审批、依法授权；“决策内容是否依法合规，经审查认为决策方案、备选方案或者风险防范化解处置措施等不符合相关法律法规及国家政策规定的，建议进行修改”①；决策程序，是否符合法律规定，未按程序履行或者程序履行不合规的，建议补正或者重新履行。

二是建立依法决策责任追究制度。民族地区基层政府应贯彻“谁决策，谁负责”原则，保证权责统一性。违反法定程序和跨越权限及应作为而不作为或未及时作为而出现决策严重失误的，必须追究行政首长及其他相关责任人员的责任。与此同时，要坚决制止和惩处超越法定权限、违反法定程序的决策行为。

（二）完善依法决策程序

一是强化依法决策前的调查研究。调查研究和科学预测都是拟订方案的基础，决策者只有深入到各族群众中进行全面、周密的调查，才能有利于制定科学的决策。在调查过程中，尽可能了解所有决策的影响因素，深入挖掘影响决策的关键性资料，确保所掌握的信息真实可靠。除了依靠有关统计数据、文献综述、专题报告，对于关系民生的重大事项，更需要通过调查研究，积极向各族群众和专家咨询并征求意见，为依法决策获取丰富的第一手信息资料。

二是扩大民主参与。为了扩大民主参与，要依法推进决策信息公开，将决策信息公开置于法律框架内，畅通参与渠道，鼓励公众积极而有效参与依法决策。参与渠道固然重要，但不可忽视民主参与方式。因此，应加强依法决策中的公民听证工作，注重依法决策公民听证的结果反馈，保障依法决策公民听证的实效。另外，树立将重大决策借助专家、学者论证的主动意识，规范专家、学者论证工作，重视其

① 袁曙宏：《健全依法决策机制》，《行政管理改革》，2014年第11期，第5页。

论证结果，从而保障依法决策的合理性、专业性、科学性。

三是强化决策的追踪与完善举措。任何决策的科学性与可行性只有经过实践检验才能得出最终定论，决策的实施是整个依法决策过程的核心环节。由于民族地区行政环境复杂，因此，基层政府应建立依法决策控制系统和报告制度，拓展反馈渠道，保证反馈信息真实、可靠，以便及时发现实施过程中的偏差，并对其进行修正与完善。

四、规范公正文明执法，提升依法执行能力

（一）明确行政执法主体

民族地区基层政府按照职权法定、权责一致和执法重心下移、服务基层的原则，科学配置部门行政职责、重点解决上下级重复事权的问题。通过制定部门权力和责任清单，规范执法主体行为。民族地区基层政府应精简各项行政权力，明确部门的服务事项、要求、责任等。特别是"对内容相近的行政权力，对多部门共同行使的同一行政权力，应明确一个行使主体"①，规范委托执法和派出机构的权责范围，减少推诿现象。同时，创新行政执法体制，科学划分市、县执法权责，推动行业内综合执法，探索跨领域综合执法，将城市综合执法力量下放到县级政府。要加强行政执法队伍建设，提升队伍专业化水平，而且要完善行政执法协调机制，协调、解决基层政府在行政执法过程中的多头执法、重复执法、执法缺位等问题。

（二）规范行政执法行为

一是完善行政执法程序。规范的行政执法程序是民族地区基层政府规范执法的制度保障。民族地区基层政府应根据法律和制度的相关规定，对行政执法环节、步骤作出具有可操作性的规定，确保秩序从静态设计到动态运行再到规范行政执法流程的有序进行。对于不遵循行政执法程序的行为，应给予相应的处罚，以激励手段的有效运用来提升基层政府的法治能力。

① 胡税根、徐靖芮:《我国政府权力清单制度的建设与完善》,《中共天津市委党校学报》, 2015年第1期，第70页。

二是建立监督与检查记录制度。良好的监督、检查记录制度是规范行政行为的又一保障举措。民族地区基层政府应不断完善行政处罚、行政许可、行政强制等行为的记录和评查，确保上述行政行为的执行有规范的案卷记录。同时，有条件的民族地区基层政府及其相关部门，可以定期组织行政执法案卷评查，检查相关记录的规范情况，以督促基层政府行政执法机关规范执法，提升执法水平。

三是完善落实行政裁量权基准制度。细化行政裁量权有助于控制和监督民族地区基层政府行政裁量权，使其在合法范围内得以实行。为此，民族自治地方基层政府应结合国家法律及民族区域自治法，组织行政执法机关进一步梳理、细化和量化行政裁量权限和有效幅度，并向社会公布，接受社会的监督。

（三）完善责任追究机制

一是健全执法评议制度。为了保障执法评议的实效性，民族地区基层政府可将行政执法评议考核纳入目标考核当中，对各执法部门的组织工作、执法队伍、执法规范性及执法监督等内容进行综合评议、考核，考核结果作为民族地区基层政府人员晋升的重要参考依据。

二是实施执法责任追究制度。该制度主要针对行政执法中的错案追究问题。民族地区基层政府应遵照职权法定、权责一致的原则，明晰各执法部门职责权限，利用随机抽查案卷的方法追踪行政执法的目的、过程与结果。若发现行政错案，相关部门应对行政错案进行科学的调查及合理的界定，情节严重者，应给予行政系统内部处罚。

五、强化多元主体监督，提升依法监督能力

（一）完善内部监督机制

一是加强纵向层级监督。纵向层级监督作为一种常规性的监督方式，在民族地区基层政府依法行政监督过程中起着不可替代的作用。针对当前层级监督失灵问题，民族地区基层政府应建立与层级相配套的监察和约束机制，强化纵向层级监督，避免层级监督因利益关联而丧失监督效力。

二是完善审计制度。民族地区基层审计部门应加强对地方职能部门的各项审计工作，着力提升对政府职能部门财政预算、收支、经济责任等方面的审计效力。此外，加大审计结果在领导干部离任、调任中的考核应用力度，提升基层领导对审计监督的关注和重视程度，确保审计监督优势得到充分发挥。

三是加强行政复议。民族地区基层政府应综合运用书面审查、实地调查听证、和解与调解等手段办案，规范并优化行政复议审理程序与方式，从根本上保证行政复议的贯彻执行。而且，加强行政复议、强化行政复议的权威性，必须依靠专业能力强、职业素养高的行政复议人员，切实保证行政复议机关依法办案。当然，对不积极执行行政复议结果的行政机关，应采取相应的惩罚措施，确保行政复议结果顺利执行。

（二）畅通外部监督途径

一是优化人大和政协监督。民族地区应完善人大与政协的监督机制，充分发挥其外部监督作用。为此，应设立群众信访室，搭建人大和政协的联民网络，广泛收集各领域的信息，积极应对群众的合理诉求，并及时进行反馈和监督。此外，应依照民族区域自治制度的相关规定，有效行使自治地方的自治权，规范人大质询权、人事罢免权等，将人大和政协监督落到实处。

二是保持审判机关的独立性。审判机关的独立与否直接影响审判结果的公正性。因此，民族地区基层政府应杜绝审判机关与行政机的利益瓜葛，确保审判机关行使审判权的独立性。而且，在审判机关内部应建立可操作的责任追究机制，保证法官在案件审判过程中的中立性与独立性，能够依据法律法规和事实作公正合理的判决，以此发挥其监督作用。

（三）全面推进政务公开

在数字政府发展背景下，全面推进政务公开、扩大信息公开的内容范围，已成为政府机构改革的一大举措。民族地区基层政府应不断加强信息共享平台建设，借助多元的信息平台来整合信息资源，扩大信息公开范围。特别是政府通过门户网站、政务微博、微信短信或宣传栏等形式公开重点领域的有关信息内容，可保障社会公众的知情权及进一步行使监督权，使行政执法始终在阳光下运行。另外，全面推进政务公开，有助于保证政务信息的时效性。时效性是信息的基本特征之一。民族地区基层政府应严格按照信息公开条例，及时、准确地向社会公开政府信息。与此同时，应加强政府信息公开考核，定期考核政府信息的发布、反馈、责任落实等信息情况，不断推进政务公开科学化、系统化、规范化发展。

第七章　民族地区基层政府公共服务能力分析

第一节　民族地区基层政府公共服务能力及其构成

一、民族地区基层政府公共服务能力的内涵

公共服务（public service）是由政府主导供给，旨在提供保障公民生存、满足生活和经济社会发展需要的公共产品及服务，具有无偿性、普惠性、非排他性、均等性的特征。健全公共服务体系，保障公共服务供给，实现公共服务均等化，是政府的重要职责与使命，也是当代政府改革与发展的核心内容与目标追求。基于公共服务属性、公共服务层次、公共服务功能及公共服务支出责任等综合考虑，本章公共服务主要指向具有基础性、普惠性及公众迫切期待且与之密切相关的基本公共服务。

公共服务能力是政府为满足和保障公民实际需求，采取有效的机制与手段，向公民提供公共产品和公共服务的能力表现。公共服务能力高低决定和影响地方政府治理及其公共服务的水平与质量。提升基层政府公共服务能力，提高基层政府公信力，对增进人民福祉，促进社会公平正义，推动民族地区公共服务高质量发展，具有重要的意义。

二、民族地区基层政府公共服务能力的构成要素

对于基层政府公共服务能力要素的选取，本研究以《“十三五”国家基本公共服务清单》（以下简称《清单》）、《国家基本公共服务标准（2021年版）》为参考，根据基本公共服务内容与目录并结合现行法律法规及公共服务相关政策要求，将基层政府公共服务能力的构成要素确定为以下五个方面：

（一）基础教育服务能力

“基础教育是对国民实施的基本的普通文化知识的教育，是培养公民基本素质的教育，也是为继续升学或就业培训打好基础的教育。”[①]1977年，联合国教科文组织将基础教育界定为“是向每个人提供并为一切人所共有的最低限度的知识、观点、社会准则和经验的教育”[②]。2006年，我国的《义务教育法》明确规定：“我国义务教育的年限为九年制，即六年的小学教育和三年的初中教育。”[③]狭义的基础教育特指九年义务教育，即国家采取各种强制措施予以保障的公益性、普及性教育，而广义的基础教育包括社会基础教育和家庭教育。民族地区基层政府基础教育服务能力是指民族地区基层政府为了满足和保障民族地区基础教育事业和区域基本教育服务均衡发展的需要，向民族地区适龄儿童及少年提供强制性、普及性、公益性的基础教育的权利和机会，并在财力、人力及相关政策上予以保障的能力。民族地区基层政府基础教育服务能力的提高，对推进民族地区基础教育事业的发展和群众整体文化素养的提升具有积极作用。

（二）社会保障服务能力

社会保障是指政府通过法律法规，调动各种社会资源，保障公民在无收入、低收入、遭受各种意外灾害及年老、失业、患病、工伤、生育时基本生活不受影响的一种制度安排，主要包括社会福利、社会保险、社会救济、社会优抚等相关制度设计。基层政府社会保障服务能力，即基层政府针对保障对象，采取有效保障模式

① 顾明远：《教育大辞典》，上海：上海教育出版社，1989年，第71页。

② 张荣伟：《基础教育改革话语的社会学分析》，《教育学术月刊》，2011年第4期，第2页。

③《义务教育法》，2006年。

与措施，保障并满足公民基本生存权益与基本生活需求，并为之提供相应服务的能力。提升民族地区基层政府社会保障服务能力，完善社会保障服务体系，有利于提高社会保障水平和服务效率，提升民众生活质量，促进民族地区社会和谐与稳定。

（三）医疗卫生服务能力

基本医疗卫生服务是政府公共产品和公共服务供给的重要构成部分，是政府为确保公民享有基本医疗卫生服务和健康权益保障所进行的一系列相关的制度性安排和举措。随着我国医疗卫生事业的发展，基本医疗卫生服务已经发展成覆盖城乡居民的公共卫生服务体系、医疗服务体系、医疗保障体系和药品供应保障体系等。医疗卫生服务能力主要是指政府为公民提供及时、安全、有效、方便、价廉的公共卫生和基本医疗服务过程中所应具有和表现的服务能力。民族地区基层政府医疗卫生服务能力的提升，能够有效地满足民族地区城乡一体化的医疗卫生服务需求，推动民族地区医疗卫生服务的优化和医疗资源利用效率的提高，提升民族地区群众的健康水平。

（四）基础设施服务能力

基础设施是一个国家或地区社会发展水平的重要表现，也是地方经济社会发展的物质基础，主要指保证社会经济活动和公民生活正常运行的公共服务系统。为经济社会发展和公众生活提供功能齐全的基础设施和便捷服务，已经成为当今政府的重要职能。基础设施服务能力是指政府通过提供优质的公共服务设施，如公路、铁路、港口、机场、桥梁、通信、水利、城市排水、供电、污水处理等，满足公众基本生活设施需求，为经济社会发展提供基础性服务的能力。加强民族地区基层政府基础设施服务能力建设，推进生活条件的改善和生活品质的提升，有助于民族地区经济社会长期稳定与可持续发展。

（五）公共文体服务能力

公共文体服务是主要指以政府为主的公共部门以保障公民的基本文化体育生活权利为目的而向公民提供公共文化体育产品与服务的制度和系统的总称。公共文体服务主要包括公共文化体育服务设施、服务内容以及人才、资金、技术和政策方面的保障与支持机制。公共文体服务能力即以政府为主的公共部门，按照公益性、通达性和便利性的原则，加强公共文体软件、硬件设施建设，构建公共文体服务体系，为公民提供多元、便捷的公共文化体育服务的能力。加强民族地区基层政府公共文化体育服务能力建设，能够有效地维护民族地区人民群众的基本文体权益，有助于促进民族地区文化体育事业的繁荣发展。

第二节 民族地区基层政府公共服务能力评价——以吉林省Y市为例

一、公共服务能力评价指标体系的设计与建构

（一）评价维度

参照《“十三五”国家基本公共服务清单》中基本公共服务内容、目录及职能部门的职责权限规定，本研究从基础教育服务、社会保障服务、医疗卫生服务、公共基础设施服务和公共文体服务等维度来分析和评价民族地区基层政府的公共服务能力。

1.基础教育服务能力维度

基础教育服务水平关系到少数民族人口的综合素质，在一定程度上影响着少数民族经济生活发展水平。基础教育服务包括为公民提供普惠性的、均等性的受教育机会；幼儿教育、小学教育、普通中学教育的普及与完善；为基础教育提供财力、物力、人力供给与保障的相关举措等。因此，基础教育服务维度主要评价民族地区在基础教育方面的投入水平、普及程度、教育产出和质量水平。

2.社会保障服务能力维度

社会保障服务是公民生存和发展的根本保障。社会保障服务主要涉及基层群众的养老、生育、医疗、就业、救济等方面，社会保障服务能力与服务水平取决于社会保障的服务人数及国家、民族地区社会保障的制度环境。因此，民族地区基层政

府社会保障服务能力主要是通过社保基金的征缴情况，养老保险、医疗保险、失业保险在城市与农村的覆盖率，失业率控制水平和社会救助情况等得以反映。

3. 医疗卫生服务能力维度

民族地区基层政府医疗卫生服务的根本出发点是保障民族地区居民基本生命健康权，旨在实现人人享有基本医疗卫生服务的政策目标，推进健康中国建设。为了攻克民族地区医疗卫生服务方面的困难，在“病有所医”上取得新进展，必须持续增强民族地区基层政府医疗卫生服务能力。民族地区医疗卫生服务能力主要体现在医疗机构条件、医疗卫生服务水平、药品食品的卫生安全情况、健康教育与健康素养促进情况及药品食品的供应质量和保障水平等方面。

4. 基础设施服务能力维度

基础设施服务是民族地区发展的基础和必备物质条件。民族地区基层政府能否不断完善当地基础设施条件，如交通、通讯、绿化、水、电、燃气等保障公众生活便利的硬件设施，是评价基层政府基础设施服务能力的重要方面。因此，民族地区基层政府基础设施服务绩效情况主要取决于财政在基础设施上的投入、基础设施的覆盖程度及公众对基础设施与人居环境整治满意度等。

5. 公共文体服务能力维度

为了全面了解民族地区基层政府公共文化体育服务供给状况及其动态变化情况，从公共文体服务所涵盖的公共文化体育设施、产品或服务及制度体系等方面构建公共文体服务能力评价体系。民族地区基层政府公共文体服务能力评价，具体地从文化事业经费投入情况、文体服务设施规范化建设情况、多样化的公共文体产品或服务供给情况、群众参与公共文体活动情况及其对公共文体服务的满意度等，综合评估民族地区基层政府公共文体服务能力。

（二）评价指标体系

依据公共服务评价指标构建原则及明确、精准、易测、可量化的指标设计要求，在频度统计、实地调查以及和职能部门工作人员座谈的基础上，筛选了公共服务能力评估的一级指标和二级指标，编制了民族地区基层政府公共服务能力评价指标体系（见表7–1）。

表 7-1　民族地区基层政府公共服务能力评价指标体系

<table>
<tr><th>一级指标</th><th>二级指标</th><th>指标说明</th></tr>
<tr><td rowspan="8">基础教育服务</td><td>义务教育支出占财政支出的比例</td><td>政府对基础教育的投入情况，是衡量学校教育治理水平的重要标准</td></tr>
<tr><td>生均公用经费</td><td>教育活动的一项基本性支出，在校学生数越多，生均公用经费下拨越多，则用于提高教育教学质量的经费越有保障</td></tr>
<tr><td>生均图书量</td><td rowspan="3">开展教学、科研活动不可缺少的物质保障，指标的评价水平越高，则表明该学校的办学条件越好，越有利于提高教学质量</td></tr>
<tr><td>生均校舍面积</td></tr>
<tr><td>教育信息化水平</td></tr>
<tr><td>净入学率</td><td rowspan="2">反映义务教育普及状况，也体现了教育水平和教育质量</td></tr>
<tr><td>辍学率</td></tr>
<tr><td>师生比</td><td>每一名教师所配比的学生数，该指标能够清楚判断教师使用效率，过高或者过低的师生比不利于教师资源的有效使用</td></tr>
<tr><td rowspan="9">社会保障服务</td><td>社会保障支出占公共财政支出的比例</td><td>在现有社会保障制度条件下，地区居民享受社会保障的程度和水平及社会保障基金的使用规模指标，反映出政府财政支出力度是否适度</td></tr>
<tr><td>养老保险参保人数（城镇、农村）</td><td rowspan="4">医疗、养老、失业、低保是社会保障的核心内容</td></tr>
<tr><td>医疗保险参保人数（城镇、农村）</td></tr>
<tr><td>失业保险参保人数</td></tr>
<tr><td>最低生活保障人数（城镇、农村）</td></tr>
<tr><td>社保基金的征缴</td><td>反映社会保险基金使用的规模和效益</td></tr>
<tr><td>失业率</td><td>反映当地失业情况</td></tr>
<tr><td>社会保障服务的更新与完善</td><td>社会保障系统的服务水平</td></tr>
<tr><td>对受助群体的服务成效</td><td>反映留守群体的关爱、就业困难人员的就业援助等</td></tr>
</table>

续表

一级指标	二级指标	指标说明
医疗卫生服务	公共医疗卫生经费占财政支出的比例	政府对公共医疗卫生的投入情况
	每千人拥有的卫生技术人员数	反映地方专业性人力资源的情况及医疗卫生事业的发展程度
	医护比	
	是否设立民族医院	衡量民族地区医疗建设的特殊指标
	每千人拥有的卫生机构床位数	医疗机构床位数是指年底每千人固定实有床位，反映的是一个地区医疗卫生服务中硬件的投入水平
	就医及医保报销的便利性	群众对医疗设施、服务的可及性
	食品药品安全供应情况	考核食品药品的供应质量及监督保障情况
	卫生监督协管服务情况	
基础设施服务	基础设施支出占财政支出的比例	财政投入基础设施建设的情况
	自来水普及率	反映生活便利条件的指标
	燃气普及率	
	有线电视入户率	反映当地现代化发展程度、居民生活便利性的重要指标
	网络覆盖率	
	新增道路里程数	用于评价道路交通的发达程度
	每万人拥有公共交通车辆数	公交方式满足人们的出行所需，方便百姓生活，反映了地区城市化发展水平
	绿化覆盖率	反映居住环境和居住条件
	服务设施与人居环境满意度	
公共文化服务	文化事业支出占财政支出的比例	反映财政对文化、新闻出版、广电、体育领域的投入
	“三馆一站”覆盖率	各行政区划公共图书馆、文化馆、博物馆及综合文化站的覆盖情况
	乡镇综合文化站配备公益性服务岗位人员达标率	乡镇文化服务岗位配置情况

续表

一级指标	二级指标	指标说明
公共文化服务	公共文体机构服务情况	包括公共图书馆书刊文献外借册次；举办讲座次数；文化馆体育馆举办文体活动次数等
	文体演出场次达标率	全年为基层群众免费送文艺演出情况
	少数民族文化服务情况	民族语言广播电视节目、提供民族艺术作品、开展民族文体活动等
	居民对文体活动的满意程度	反映地方公共文体服务的成效

（三）指标权重和计算方式

1.指标权重

为了保证评价指标体系设计的科学性和便利性，本研究主要采用层次分析法和专家打分法来设计评价体系的指标权重。首先，把公共服务能力问题条理化、层次化，构建民族地区基层政府公共服务能力评价体系，明确系统评价的因素集合；其次，运用专家打分法，主要咨询了高校、科研院所、政府部门等相关领域的专家、学者，向其发放“公共服务评价指标重要度量表”和“公共服务评价指标权重量表”，分别获取初选指标的重要程度和指标权重。最后，汇总各位专家、学者的咨询情况，经过多轮的专家反馈，最终确定公共服务能力指标及指标权重，见表7-2。

表7-2　指标体系权重赋值表（权重值：表值/100）

维度层	维度层权重	具体指标层	指标层权重（W）
基础教育服务	21	义务教育支出占财政支出的比例	3
		生均公用经费	3
		生均图书量	2
		生均校舍面积	3
		教育信息化水平	3
		净入学率	2

续表

维度层	维度层权重	具体指标层	指标层权重（W）
基础教育服务	21	辍学率	2
		师生比	3
社会保障服务	23	社会保障支出占公共财政支出的比例	3
		养老保险参保人数（城镇、农村）	3
		医疗保险参保人数（城镇、农村）	3
		失业保险参保人数	2
		最低生活保障人数（城镇、农村）	2
		社保基金的征缴	3
		失业率	2
		社会保障服务的更新与完善	3
		对受助群体的服务成效	2
医疗卫生服务	22	公共医疗卫生经费占财政支出的比例	3
		每千人拥有的卫生技术人员数	3
		医护比	3
		是否设立民族医院	2
		每千人拥有的卫生机构床位数	3
		就医及医保报销的便利性	2
		食品药品安全供应情况	3
		卫生监督协管服务情况	3
基础设施服务	18	基础设施支出占财政支出的比例	2
		自来水普及率	2
		燃气普及率	2

续表

维度层	维度层权重	具体指标层	指标层权重（W）
基础设施服务	18	有线电视入户率	2
		网络覆盖率	2
		新增道路里程数	2
		每万人拥有公共交通车辆数	2
		绿化覆盖率	2
		服务设施与人居环境满意度	2
公共文化服务	16	文化事业支出占财政支出的比例	3
		“三馆一站”覆盖率	2
		乡镇综合文化站配备公益性服务岗位人员达标率	2
		公共文体机构服务情况	2
		文体演出场次达标率	2
		少数民族文化服务情况	2
		居民对文体活动的满意程度	3

2.计算方式

公共服务能力包括了基础教育、社会保障、医疗卫生、基础设施和公共文体五个服务能力维度，共有41个具体指标，包括了定量指标和定性指标。对于定性指标，根据指标特征分类处理，一般采取问卷测评的方法得出指标评价数值，具体操作方法是邀请直属领导（2人）、职能部门工作人员（10人）和群众（50人）分别就每项工作情况打分（0—100分），其中分管领导分值为K1，权重0.2，职能部门工作人员平均分为K2，权重0.3，群众平均分为K3，权重0.5。定量指标是根据获取的数据，按照价值比较原理，通过历史评分法、全省平均评分法、目标评分法等将指标实际业绩值D_i与对应的指标参照值Y_i进行比较，从而获得该指标的评价分值。

本章数据采用的主要是2016年Y市和吉林省的相关统计数据。历史评分法的计算公式：

$Pv=[K+(P_1-P_0)/P_0\times d]\times R$ ① （公式7-1）

其中，Pv：指标的评价分值；

R：指标权值；

K：中性值，通常为68%～78%；

P_0：上年业绩值；

P_1：本年业绩值，且$(P_1-P_0)/P_0<<5\%\sim8\%$；

D：振幅区间，通常限于±5%～±8%；

d：单位振幅系数，且$d=(1-K)/D$。

全省平均评分法的计算公式：

$Pv=[K+(P_1-P_0)/P_a\times d]\times R$ ② （公式7-2）

其中，Pv：指标的评价分值；

R：指标权值；

K：中性值，本节主要采用K=0.68；

P_0：全省平均水平的业绩值；

P_1：本年业绩值，且$(P_1-P_0)/P_0<<20\%$；

D：振幅区间，通常限于±5%～±8%；

d：单位振幅系数，且$d=(1-K)/D$。

目标评分法的计算公式：

$P_v=R\times[1-(P_1-P_0)/P_a]$ ③ （公式7-3）

其中，Pv：指标的评价分值，且Pv<<R；

R：指标权值；

① 马国贤等：《政府绩效管理与绩效指标研究——兼论政府绩效管理“德州模式”》，北京：经济科学出版社，2017年，第16页。

② 马国贤等：《政府绩效管理与绩效指标研究——兼论政府绩效管理“德州模式”》，北京：经济科学出版社，2017年，第16页。

③ 马国贤等：《政府绩效管理与绩效指标研究——兼论政府绩效管理“德州模式”》，北京：经济科学出版社，2017年，第16页。

P_0：绩效目标值；

P_1：实际业绩值%。

二、吉林省Y市公共服务能力评价

（一）吉林省Y市基本情况

Y市是一个典型的朝鲜族少数民族县，是吉林省东部延边自治州的一个县级市，是自治州的政治、经济、文化中心。Y市下辖10乡镇（街道），截至2019年末，Y市户籍人口55.64万人，其中，城镇人口47.97万人，乡村人口7.67万人，朝鲜族人口约30.96万人，占总人口的56.6%。

（二）吉林省Y市公共服务能力分析

1.基础教育服务能力分析

表7-3　吉林省Y市基础教育服务能力指标评价

维度层	维度层权重	具体指标层	指标层权重（W）	参照值Y_i	实际值D_i	评价分值
基础教育服务	21	义务教育支出占财政支出的比例（%）	3	Y_1	D_1	3
		生均公用经费（元）	3	Y_2	D_2	3
		生均图书量（册）	2	Y_3	D_3	1.38
		生均校舍面积（平方米）	3	Y_4	D_4	2.65
		教育信息化水平	3	Y_5	D_5	2.91
		净入学率（%）	2	Y_6	D_6	2
		辍学率（%）	2	Y_7	D_7	2
		师生比（比值）	3	Y_8	D_8	2.48
						19.42

D_1 为义务教育支出占财政支出的比例，评价政府投入基础教育经费的状况，是衡量教育治理的重要标准，参照值 Y_1 是2019 年吉林省义务教育支出占财政支出的比例。D_2、D_3、D_4 是评价教育活动得以正常运转的最基本条件，D_2 是生均公用经费，参照值 Y_2 是2019 年吉林省义务教育生均公用经费基准定额，D_3 是生均图书量，参照值 Y_3 是吉林省义务教育学校办学装备条件标准，D_4 是生均校舍面积，参照值 Y_4 是吉林省学校办学校园校舍标准。D_5 作为指标体系中的感知性指标，评价程度分为“很好”“好”“一般”“差”“很差”，通过问卷测评方法获得分值。D_6、D_7、D_8 反映义务教育普及状况，体现了当地的教育水平和教育质量。D_6 是净入学率，参照值 Y_6 是同年吉林省义务教育学生的净入学率，D_7 是辍学率，参照值 Y_7 是吉林省义务教育规定的标准，D_8 是师生比，参照值 Y_8 是2019 年吉林省义务教育师生比。

通过访谈和问卷调查获悉，Y 市2019 年义务教育财政支出是82006 万元，占财政总支出的14.53%，高于吉林省义务教育支出占财政支出比例12.73%。Y 市普通小学生生均公用经费是624.5 元，高于吉林省基准定额600 元，普通初中生生均公用经费是816.4 元，高于吉林省普通初中生生均公用经费基准定额800 元。Y 市小学生生均图书量是28.85 册，低于吉林省义务教育学校办学装备条件标准30 册，初中生生均图数量是42.66 册，高于吉林省义务教育学校办学装备条件标准40 册。据Y 市教育部门有关负责人反映，小学一般生均校舍建筑面积是5.85 平方米，初中一般生均校舍建筑面积是6.74 平方米，由于无法考量班级的规模，所以，根据参照值的标准分配，综合评估主体的评价分值，计算得到该指标的评价分值是2.65 分。Y 市2019 年义务教育学生的净入学率是99.46%，高于吉林省净入学率的99.28%，辍学率是0.82%，低于吉林省义务教育规定标准2%。Y 市义务教育阶段学生数为55760 人，教师数为4032 人，义务教育阶段师生比是1：13.83，低于同期吉林省义务教育师生比1：8.49，说明Y 市教师配备充裕度不高。通过访谈调查获知，Y 市重视多媒体在教学中的应用，比较重视学校信息化建设。

依据全省平均评分法、目标评分法和主观评分法完成基础教育服务能力指标的评价分值，Y 市基础教育服务能力二级指标评价分值如表7–3 所示，基础教育服务能力总评价分值是19.42。

2.社会保障服务能力分析

社会保障服务能力的评价指标体系体现在“投入 — 过程 — 产出”环节。D_9是社会保障支出占公共财政支出的比例，参照值Y_9是2019 年吉林省社会保障支出占公共财政支出的比例。D_{10}、D_{11}、D_{12}分别是养老保险、医疗保险和失业保险的参保人数，参照值Y_{10}、Y_{11}、Y_{12}是2018 年Y 市养老保险、医疗保险、失业保险和工伤保险的参保人数。D_{13}是城镇和农村最低生活保障人数，Y_{13}是2018 年Y 市城镇和农村最低生活保障人数。D_{14}是社保基金的征缴情况，参照值Y_{14}是完成征缴目标的百分比，采取倒扣的方式给出评价分值。D_{15}是失业率，主要评估当地城镇登记的失业率，参照值Y_{15}是全省平均值1.99%。D_{16}是社会保障服务的更新与完善，评估主体根据评估对象的社会保障相关政策宣传与贯彻实施、制度完善情况、信息化水平等给予综合性评价；D_{17}是对受助群体的服务成效，主要评价当地困难群体获得低保帮助的比例、接受帮扶情况及生活改善情况等。

表 7-4　吉林省 Y 市社会保障服务能力指标评价

维度层	维度层权重	具体指标层	指标层权重（W）	参照值 Y_i	实际值 D_i	评价分值
社会保障服务能力	23	社会保障支出占公共财政支出的比例（%）	3	Y_9	D_9	3
		养老保险参保人数（城镇、农村）（人）	3	Y_{10}	D_{10}	3
		医疗保险参保人数（城镇、农村）（人）	3	Y_{11}	D_{11}	3
		失业保险参保人数（人）	2	Y_{12}	D_{12}	1.87
		最低生活保障人数（城镇、农村）（人）	2	Y_{13}	D_{13}	2
		社保基金的征缴（%）	3	Y_{14}	D_{14}	3
		失业率（%）	2	Y_{15}	D_{15}	2
		社会保障服务的更新与完善	3	Y_{16}	D_{16}	2.96
		对受助群体的服务成效	2	Y_{17}	D_{17}	1.89
						22.72

根据社会保障服务能力指标体系的内容，从Y市政府办、民政局、人力资源与社会保障局等职能部门调查获知，2019年Y市社会保障支出是134950万元，占财政支出的23.9%，超过同年度吉林省的平均支出水平18.75%。如下图7-1所示，相对于养老保险和医疗保险的参保人数的递增，2019年Y市失业保险参保人数是7.5万人，比2018年下降了3.7%。2019年Y市最低生活保障人数是12764人，低于2018年的18356人，反映出Y市脱贫工作成果显著，困难人口在逐渐减少。Y市2019年城镇登记失业率控制在1.9%，低于吉林省城镇登记失业率3.11%；2019年Y市完成全年社保基金征缴任务的116.4%。另外，Y市主管部门利用门户网站及时更新社会保障方面的相关政策和制度，调查对象对“社会保障服务的更新与完善”给予的评价分值较高，但对“社会低保群体的服务成效”评价分值比较低。

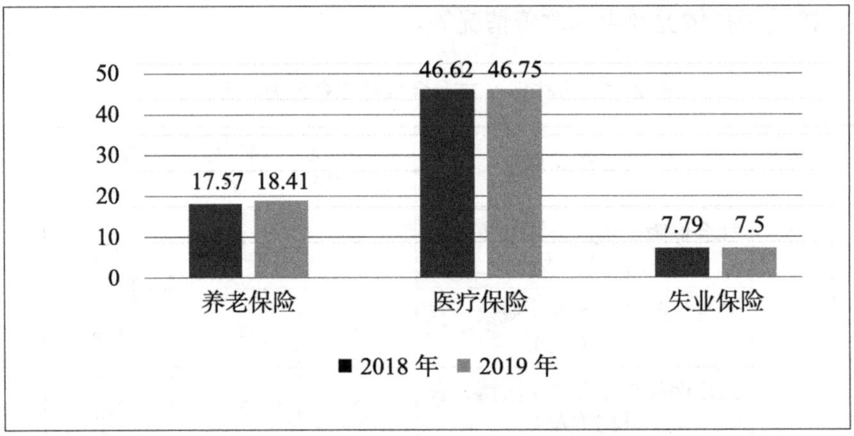

图7-1　2015～2016年Y市养老、医疗、失业保险参保人数（万人）

通过历史评分法、全省平均评分法和主观评分法完成社会保障服务能力指标的评价分值，Y市社会保障服务能力各二级指标评价分值如表7-4所示，社会保障服务能力综合评价得分是22.72。

3.医疗卫生服务能力分析

表 7-5　吉林省 Y 市医疗卫生服务能力指标评价

维度层	维度层权重	具体指标层	指标层权重（W）	参照值 Y_i	实际值 D_i	评价分值
医疗卫生服务	22	公共医疗卫生经费占财政支出的比例（%）	3	Y_{18}	D_{18}	3
		每千人拥有的职业助理医师数（人）	3	Y_{19}	D_{19}	3
		医护比（比值）	3	Y_{20}	D_{20}	2.78
		是否设立民族医院（Y/N）	2	Y_{21}	D_{21}	2
		每千人拥有的卫生机构床位数（张）	3	Y_{22}	D_{22}	3
		就医及医保报销的便利性	2	Y_{23}	D_{23}	1.94
		食品药品安全供应情况	3	Y_{24}	D_{24}	2.95
		卫生监督协管服务情况	3	Y_{25}	D_{25}	2.58
						21.25

医疗卫生服务能力指标所选取的绩效参照值主要是根据吉林省医疗卫生服务资源配置和《全国卫生服务体系规划纲要（2015—2020）》相关标准设定的。D_{18}是公共医疗卫生经费占财政支出的比例，参照值Y_{18}是2019年吉林省医疗卫生经费占财政支出的比例。D_{19}是每千人拥有的职业助理医师数，参照值Y_{19}是2020年每千人拥有的职业助理医师数目标。D_{20}医护比，参照值Y_{20}是2020年的医护比1∶1.25。D_{21}是否设立民族医院，Y_{21}直接做肯定与否定选项。D_{22}是每千人拥有的卫生机构床位数，参照值Y_{22}是2020年的目标值6张。D_{23}是就医及医保报销的便利性，调查对象根据公众就医和医保报销的便利程度等给出评价。D_{24}是食品药品安全供应情况，根据当地食品、药品供应效率、安全事故情况而给出综合评价分值。D_{25}是卫生监督协管服务情况，根据当地食品药品监督协管机制、手段等给出评价分值。

在Y市访谈调查中获悉，Y市2019年公共医疗卫生支出占财政支出的比例是7.79%，高于吉林省医疗卫生经费占财政支出的比例7.16%。Y市拥有各类医疗卫生机构615个，其中各类医院45个，1个少数民族医院，拥有执业医师2660人，注册护士2984人，卫生机构实有床位数4989张。所以，D_{19}Y市每千人口职业（助理）医师数是4.76人，高于2020年全国每千人拥有的职业助理医师数目标2.5人。D_{20}医护比是1∶1.2，小于2020年的标准1∶1.25。D_{21}有少数民族医院，D_{22}每千人拥有的卫生机构床位数是8.97张，超过2020年的目标值6张。不难发现，Y市医院类型较多，与其他县市医院信息化比较来看，该市医院信息化程度较高，不管是在就医还是医保报销流程都较为便利和高效，D_{23}的评价分值较高。调查对象认为当地食品、药品供应效率较高，当年未发生安全事故，D_{24}的评价情况较好，但评估者对卫生监督协管服务情况的评价一般。依据公式对医疗卫生服务能力完成指标D_{18}~D_{22}的评价分值，采用主观评分法完成指标D_{23}~D_{25}的评价分值，Y市医疗卫生服务能力指标评价分值如表7–5所示，医疗卫生服务能力总评价分值是21.25。

从医疗卫生服务评价指标的得分不难看出，Y市比较重视医疗卫生服务，对医疗卫生服务的投入逐年增加，医疗卫生服务领域的财力、物力等资源配置较为合理，有力地保障了Y市医疗卫生服务能力目标的实现。不足之处主要在于医护比较低，护士数相对偏少，Y市仍需加大力度培养和引进专业医护人才。

4.基础设施服务能力分析

如表7–6所示，D_{26}是基础设施支出占财政支出的比例，参照值Y_{26}是吉林省基础设施支出占财政支出比例的绩效值为25%。D_{27}是自来水普及率，参照值Y_{27}根据我国住房与城市建设部的供水规划，经济相对落后地区的供水普及率是85%。D_{28}是燃气普及率，参照值Y_{28}是根据我国住房与城市建设部的规划，要求燃气普及率达到90%。D_{29}是有线电视入户率，由有线电视总用户数 ÷ 行政户数 × 100%计算而来，参照值Y_{29}是吉林省有线电视入户率55%。D_{30}是网络覆盖率，参照值Y_{30}是根据IT行业发展报告，网络覆盖率是40%。D_{31}是新增道路里程数，参照值Y_{31}是吉林省2019年新增道路里程数。D_{32}是每万人拥有公共交通车辆数，参照值Y_{32}是2019年吉林省每万人拥有公共交通车辆数13辆。D_{33}是绿化覆盖率，参照值Y_{33}是2019年吉林省绿化覆盖率34.56%。D_{34}是服务设施与人居环境满意度，评价程度分为“很满意”“满意”“基本满意”“不满意”“很不满意”，通过问卷测评方法获得最终分值。

表7-6　吉林省Y市基础设施服务能力指标评价

维度层	维度层权重	具体指标层	指标层权重（W）	参照值Y_i	实际值D_i	评价分值
基础设施服务能力	18	基础设施支出占财政支出的比例	2	Y_{26}	D_{26}	1.43
		自来水普及率	2	Y_{27}	D_{27}	2
		燃气普及率	2	Y_{28}	D_{28}	2
		有线电视入户率	2	Y_{29}	D_{29}	2
		网络覆盖率	2	Y_{30}	D_{30}	2
		新增道路里程数	2	Y_{31}	D_{31}	2
		每万人拥有公共交通车辆数	2	Y_{32}	D_{32}	2
		绿化覆盖率	2	Y_{33}	D_{33}	1.38
		服务设施与人居环境满意度	2	Y_{34}	D_{34}	1.65
						16.46

通过走访Y市相关部门了解到，2019年Y市基础设施投入占财政支出比例是24.6%，低于吉林省的基础设施支出占财政支出的25%。Y市的供水和燃气普及率分别是99.3%和98.4%，有线电视入户率是76.5%，均超过同期吉林省标准。网络覆盖率是58.6%，高于绩效值40%。拥有的公交车量是497辆，出租车量是2686辆，每万人拥有的公交车量是18.68辆，高于吉林省每万人拥有公交车量13辆的标准。Y市现有城市公园5个，建成区绿化覆盖率为37.9%，低于吉林省绿化覆盖率39.2%。Y市街道较多，城市化程度较高，具有较为完备、便民的配套设施和社区服务体系，但小区绿化和环境卫生方面仍有待改进，Y市居民对服务设施与人居环境满意度一般。D_{31}新增道路9千米，高于2018年新增道路3千米，这说明Y市逐年加强道路设

施的建设工作。

依据历史评分法、全省平均评分法完成指标D_{26}~D_{33}的评价分值，采用主观评分法完成指标D_{34}的评价分值，Y市基础设施服务能力指标体系评价如表7–6所示，基础设施服务能力总评价分值是16.46。

5.公共文体服务能力分析

表7–7　吉林省吉延市公共文化服务能力指标评价

维度层	维度层权重	具体指标层	指标层权重（W）	参照值Y_i	实际值D_i	评价分值
公共文化服务	16	文化事业支出占财政支出的比例（%）	3	Y_{35}	D_{35}	3
		“三馆一站”覆盖率（%）	2	Y_{36}	D_{36}	2
		乡镇综合文化站配备公益性服务岗位人员达标率（%）	2	Y_{37}	D_{37}	1.34
		文体演出场次达标率（%）	2	Y_{38}	D_{38}	1.82
		公共文体机构服务情况	2	Y_{39}	D_{39}	2
		少数民族文化服务情况	2	Y_{40}	D_{40}	1.46
		居民对文体活动的满意程度	3	Y_{41}	D_{41}	2.86

D_{35}是文化体育事业支出占一般预算财政支出的比例，该指标用于评价政府投入文化体育事业的状况，参照值Y_{35}是2018年Y市文化体育事业支出占一般预算财政支出比例1.23%。D_{36}是“三馆一站”覆盖率，反映各行政区划公共图书馆、文化馆、博物馆及综合文化站的覆盖情况，参照值Y_{36}地市级覆盖率为1.28，县级覆盖率为1。D_{37}是乡镇综合文化站配备公益性服务岗位人员达标率，计算公式为：文化站机构数 ÷ 乡镇级区划数 × 100%，参照值Y_{37}是2。D_{38}是文体演出场次达标率，参照值Y_{38}是70%。D_{39}是公共文体机构服务情况，参照值Y_{39}包括公共图书馆书刊文献外借册次是2000册，举办讲座次数是6次，文化馆举办培训、展览、群文活动次数

是50次。D_{40}是评价少数民族文化服务情况，D_{41}是居民对文体活动的满意程度，评价程度分为“很满意”“满意”“基本满意”“不满意”“很不满意”，通过问卷测评方法获得分值。

在对Y市文化局调研过程中获知，Y市现有文化馆1个，文化站10个，公共图书馆两个，科技（博物）馆4个，电视节目4套。2019年，全年图书外借册数不到1000册，举办不同种类讲座12次，文化主题展览、培训、群文活动30多次，各类文体演出场次达163次，与Y_{38}比较，80%的调查对象对政府举办的各项文体活动很满意。2019年Y市文化事业支出占一般公共预算财政支出的比例是1.84%，比上年增长了0.61%，说明Y市重视文化文体服务的投入。Y市“三馆一站”覆盖率为2，满足县级“三馆一站”覆盖率大于1的标准，由于Y市4乡镇、6街道有10个文化站，综合文化站配备公益性服务岗位人员达标率是1，仍然低于目标值1.5。2019年Y市文体机构积极组织各项文体活动，演出场次达标率是80%，举办的各类讲座、展览、培训等文体活动，丰富了居民多样化的文体服务需求，也得到了群众的普遍认可。然而，Y市图书馆图书采购量相对不足，特别是书籍的更新慢，图书过于陈旧，难以满足群众的需求，基层群众借阅图书数量很少。

依据历史评分法、全省平均评分法、目标评价法完成公共文化服务能力指标D_{35}~D_{38}的评价分值，采用主观评分法完成指标D_{39}~D_{41}的评价分值，Y市公共文体服务能力指标体系评价分值如表7-7所示，公共文体服务能力评价总分是14.48。

（三）Y市公共服务能力总体评价

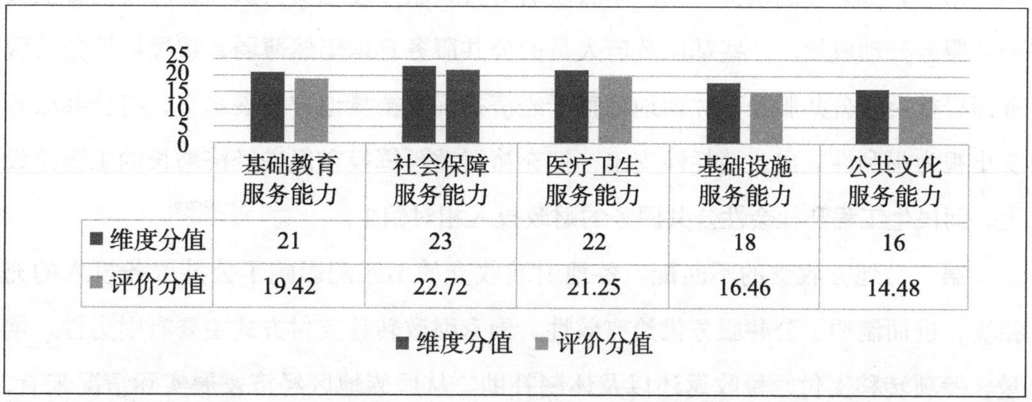

图7-2　Y市公共服务能力评价比较

Y 市公共服务能力的整体评价分值是94.33，基础教育服务能力、社会保障服务能力、医疗卫生服务能力、基层设施服务能力、公共文体服务能力最终的评价分值都略低于维度分值。与基础教育服务、公共文体服务能力和基础设施服务相比较来看，Y 市的社会保障服务和医疗卫生服务更胜一筹，服务成效更加明显。总之，Y 市公共服务能力还有提升空间。

第三节　民族地区基层政府公共服务能力困境

一、公共服务有效供给不充分

随着脱贫攻坚的全面胜利，民族地区经济水平提升显著，群众生活有了明显的改善，消费结构逐渐升级，对个性化、多样化、服务化的公共服务需求也愈发强烈。为做好脱贫攻坚与乡村振兴的有效衔接，中央持续加大对“三区”即革命老区、边疆地区、贫困山区的支持力度，推进民族地区乡村振兴和公共服务能力建设，以期为地方社会经济发展注入不竭动力。即便如此，现阶段民族地区新公共产品和公共服务的供给能力仍然跟不上，优质的、多样的服务需求仍得不到有效满足。原因主要有：

第一，服务理念缺少更新。基层政府对公共服务理念及其认知程度直接影响其公共服务行动成效。一些基层政府人员的公共服务意识仍然薄弱，重经济性公共服务而轻社会性公共服务，片面地依赖于经济指标来衡量地方发展水平，将公共服务支出视为福利性支出、消耗性支出，把充裕财政预算投在促进经济增长的工程建设上，而民生工程和社会性公共服务的财政投入相对偏少。

第二，地方收支的不匹配。各地财政收支的不匹配影响了公共服务投入的充裕度，进而制约了公共服务供给有效性。国家财政转移支付方式主要有财力性、增量、专项转移支付，税收返还以及体制补助。从民族地区经济发展实际情况来看，仍然有一些地方政府的创税能力相对薄弱，存在财政赤字现象，使得公共服务配套资金相对有限。加之基层政府承担的公共服务责任越来越重大，容易激化民族地区基层政府财政收入不充分与支出责任间的矛盾，阻碍了民族地区公共服务投入的稳定增长。

第三，公共服务供给主体较为单一。一直以来，民族地区基层政府的市场化、社会化意识相对不强，主要采取“自上而下”的公共服务决策模式，直接承担了公共服务的生产与供给职责。即使基层地方出于“减负”目的，想方设法吸纳不同的市场主体和社会主体参与其中，也因公共服务政策制定耗时长、执行效率低等问题，阻塞了市场和社会力量的广泛参与、积极投入的通畅渠道。

二、公共服务均衡配置不全面

在全面共建共享中增强公共服务能力，推进公共服务全面均衡发展，是全面建成小康社会的重要途径与标志。民族地区基层政府公共服务能力水平逐年提高，解决了民族地区“两不愁三保障”问题，民族地区公共服务得到了实实在在的保障。然而，民族地区公共服务配置的均衡程度不高，公共服务在区域之间、城乡之间仍然存在不均衡性，譬如，西部地区公共服务的供给总量、供给效率和供给质量依然存在明显的差距；群众对于优质和高水平的教育、医疗、养老等公共服务的享有相对缺乏。近年来，中央政府加大对民族地区脱贫攻坚的支持力度，中央财政资金向西部倾斜，但囿于国家财政支持侧重于经济性、基础性服务，民族地区公共服务只是停留在“托底式”、普惠性供给。此外，公共服务均衡配置不全面还反映在公共服务覆盖的有效性，某些基层政府忽视因地制宜要求，盲目地推进公共服务的发展，导致地方公共服务供需不对接，供给内容简单，供给方式模式化且缺乏灵活性，难以实现公共服务的有效覆盖。例如，优质教育资源在农村地区的相对匮乏，农村“三留守”服务、居家养老服务等相对滞后，城市优质公共服务资源向农村延伸动力不足等，皆降低了公共服务的辐射效果。

在调查中发现，民族地区的自然条件是公共服务发展的制约因素。一些民族地区的偏远乡村，地广人稀、交通受限，使得公共服务投入大、成本高、共享程度低，必然会影响到民族地区公共服务设施和公共服务项目的普及和覆盖成效。此外，基层政府的协调潜能激发不充分。部分基层政府的公职人员合作意识、奉献意识不足，尚不能主动发挥协调和主体价值平衡功效，未能实施有效可行的引导、激励与约束机制激发合作，从而影响了民族地区公共服务全面均衡配置。

三、公共服务多元供给创新不充足

囿于公民参与意识不强、农村自组织发育不成熟和社会力量参与渠道不畅，民族地区社会参与乏力，公共服务内生性源泉和外生性资源难以形成供给合力，一定程度上阻碍了公共服务供给创新驱动增长格局的形成。第一，忽视了民族地区基层群众公共理性的培育和发展，尚未发挥其在补齐公共服务短板中的作用。在政府主导型公共服务供给制度安排情况下，社会个体参与公共服务的意识不强，普遍缺少参与社会公共事务的热情，缺乏对公共服务的思考、表达和议事能力，逐渐成为公共服务生产与供给的“局外人”。第二，基层社会组织的“空壳化”。基层社会组织本应成为公共服务供给的补充力量，却面临“空壳化”发展境遇。比如，一些社会组织无实质性服务行动，抑或一些跟风成立的社会组织的功能边界模糊，不能正常运转，主体性功能发挥不强，参与公共服务的能力极其有限。第三，多元主体供给渠道不畅。由于民族地区基层政府疏于为多元主体的参与供给提供充裕的政策、制度便利，支持力度较弱，导致多元主体参与公共服务供给的渠道较窄、制度性限制较多，难以充分发挥多元主体在参与公共服务供给中的比较优势与作用。譬如，多元主体在很多公共服务领域的准入门槛较高，承接政府购买服务的条件限制较多等，面临“卷帘门”“玻璃门”等隐性障碍。

四、公共服务回应不到位

有效识别群众需求，积极回应群众诉求，是民族地区基层政府公共服务能力建设的必不可少的内容。美国公共管理学者格罗弗·斯塔林认为，回应意味着政府及时了解民众对于政策变革的接纳情况、对民众要求做出反应并采取积极措施加以解决。[①]公众通过网络、电话、社交平台发出公共服务期许的声音，基层政府要敏锐感知信息，主动回应群众关切，快速、正确地判断服务诉求，着力解决好群众反映强烈的突出问题，不辜负群众的期盼和信任。然而，在民族地区公共服务供给过程中，一些基层政府倾力于"输血式"供给公共服务，回应群众的公共服务诉求却相对被动，尤其对教育、医疗等公共服务领域的高、尖、专人才需求的回应不足，在一定程度上致使人才缺失成为公共服务能力提升的"瓶颈"。

近年来，民族地区基层群众对公共服务的期许发生了变化，诉求意识和需求表达意识也日渐增强。然而，很多时候基层政府营造协商氛围的动力不足，科学有序回应公众需求的常态化方式和渠道较为单一。与之相应的是，部分基层群众忽视自身的知情权和表达权，也不擅长于通过有效的途径和手段表达自己的想法和需求，同样也影响了基层政府及时、快速地捕捉公共服务需求信息，不能真正摸准群众需要并给予回应。

五、公共服务评估体系欠完善

公共服务能力评估是增强基层政府主体保障效力的重要抓手。基层政府在公共服务供给中不仅是市场交易者，还有一个重要角色是行政监管者，只有充分把握好两大角色，才能更好地激发主体保障功能。尤其在公共服务绩效评估过程中，行政监管者应明确行为取向与职责定位，对公共服务供给流程实施有效监管，确保公共服务给安全。2018年中共中央办公厅、国务院办公厅印发了《关于建立健全基本公共服务标准体系的指导意见》，2021年，国家发展改革委联合20个部门印发了《国家基本公共服务标准（2021年版）》，为公共服务评估工作提供了顶层制度设计和宏观指导框架。然而，中国幅员辽阔，各地经济社会发展存在差异，公共服务发展水平呈现差异性，决定了标准水平的动态有序调整程度不一，标准信息公开共享的

① ［美］格罗弗·斯塔林：《公共部门管理》，北京：中国人民大学出版社，2012年，第115-125页。

程度不同等等。倘若采用统一的标准体系开展公共服务评估，则不利于客观、准确地衡量民族地区公共服务的发展情况。

所以，民族地区基层政府在国家标准体系的指导下因地制宜地设计区域范围内的评价指标体系。但是，有些地方的公共服务评价指标体系存在不合理之处：有些指标体系缺少对服务需求与满意度评估，未把用户体验及其满意度列为绩效考核标准，容易造成供给效率不达标；也有些缺少对公共服务项目承诺的可行性和可信度评估等，容易带来政府失信风险。而且，一些基层政府不善于根据地方具体情况设置补充性、动态性评估指标，自然会影响评估的实效性。在评估方法上，公共服务能力评估仍然以政府内部评估为主，较少借助社会力量参与其中的第三方评估，侧重于使用定性方法，较少采用定量评估方法，都导致评估结果受主观因素影响大，影响了评估监管的客观性。

第四节　民族地区基层政府公共服务能力提升的路径选择

一、加快基层政府公共服务职能转变

（一）明晰基层政府公共服务职能范围

根据公共服务的内容和目录，民族地区基层政府明确自身职能范围，并依据职能要求开展公共服务工作。基层政府基本职责范围包括：在基础教育服务方面，巩固和提高义务教育质量和水平，持续改善乡村教学环境，深入开展好困难学生的帮扶、教育工作，维护校园良好秩序及保障师生安全等；在基础设施服务方面：提供更加充分、通达的交通、通讯、绿化、水、电、燃气等保障群众生产生活的硬件设施建设，推进民族地区农业基础设施现代化迈上新台阶，农村生活设施更加便利化；在社会保障服务方面：结合民族地区的实际情况，不断落实就业、社会保险、

社会福利及社会救助政策，做好养老、医疗、工伤、失业和生育保险，推动专业领域实用人才队伍建设，使民族地区社会保障更加有力；在医疗卫生服务方面，继续推进民族地区医疗、卫生条件高质量提升，提高医疗设施的使用率，加大基本医疗、公共卫生专科人才的培养力度；在公共文化体育服务方面，增加文体事业支出，不断扩大公共文体设施覆盖面，全面推动文化体育资源共建共享，深入开展群众文体活动，继承和发展民族区域特色文体服务等。明确的职能范围和角色定位，有助于基层政府公共服务职能的履行和作用发挥。

（二）完善基层政府公共服务事项目录清单

全面推行和实施基层政府公共服务事项目录清单制度，是提高基层政府公共服务能力的有效途径之一。以国家《“十三五”推进基本公共服务均等化规划》《国家基本公共服务标准（2021年版）》为蓝本，以法律法规、服务属性为设定前提，根据各地基础教育服务、社会保障服务、医疗卫生服务、基础设施服务、公共文体服务等具体内容和实际情况，不断优化公共服务事项类别，并相应地明确各类公共服务事项的设定条件、服务对象、承办机构、职责部门、收费标准等信息。同时，遵循合理合法、科学规范、便民高效以及“谁设定、谁规范”的原则，对公共服务事项目录清单建立动态调整机制。在基层政府部门职责和内设机构调整时，及时调整或取消下放事项涉及部门权力事项，并向社会公开，接受社会监督，从而保证公共服务水平和群众满意度，切实为群众提供优质、高效、便捷的公共服务。加强公共服务事项目录清单的制度化管理，不仅能够避免公共服务的摩擦和纠纷发生，而且有利于降低公共服务成本，提高基层政府公共服务的能力和效率。

（三）扩大乡镇政府公共服务管理权限

将公共服务管理权力向乡镇下放，扭转“有限政府”方向，改变乡镇政府忙于应付任务的工作状态，纠正其职责错位与权责脱节，确保“权责对等型政府”持续“在线”。遵循便利和高效原则，将直接面向群众、涉及面广、数量庞杂的公共服务事项权力下放给乡镇政府，以便于乡镇政府的直接管理，从而减少事项递送的中间环节和具体层次，推进脱贫攻坚与乡村振兴的有效链接。另外，保障乡镇政府在公共服务重大决策与项目的参与权，明确乡镇政府在决策中的地位，积极采纳乡镇政府的有效建议，积极落实属地管理的原则，才能有效地避免决策不在乡镇而后果和责任需要乡镇兜底的现象。当然，针对如何扩权、扩权程度和扩权办法，需要省、市、县各级政府在制定相关的扩权政策中予以支持和肯定。确保下放的权力能够被乡镇政府接得住、用得好，将权力用于推动民族地区公共服务发展，不仅须遵循权责对等、透明运行、全程监管等要求，也离不开有效限制和权力约束手段，防止乡镇政府的滥权和越位。

二、优化公共服务资源配置

（一）加强基本公共服务规划引领功能

按照制度统筹、全面覆盖、服务规范的要求，坚持农业现代化与农村现代化一体设计、一并推进，[①]瞄准、补齐公共服务发展短板，打破公共服务的城乡界限与差距，加快民族地区城乡公共服务的融合与一体化发展进程，是提高民族地区公共服务均等化水平的重要内容。以民族地区社会经济发展趋势为前提，以资源承载、人口数量、服务半径为依据，进一步科学统筹和规划民族地区“生产空间集约高效、生活空间宜居适度”的公共服务空间布局和实施计划。一方面，以民族地区中心镇、人口密集镇及大中型集中安置区为重点，继续完善配套基础设施、公共服务设施建设，增扩民族地区公共服务的覆盖面；另一方面，合理保留和科学完善偏远、人口减载少数民族的“托底”服务设施，推动民族地区人居环境整治提升。为了克服民族地区公共服务的不充分发展困境，多举措、多路径推动城市公共服务优质资源延伸到农村地区，使公共服务的红利惠及农村。例如，可以通过降低社会资本准入公共服务门槛，引入专业技术人才和先进的硬件设施投向民族地区，参与当地公共服务建设。同时，不断完善流动人口和迁移人口公共服务管理制度。正视少数民族人口迁移与人口流动问题，推动基本公共服务由户籍人口惠及常住人口，保障少数民族流动人口和迁移人口享有均等公共服务的权利。

① 中共中央国务院《关于全面推进乡村振兴加快农业农村现代化的意见》，2021年1月。

（二）保障公共服务财政投入的持续性

制定科学、系统的财政制度，优化与完善各项财政支出的结构性比例，稳步提高中央对民族地区公共服务的财政投入比例，确保中央和民族地区基层政府财权和事权的统一，才能巩固拓展脱贫攻坚成果。继续健全财力与事权相匹配的财政投入机制，保障民族地区公共服务财政投入充裕，以便更好地统筹民族地区范围内的公共服务的生产与供给，推进公共服务供给结构和供给质量的优化及公共服务在城乡之间、区域之间的均等化发展。公共服务是保障民族地区公民普惠型、民生化工程的重要举措，具有较强的正外部效应性。通过调整各项公共服务支出方式，优化财力性转移支付、增量转移支付、专项转移支付等各项转移支付结构，因地制宜、因时制宜地完善基础教育服务、社会保障服务、医疗卫生服务、基础设施服务和公共文体服务等的财政支出结构，借助财政力量优化公共服务供给结构，优化不同区域公共服务的财力分配，增强公共财政在民族地区公共服务领域的投入效率，充分激发民族地区发展活力，畅通城乡经济循环。

（三）提高经费使用效率

民族地区公共服务的发展，不仅要扩大资金来源保障公共服务的供给总量，还要不断提高服务项目的资金使用效率，需要进一步规范项目资金使用管理办法，提高项目经费使用效率。一方面，严格规范经费使用。基层政府及相关部门要严格遵守国家相关政策和制度，包括《中央补助地方公共文化服务体系建设专项资金管理暂行办法》《城乡义务教育补助经费管理办法》《社会保障基金财政专户管理暂行办法》《公共基础设施建设专项资金管理办法》。杜绝以任何形式挪用、挤占、截留甚至骗取资金的违法行为，加大对经费违规使用的惩罚力度并依法追究相关单位和人员责任，严格规范公共服务资金的使用；另一方面，强化资金监管。加强资金使用的绩效监管，增强经费使用的透明度，确保资金使用的效率。在大数据下，相关责任部门可通过网络、报纸、电视等多种渠道及时公布民族地区公共服务各项资金的预算和决算情况，使社会能够及时、清楚地了解到资金的使用情况，对资金使用进行有效监督，以防止公共服务专项资金被滥用。

三、完善公共服务标准与能力评价

（一）落实动态有序的公共服务标准

公共服务供给标准化对确保公共服务质量和提升公共服务效率至关重要。公共服务供给标准不仅是各类服务主体、服务机构向公众提供公共服务的参照标准，也是基层政府开展公共服务绩效考核的主要依据。借助公共服务供给标准，规范公共服务供给过程中的权责关系、服务程序与服务要求，在保持现有主要帮扶政策总体稳定的基础上，逐项分类优化调整，合理把握节奏、力度和时限，推进公共服务相关制度并轨。建立公共服务供给标准的基本要求与途径为：一是坚持以民生保障为导向、公众参与制定标准为原则。保障民生与公众参与是民族地区公共服务标准化制定的前提，在确保国家基本公共服务兜底标准的基础上，因地制宜地提升基层公共服务供给标准。二是保障服务方式和服务内容的有序性。为了避免民族地区基层政府“选择性服务”带来相互推诿、合法性“打架”问题，上级主管部门应依据不同的服务类型，通过法律和制度固化服务流程、内容、方式等，为民族地区公共服务的模式效应奠定基础；三是增强公共服务标准体系的动态性。民族地区公共服务标准体系是国家公共服务体系的补充部分，也是民族地区基层政府职能体系的反映内容。服务标准有序化是前提，但根据地方实际水平动态有序地制定和调整公共服务标准体系则是公共服务标准化落地生根的重要保障，借此更好地为民族地区公共服务的供给数量和质量提供参照。

（二）改进公共服务能力评价及其运用

绩效评价是提高民族地区公共服务均等化水平的一项监督举措。通过公共服务的绩效考核，不仅能够及时发现问题、总结经验，而且能够在政府职能部门或服务系统内建立一种权责清晰、服务供给和公众需求之间相互联系的制约机制，协同提高服务效率和服务质量，促进民族地区公共服务健康发展。第一，建立科学的和可操作的公共服务评价机制。根据公共服务的类型与内容，制定相应公共服务岗位要求，明确考核主体、考核内容、考核标准和结果运用方案，制定规范的考核程序和实施细则，以此构建绩效考核指标体系。第二，落实公共服务的考核工作。严格强化考核的规范性，包括考核人员的安排、考核周期、考核经费安排都要有严格规定，切实通过管理和监督机制，保障公共服务绩效评价落到实处。第三，保证考核结果的应用。切忌公共服务绩效评价形式化、走过场，加大公共服务评价在政府业绩考核中的权重，考核结果应该与责任单位及责任人绩效挂钩，这样才能实施好公共服务绩效评价制度，对民族地区基层政府公共服务职能的监督真正落实到位。

四、推进公共服务供给方式创新

（一）构建公共服务多元参与格局

打破传统意义上政府在公共服务中决策者、生产者、供应者三位一体的核心地位，引入市场竞争与激励机制，构建以政府为主体，市场与社会资本积极参与的多元合作供给格局，是当前深化民族地区公共服务供给改革创新的重要举措。建立公共服务供给的合作伙伴关系，通过政府购买服务、政府与社会资本合作、发展志愿与慈善服务、“互联网+”益民服务①等鼓励地方政府部门、企业、社会团体及社会组织联合投入资源，各司其职，协同行动，以此促成和巩固公共服务供给的制度性安排。加快转变民族地区基层政府公共服务职能，积极发挥市场机制和增权赋能作用，支持和动员各类市场和社会主体平等地参与公共服务的供给与生产，推动单一主体的自主供给向多元主体的合作供给转变，形成、扩大公共服务供给合力。人人参与、人人尽力才能更好地推进公共服务的科学布局、均衡配置和优化整合，最大限度地满足民族地区群众个性化、多样化的公共服务需求。

（二）拓展政府购买服务空间

政府购买服务有助于降低行政成本，已成为提高公共服务的质量和效率的重要手段。进一步加大政府购买公共服务的力度，拓展政府购买公共服务空间，可从以下几个方面加以规范和保障：一是依据民众的服务诉求，科学合理地制定政府购买公共服务的规划，明确购买公共服务的种类、方式，选择公共服务的购买主体和

① 《“十三五”推进基本公共服务均等化规划》http://www.gov.cn/zhengce/content/2017-03/01/content_5172013.htm?gs_ws=tsina_636240684056846838

承接主体，实施规范化的政府购买服务行为；二是建立有效的公共服务需求表达和筛选机制，适时、动态地调整购买服务明细目录，保证政府购买服务的针对性和匹配性；三是在培育购买主体和服务承接方面，推动基层社会组织健康发展，完善和规范社会组织管理制度，降低社会组织介入政府购买的准入门槛，扩大社会组织承接政府购买的覆盖范围，以保证社会组织的承接能力和参与积极性；四是在政府购买服务流程和资金保障方面，不断规范、更新和优化政府购买流程，充分考虑财政资金的机会成本，对政府购买服务要科学化预算，明确购买服务定价模式，实施多样的政府采购方式，并且加强对政府购买服务的监管，保障政府购买服务的有效实施。

（三）深化公共服务协作联动

民族地区公共服务的改革与发展是一项重大而又艰巨的民生系统工程，涉及不同层级、不同区域和不同部门，需要各个层级、区域、部门及不同人员之间的通力合作与配合。建立由中央和民族地区各级政府共同负担与合理分配的公共服务体制机制，推动公共服务跨区域、跨部门合作，对健全民族地区公共服务管理体制和促进民族地区公共服务全面发展具有重大而深远的意义。坚持公平、公正与合法性原则，科学统筹，推进公共服务的互信与合作向更高层次、更宽领域拓展。一方面，围绕巩固、拓展和衔接这条主线，聚焦于民族地区可持续发展动力，调整东西部结对协作关系，健全对口支援模式，扎实做好公共服务帮扶和人才智力支援，增强民族地区群众的感受度和获得感。另一方面，积极探索和优化区域性公共服务协作联动机制。明确民族地区内层级与部门的权力配置和责任归属，鼓励有条件的地方政府和相关职能部门达成跨层级、跨区域、跨部门的合作议程和事项，推动资本、人才、信息要素在层级、地域和部门之间多向流动，促进公共服务设施配置、人员配备以及服务质量有效衔接。当然，公共服务协作联动离不开“互联网+”公共服务能力。不断深入挖掘公共服务数字化信息，加快民族地区公共服务信息化建设和科技社会化服务体系建设，发挥公共服务大数据平台优势，积极打造“智慧公共服务体系”，提高基层政府信息共享能力和更新能力，使公共服务协作联动更有实效性。

第八章　民族地区基层政府风险防治能力分析

第一节　民族地区基层政府风险防治能力及其构成

一、民族地区基层政府风险防治能力的内涵

“风险”一词有多种解释，主流观点有两种，一种观点认为，古代渔民下海捕鱼，遇见风浪，能感知危险，有“风”就有“险”。另一种观点认为，“风险”一词是舶来品，源于意大利的航海术语“RISQUE”。

关于风险的含义，德国著名社会学家乌尔里希·贝克（Ulrich Beck）将其定义为：风险是解决因人类社会的现代化进程本身所引起的各类潜在的危机和不安全问题的一整套系统与方式①。本课题认为，风险是指严重威胁人民群众生命、财产安全或者严重影响社会稳定并且超出政府常态管理的紧急事件。风险的发生会导致损失，损失的大小取决于风险的大小。风险客观存在，风险可被感知、识别甚至规避，降低风险能减少损失。

风险防治，即风险的预防和治理。风险预防，旨在通过对风险的识别、判断和预测，尽可能回避、降低和化解风险，推动事态朝向符合社会主流价值的方向发展，趋利避害，化险为夷。如果风险预防失败导致风险发生，对社会造成了危害和

① 乌尔里希·贝克：《风险社会》，南京：译林出版社，2003年。

损失，则需要风险治理，以消除风险发生所带来的不良后果，使受灾群众能够得到救济，社会秩序恢复常态。研究和实施风险防治的目的在于通过社会风险的预防，尽量回避、消弭和化解风险，使事态发展得以矫正，从而实现对风险源头的治理。风险防治本质上是政府应用风险管理的方式方法降低社会风险事故发生的概率，减少群众死伤和社会财富损失，提升公众满意度，确保基层政权的稳定运行和公共服务的有效供给。风险防治的主体是政府，防治的对象包括自然灾害、事故灾害、公共卫生事件和社会安全事件。

结合学者们的观点，所谓基层政府风险防治能力，即在基层行政领导者的直接参与和指导下，通过制度、法律、政策的运用，在各种资源的支持下，通过全程风险管理，提升政府风险防治能力，以有效地预防、化解、回避和消除各种风险，从而有效地保障人民群众的生命、财产安全以及公共利益不受侵害，实现社会的可持续发展①。

二、民族地区基层政府风险防治能力的构成要素

（一）预防与准备能力

防治风险以“防”为本，对潜在的风险进行预判并进行充分准备是风险防治的重要途径。风险预判包括有效地收集检测风险信息、感知社会潜伏的各种风险、确认风险源等；风险准备包括事先制定应急预案、协调和准备应急物资和人力等。

本课题的风险预防与准备能力主要是指民族地区县级行政机关对包括自然灾害、事故灾害、公共卫生和社会安全事件在内的风险事件的预判和准备能力。基层政府要培养敏锐的风险意识，及时发现社会潜在矛盾和问题，及时有效回应社会民众的诉求，提升基层政府风险预防能力。

（二）应对与救援能力

当风险已无法避免时，需要正面应对并且实施救援，以最大限度地减少人民群

① 张成福：《公共危机管理：全面整合的模式与中国的战略选择》，《中国行政管理》，2003年第8期，第9页。

众生命财产和公共利益的损失。风险的应对与救援主要指灾难来临时，政府通过政治动员、资源整合和资源配置以最大限度地减少人民群众生命财产和公共利益的损失的整个过程。政治动员、资源整合和资源配置的主要对象包括财力、人力、物资和信息等。

本研究的风险应对与救援能力是指在风险事件已然发生的情况下，民族地区县级行政机关通过对现有的财力、人力、物资和信息的动员、整合和配置，最大限度地减少人民群众生命财产和公共利益损失的能力。风险应对与救援能力是风险治理的核心能力，是风险防治能力的重要体现。

（三）恢复与重建能力

风险防治以“治”为契机，基层政府的风险防治除了风险的预防与应对，还包括对灾难造成破坏恶果的恢复与重建。风险发生之后必然会破坏正常的社会政治经济秩序，如何恢复生产、保障民众的基本生活和生存条件？如何减少灾难的损失、尽可能挽回部分人财物的损失？如何抚慰灾民受伤的心灵、帮助他们重新树立生活的希望？如何进行灾后的评估、建设与治理，以保证灾后的社会经济发展水平能够更进一步？这些都是对基层政府风险治理能力的考验。

本课题认为风险防治中的恢复与重建能力是指当危机局势得以控制，不会再对生命和财产造成大的伤害时，民族地区县级行政机关通过评估损失，整合资源，改善脆弱性，实现物质恢复、经济恢复、心理恢复和业务恢复的能力。一般而言，在风险发生之后，个人、组织甚至是社会都会受到一定的冲击和影响，但这也为危机后的重建提供了机会，基层政府如果能够恰当地利用这些机会，恢复的过程也会成为治理改善的过程。从大规模的危机中恢复需要大量的人力物力财力，以及良好的组织运作管理能力，有效的恢复与重建依赖于政府的精准施策和对参与其中的各个群体加以协调，争取资金，分配资源、组织管理、重建构想等，都需要政府提供坚强的政治支持和保证，因此，恢复与重建的速度和效果既是一个资源问题，也是一个政治问题，考验着基层政府的综合治理能力。

三、民族地区基层政府风险防治的基本特征

我国民族地区地理气候环境独特，经济发展相对滞后，社会生态环境脆弱，加上多样化的民族宗教文化关系交互影响，使得民族地区基层政府风险防治更具特性。

（一）风险形态的复杂性

地震、水灾、泥石流、雪灾、旱灾等自然灾害是社会风险的形态，因宗教信仰不同、民族文化各异以及心理结构失衡等因素引发的暴力恐怖事件和矛盾冲突，也是民族地区社会风险的重要表现形式。

（二）风险来源的民族性

因历史原因，民族地区形成各自的生活习惯、风俗习惯、宗教信仰和语言文化。民族差异性的存在导致不同民族民众对同一事物的理解和看法存在差异。相对落后的文化教育水平和相对封闭的思想观念则加剧了这种差异，有可能引发社会矛盾。

（三）风险产生的隐蔽性

民族地区存在民族文化差异和地区发展差异。部分基层政府公务人员由于对民族政策不熟悉、民族感情淡薄、民族语言不通和不了解民族文化，感知、识别潜在社会风险的能力较弱。特别是在部分地区，民族分裂分子断章取义，曲解宗教戒律和教义，进行民族分裂活动，不易被事先察觉。

（四）风险的跨地区性

因为历史原因和自然原因，我国少数民族群众大多聚居在边疆地区，与众多国家接壤。国界区分了国家，但不一定能区分民族，我国边疆地区的部分少数民族与邻国部分民族有着千丝万缕的联系，特别是同源民族的民族情感和民族意识的存在，不会因为国界而影响其相互交往，如果境外分裂分子趁机而入，可能导致民族地区社会风险呈现跨地区性。

第二节　民族地区基层政府风险防治能力评价——以广西L县为例

一、风险防治能力评价指标体系的设计与建构

（一）评价维度

根据民族地区基层政府风险防治能力的定义，可以将政府风险防治能力解构为预防与准备能力、应对与救援能力和恢复与重建能力等三个部分。因此在评价民族地区基层政府风险防治能力时可以分别从对风险灾害的预防与准备、应对与救援、恢复与重建三个维度进行评价。

1.预防与准备维度

民族地区基层政府风险预防和准备能力可以从预防准备的维度进行评价。根据风险预防和准备的内涵，将风险预防和准备能力解构成为风险识别能力和应急预案制定能力。风险识别能力和应急预案制定能力的强弱决定着风险预防和准备能力的强弱。

具体来讲，在应急预案制定能力强弱相当的情况下，风险识别能力越强，则风险预防和准备能力越强，反之则越弱；在风险识别能力强弱相当的情况下，应急预案制定能力越强，则风险预防和准备能力越强，反之则越弱。

应急预案制定能力通过统计和分析该县政府应急预案的种类、数量和质量来评价，包括自然灾害、事故灾难、公共卫生和社会危机，风险识别能力可以通过考察该县的风险预防理念、风险识别意识和风险预警机制来评价。

2.应对与救援维度

民族地区基层政府风险应对与救援能力可以从应对与救援的维度进行评价。根据政府风险应对与救援能力的定义，将该能力解构为政治动员能力、资源整合能力

和资源配置能力，其能力的强弱决定着风险应对与救援能力的强弱。

具体来讲，在资源整合能力和资源配置能力强弱相当的情况下，政治动员能力越强，则风险应对与救援能力越强，反之则越弱；在政治动员能力和资源整合能力强弱相当的情况下，资源配置能力越强，则风险应对与救援能力越强，反之则越弱；在政治动员能力和资源配置能力强弱相当的情况下，资源整合能力越强，则风险应对与救援能力越强，反之则越弱。

3.恢复与重建维度

民族地区基层政府风险恢复与重建能力可以从恢复与重建的维度进行评价。根据政府风险恢复与重建能力的定义，我们同样可以将该能力进一步解构为灾后评估能力、资源保障能力和灾后学习能力。灾后评价能力、资源保障能力和灾后学习能力的强弱决定着风险应对与救援能力的强弱，进而在一定程度上影响了民族地区基层政府风险恢复与重建能力的强弱。

具体来讲，在资源保障能力和灾后学习能力强弱相当的情况下，灾后评估能力越强，则风险恢复与重建能力越强，反之则越弱；在灾后评估能力和资源保障能力大小相当的情况下，灾后学习能力越强，则风险恢复与重建能力越强，反之则越弱；在灾后评估能力和灾后学习能力强弱相当的情况下，资源保障能力越强，则风险恢复与重建能力越强，反之则越弱。

（二）评价指标与权重

1.风险预防与准备能力评价指标及权重

评价风险预防与准备能力可以通过评价风险识别能力和应急预案制定能力来实现。应急预案制定能力通过统计和分析该县政府自然灾害应急预案、事故灾难应急预案、公共卫生应急预案、社会危机应急预案的种类、数量和质量来评价；风险识别能力可以通过考察该县的风险预防理念、风险识别意识和风险预警机制来评价。

风险预防与准备能力总权重为35分，其中风险识别能力权重为15分，应急预案制定能力权重为20分。风险预防理念越先进、风险识别意识越强、风险预警机制越完备，则风险识别能力得分越高；应急预案覆盖面越广、指导意义越强，则应急预案制定能力得分越高。

2.风险应对与救援能力评价指标及权重

评价风险应对与救援能力可以通过评价政治动员能力、资源整合能力和资源配置能力来实现。政治动员能力可以通过分析测量该县政府人力、财力、信息和物力资源来评价；资源整合能力可以通过考察该县政府的社会、民众、市场、媒体等资源整合能力来评价；资源配置能力可以通过考察该县政府的管理配置和制度配置能力来评价。

风险应对与救援能力总权重为35分，其中政治动员能力权重为15分，资源整合能力权重为10分，资源配置能力权重为10分。政府在风险来临的紧急状态下，所能获取的人力、财力、信息和物力资源越多，则政治动员能力越强；社会、民众、市场、媒体等资源整合得越合理，则资源整合能力越强；资源配置越合理，则资源配置能力越强。

3.灾后恢复与重建能力评价指标及权重

评价灾后恢复与重建能力可以通过评价灾后评估能力、资源保障能力和灾后学习能力来实现。灾后评估能力可以通过分析测量该县政府风险事件处理质量和效率来评价；资源保障能力可以通过考察该县政府维护公共秩序和保障公共卫生的效果来评价；灾后学习能力可以通过考察该县政府的风险实战演习频率和专家咨询频率来评价。

灾后恢复与重建能力总权重为30分，其中灾后评估能力权重为10分，资源保障能力权重为10分，灾后学习权重为10分。在风险灾害结束后，政府对风险事件处理质量和效率的评估效果越好，则灾后评估能力越强；公共秩序和公共卫生的供给越充分，则资源保障能力越强；风险实战演习频率和专家咨询频率越高，则灾后学习能力越强。

表 9-1　民族地区基层政府风险防治能力指标体系和赋值情况表

评价对象	评价维度	一级指标	权重	二级指标	权重
民族地区基层政府风险防治能力	预防与准备维度（35分）	应急预案制定能力	20分	制定自然灾害应急预案	5分
				制定事故灾难应急预案	5分
				制定公共卫生应急预案	5分
				制定社会危机应急预案	5分
		风险识别能力	15分	风险预防理念	5分
				风险识别意识	5分
				风险预警机制	5分
	应对与救援维度（35分）	政治动员能力	15分	获取财力资源	3分
				获取人力资源	5分
				获取信息资源	5分
				获取物力资源	2分
	应对与救援维度（35分）	资源整合能力	10分	整合社会资源	3分
				整合民众动员	2分
				整合市场资源	3分
				整合媒体宣传	3分
		资源配置能力	10分	管理配置能力	5分
				制度配置能力	5分
	恢复与重建维度（30分）	灾后评估能力	10分	风险事件处理质量	5分
				风险事件处理效率	5分
		资源保障能力	10分	维护社会秩序	5分
				保障公共卫生	5分
		灾后学习能力	10分	实战演习频率	5分
				向专家咨询频率	5分
	合计	—	100分	—	100分

二、广西L县风险防治能力评价

（一）L县基本情况介绍

L县位于广西壮族自治区的西南部，与越南交界，县域面积约2300平方公里。L县下辖12个乡镇，共120多个行政村，总人口大约27万人，有壮族、汉族、瑶族、苗族、回族、侗族等民族，其中壮族人口占95%。L县位于广西壮族自治区的西南部，与越南交界，县域面积约2300平方公里。根据L县2020年政府工作报告，L县全年地区生产总值增长6%；规模以上工业增加值增长7.3%；财政收入完成4.93亿元，增长1.7%；固定资产投资增长17.4%；外贸进出口总额完成375.46亿元，增长15.04%；社会消费品零售总额完成24.97亿元，增长8%；城镇居民人均可支配收入31030元，增长6.9%；农村居民人均可支配收入11889元，增长10.4%。

（二）L县风险防治工作现状

1.颁布了风险防治面较广的系列应急预案

通过查阅该县相关文献资料和网站，我们发现自十八大以来，L县共出台了34个关于预防环境污染、森林防火、地质灾害、食品安全、群体性事件等一系列事件的应急预案，具体内容和风险防范事项请见表9-2。

表9-2　L县十八大以来出台的防范风险应急预案

文件名称	风险防范事项	详略程度	发文时间
L县人民政府办公室关于印发龙州县污染天气应急预案的通知	环境污染	详细	2020.9.30
L县人民政府关于印发龙州县应对新型冠状病毒感染的肺炎疫情支持企业生产经营的若干政策措施的通知	突发事件	详细	2020.2.10
L县人民政府办公室关于印发龙州县禁止限制燃放烟花爆竹区域划定方案（修订）的通知	安全事故	详细	2020.1.8
L县人民政府办公室关于印发龙州县土壤污染防治攻坚三年作战方案（2018–2020年）的通知	环境污染	详细	2019.12.26

续表

文件名称	风险防范事项	详略程度	发文时间
L县人民政府办公室关于印发龙州县大气污染防治攻坚三年作战方案（2018–2020年）的通知	环境污染	详细	2019.10.31
L县人民政府办公室关于印发龙州县水污染防治攻坚三年作战方案（2018–2020年）的通知	环境污染	详细	2019.9.12
L县人民政府办公室关于成立龙州县森林防灭火指挥部的通知	突发事件	详细	2019.5.20
L县人民政府办公室关于印发龙州县生态环境保护基础设施建设三年作战方案（2018–2020年）的通知	环境污染	详细	2019.5.20
L县人民政府办公室关于成立龙州县山水林田湖草生态保护修复工程工作领导小组的通知	环境污染	详细	2018.12.30
L县人民政府办公室关于印发龙州县加强电梯质量安全工作方案的通知	安全事故	详细	2018.12.29
L县人民政府关于防范溺水加强学生安全的通告	安全事故	详细	2018.6.28
L县人民政府办公室关于印发龙州县山水林田湖生态保护与修复工程耕地提质改造（旱改水）项目实施方案的通知	环境污染	详细	2018.5.18
L县食品药品监督管理局关于两会及“三月三”、清明期间食品安全专项应急预案	食品安全	详细	2017.10.14
L县企业拖欠工人工资引发群体事件应急处置方案	群体性事件	详细	2017.5.19
L县商务局成品油市场供应应急预案	成品油	详细	2016.11.14
L县某大酒店灭火救援演练预案	火灾	详细	2016.11.14
L县饮用水水源保护区突发环境事件应急预案	环境污染	详细	2016.11.14
L县科普应急常识	科普知识	详细	2016.11.14
L县商务局生活必需品市场供应突发事件预案	食品安全	详细	2016.9.30

续表

文件名称	风险防范事项	详略程度	发文时间
L县国土局应急避难场所信息	突发事件	详细	2016.9.30
L县人民政府办公室关于印发L县突发性地质灾害应急预案的通知	地质灾害	详细	2015.12.24
L县人民政府办公室关于印发L县空气重污染应急预案的通知	环境污染	详细	2015.7.9
L县关于印发某乡突发性地质灾害应急预案的通知	地质灾害	详细	2015.5.25
L县某乡森林防火抢险应急预案	森林火灾	详细	2015.5.14
L县2015年清明节祭祀活动期间突发事件应急预案	安全事故	详细	2015.3.18
L县教育系统突发公共事件应急预案	校园安全	详细	2015.2.25
L县人民政府办公室关于印发L县突发公共事件总体应急预案的通知	突发事件	详细	2015.2.2
L县突发公共事件财政应急保障预案	突发事件	详细	2013.7.7
L县教育系统安全事故应急救援处置预案	校园安全	详细	2013.7.7
L县工信局地震应急预案	地质灾害	详细	2013.7.7
L县国土系统地质灾害防治应急队伍建设方案	地质灾害	详细	2013.7.7
L县国土局突发性地质灾害应急预案	地质灾害	详细	2013.7.7
L县电梯事故应急措施和救援预案	安全事故	详细	2013.7.7
L县处置大面积停电事件应急预案	突发事件	详细	2013.7.7

2.形成了较为完整的四级风险联防监测体系

为了有效监测风险灾害，并将风险造成的损失降到最小，L县在实践过程中探索构建了灾害联防监测预警网络体系，对屯、村、乡（镇）、县四级灾害实行监测全覆盖。一是成立以党政正职为第一负责人的风险灾害防治工作领导小组。通过制订本级联防责任表，分解防灾工作，确保每个风险隐患点有专人负责防范化解。二是宣传灾害防治科普知识，提高社会公众防灾避险意识。通过广播电视、纸质媒介、电子媒介等方式，宣传防灾思想，增强人民群众的防灾避险意识。三是建立各部门之间的灾害信息共享机制，确保灾害发生之前能将灾害监测信息及时传递给风险防治责任人。四是强化对灾害隐患点的监测，对灾害隐患点及易发区进行全面排查，派专人负责监测。

（三）L县风险防治能力分析

以上资料详细介绍了L县政府风险防治能力各构成要素的现状，评分结果如下表。

表9-3　L县政府风险防控能力得分一览表

评价对象	评价维度	一级指标	实际得分	二级指标	实际得分
民族地区基层政府风险防治能力	预防与准备维度	应急预案制定能力	15分	制定自然灾害应急预案	5分
				制定事故灾难应急预案	4分
				制定公共卫生应急预案	3分
				制定社会危机应急预案	3分
		风险识别能力	11分	风险预防理念	3分
				风险识别意识	4分
				风险预警机制	4分
	应对与救援维度	政治动员能力	10分	获取财力资源	2分
				获取人力资源	4分
				获取信息资源	3分
				获取物力资源	1分

续表

评价对象	评价维度	一级指标	实际得分	二级指标	实际得分
民族地区基层政府风险防治能力	应对与救援维度	资源整合能力	8分	整合社会资源	2分
				整合民众动员	2分
				整合市场资源	2分
				整合媒体宣传	2分
		资源配置能力	7分	管理配置能力	3分
				制度配置能力	4分
	恢复与重建维度	灾后评估能力	7分	风险事件处理质量	3分
				风险事件处理效率	4分
		资源储备能力	7分	维护社会秩序	4分
				保障公共卫生	3分
		灾后学习能力	6分	实战演习频率	3分
				向专家咨询频率	3分
	合计	—	71分	—	71分

1. 风险预防与准备能力评价

L县政府的风险预防与准备能力整体较强。应急预案制定能力方面，通过查阅L县政府相关政策文件可以发现，L县探索形成了一套适应于本县基本县情的风险应急预案制定体系。该县的应急预案文件覆盖面比较广，基本上实现了对自然灾害、事故灾难、公共卫生和社会危机的全覆盖，除了少部分应急预案过于简单，其他大部分应急预案能够在风险到来之时起到很好的指导作用；在风险识别能力方面，由于长期处于风险高发地带，该县政府和当地群众已摸索出一些行之有效的风险预防方法和风险预警机制。

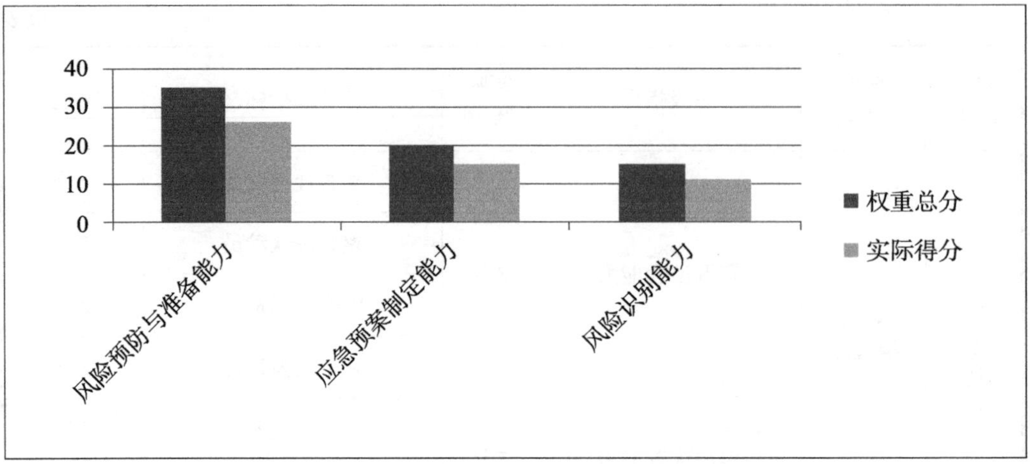

图 9–1　L 县风险预防与准备能力指标测量得分情况

2. 风险应对与救援能力评价

L县政府的风险应对与救援能力中等。由于L县政府构建起了县、乡（镇）、村、屯四级灾害联防监测预警网络体系，各个乡镇和村落都有相应的风险防控负责人，一旦风险事项发生，该风险信息将会传播至其他地方，县政府和乡镇负责人则会立即运用各种宣传和信息工具进行政治动员、资源整合工作和资源配置工作。由于该县面积较大，人口较为分散，较为传统的信息传播方式和较为落后的基础设施在一定程度上延缓了资源整合和资源配置工作速度。

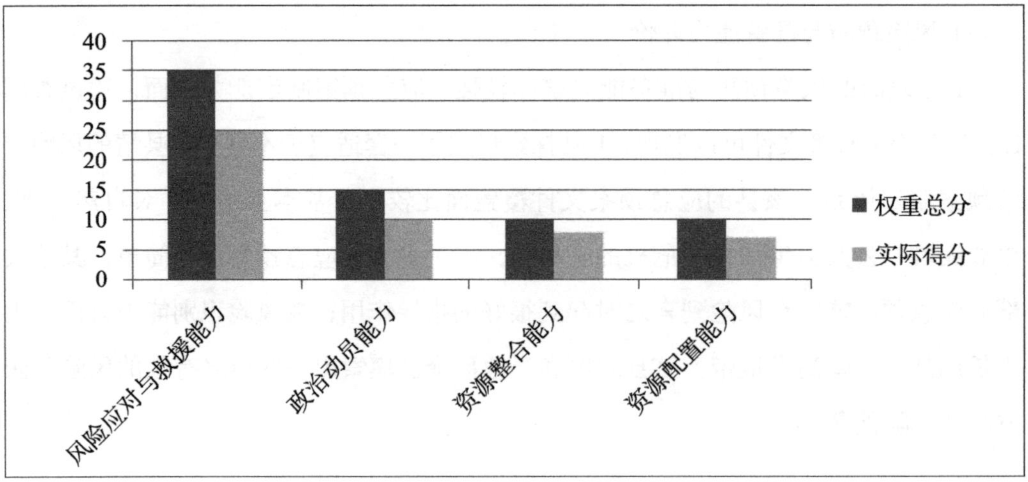

图 9–2　L 县风险应对与救援能力指标测量得分情况

3.灾后恢复与重建能力评价

L县政府的灾后恢复与重建能力整体一般。具体来讲，该县的灾后评估能力和资源储备能力虽然没有特别突出，但是在L县的经济社会发展水平和财政税收能力范围内已经比较理想。但是该县的灾后学习能力偏弱，主要是因为该县受到自然环境、经济发展水平和财政力量的制约，无法学习中东部和沿海地区的类似做法，虽然实战演习和专家咨询频率不低，但是效果不是特别理想。

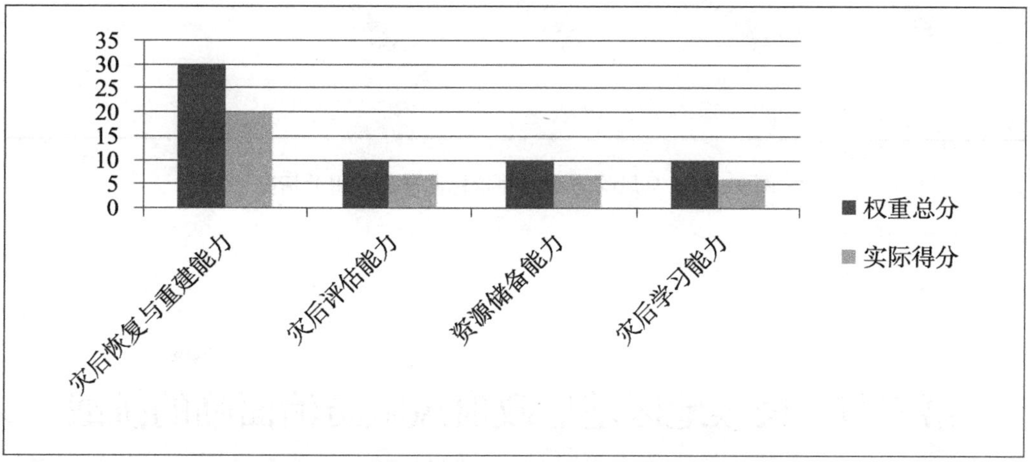

图 9-3　L 县灾后恢复与重建能力指标测量得分情况

4.L县风险防治能力总体评价

整体来说L县政府的风险防治能力有待提升。在风险预防与准备方面，L县制定了相对完备的风险应急预案体系，但欠缺风险识别能力；在风险应对与救援方面，L县能够通过正式的官方组织或者民间组织进行及时有效的政治动员，但资源整合和资源配置能力弱；灾后恢复与重建能力整体一般，灾后学习能力偏弱。

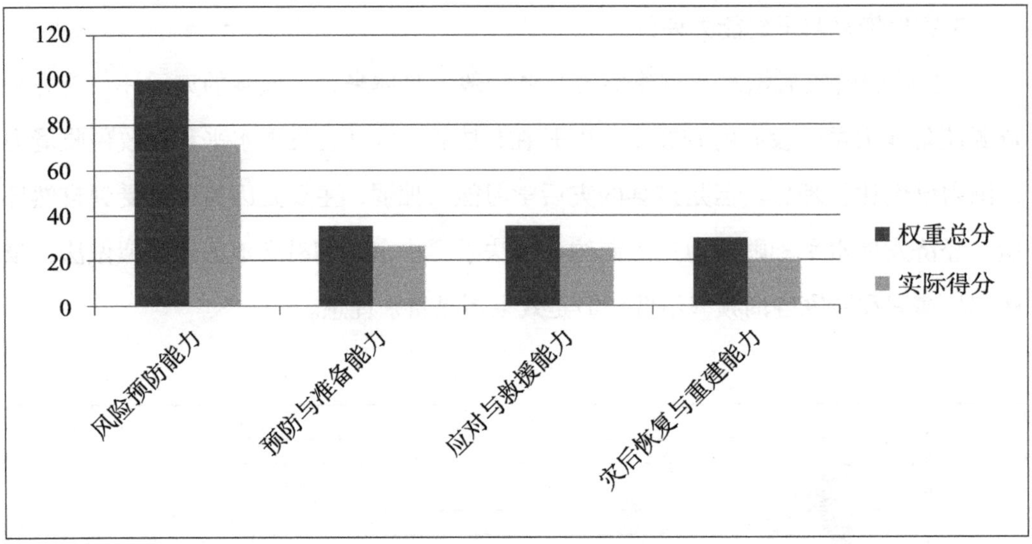

图 9–4　L 县风险防治能力指标测量总体得分情况

第三节　民族地区基层政府风险防治面临的挑战

一、民族地区现代社会转型与重构带来的新挑战

（一）社会转型期的价值偏离与价值重塑

美国学者亨廷顿曾提出一个论断：“现代性孕育着稳定，也易滋生风险。”[①]改革开放以来，在中国社会转型发展的背景下，民族地区经济社会也正经历着深刻的变革，传统民俗的部分道德规范和价值观念开始失范，现代性和市场化的各种思潮逐渐影响民族地区人们的生活。在传统与现代之间，民族地区群众的价值理念逐步发生了改变。加之，市场经济改革带来的利益非均等化与地区发展的差异化，引发社

① ［美］塞缪尔 · P. 亨廷顿：《变化社会中的政治秩序》，王冠华等译，北京：生活 · 读书 · 新知三联出版社，1989年。

会关系与行为的趋利化，过去政府长期“经济挂帅”的发展理念和“寻租”现象在一定程度上影响了民族地区的干群关系。随着民族地区经济社会开放程度进一步加深，部分西方敌对势力勾结民族分裂势力，经常在我国挑起各种事端，制造民族裂痕，搞民族分裂主义。现代化进程中民族地区的政治经济发展问题、民族宗教问题、传统文化与现代文明碰撞交织等问题，是民族地区基层政府不得不面对的风险防治挑战，也是考验地方政府风险防治能力的关键问题。

（二）政府主导下的风险防治社会参与

在传统工业社会的社会风险治理过程中，民族国家逐渐形成一个以国家为单位的民族福利国家治理模式。[①]而在现代风险社会背景下，基层政府单一的风险防治模式遇到越来越大的挑战。但在民族地区，由于人口结构复杂、民族成分多样，风险防治社会参与引导和管理难度大，地方政府与民众合作治理机制的构建有待完善。通过对L县的调研我们发现，当地社会组织及民众参与基层政府风险防治工作的力度、广度和深度与东部地区相比还存在着差距，社会力量在救助经验、救助物资、救助资金和救助人员等方面给予的支持还不够。长期以来，我国民族地区防治社会风险主要依靠政府力量，风险管理方式、风险防治模式单一，一些地区还未能很好地整合民间组织、族群权威和社会公众等方面的力量实现风险防范共治。

（三）网络新媒体发展的挑战

互联网技术的快速发展，在满足人类信息传播需求的同时，也为人类带来了危险、隐患甚至灾难。以“微博”“微信”“贴吧”“论坛”和“直播平台”为代表的自媒体在风险传播各个阶段以其高度的灵活性打破时空限制，及时同步传送信息，改变了传统新闻传播媒介“你传我受”的单向传播模式，成为风险信息传播的发源地。民族地区交通、通信相对闭塞，风险事件发生的第一时间，自媒体等新兴媒体往往成为重要的信息传播者。局部风险因素通过网络传播，可能很快发展为跨地区风险，甚至很小的风险事件，通过自媒体的复制、转载之后，也可能变成大的风险事件。网络媒体信息传播过程不规范，过度追求“眼球效应”，一旦出现风险

① 马体国：《政府公共危机管理能力的建构 —— 基于风险社会的视角》，《法制与社会》，2011年第9期。

事件，自媒体倾向于迅速放大传播风险细节和危害，而对于地方政府细微之处的控制和努力却往往选择“忽略”。“反常放大”效应容易成为谣言滋生的温床，甚至引发恐慌和不稳定，[①]加大了民族地区基层政府风险防治的难度。通过对L县的调研我们发现，十八大以来，当地基层政府出台了大量风险防治应急预案，涉及风险发生的事前、事中、事后管理，但对如何有效运用新媒体进行风险防治尚未形成完整预案。

二、民族地区区域经济发展不均衡带来的新挑战

党的十九大报告指出：“中国特色社会主义进入新时代，我国社会主要矛盾已经转化为人民日益增长的美好生活需要和不平衡不充分的发展之间的矛盾。”[②]民族地区经济跨越式发展给基层政府风险防范带来新的挑战。

（一）经济开发的迫切性与生态环境脆弱性间的平衡

民族地区大部分地处我国中西部，因其特殊的地理环境，地震、滑坡、泥石流和洪涝等自然灾害时有发生，生态环境脆弱。随着西部经济发展，各地加大了自然资源的开发力度，大量外来人口涌入，对当地生态环境造成较大压力，部分地区植被裸露、水土流失，成为生态脆弱地带。与东中部平原地区相比，大多数中西部地区生态环境对经济发展的承载力相对较弱。在过去错误的“唯GDP论”政绩观影响下，部分民族地区基层政府在经济发展与环境保护两者关系的处理方面表现为“大搞开发、大搞发展，环境保护重视不够”。民族地区经济开发的迫切需求与生态环境承载力相对脆弱之间的矛盾，给民族地区基层政府风险防治带来的挑战不容小觑。

（二）民族地区社会经济发展欠平衡、充分

受自然社会环境和历史影响，民族地区的经济发展相对滞后，西部地区的经济发展、科技和文化教育水平普遍落后于东部沿海发达地区。在东西部社会发展差距

① 王月：《媒体危机管理能力研究》，硕士论文，天津师范大学，2014年。

② 习近平：《决胜全面建成小康社会 夺取新时代中国特色社会主义伟大胜利——在中国共产党第十九次全国代表大会上的报告》，北京：人民出版社，2017年。

继续扩大的情况下，民族地区人民群众改变自身处境的愿望日益强烈，公共产品供给的欠平衡、不充分，[①]会引发新的社会问题。从这个意义上讲，因区域间经济发展的不均衡而引发的社会风险问题是民族地区基层政府需要及时重视和解决的问题。

三、民族地区治理体系与治理能力现代化带来的新挑战

2018年2月28日，党的十九届中央委员会第三次全体会议公报提出："加快推进国家治理体系和治理能力现代化，更好发挥我国社会主义制度优越性"。[②]2019年10月31日党的十九届中央委员会第四次全体会议公报提出："坚持和完善中国特色社会主义制度、推进国家治理体系和治理能力现代化，是全党的一项重大战略任务。"[③]国家治理体系和治理能力现代化要求民族地区基层政府不断提升风险防范的治理水平，以应对时代挑战。与东部地区相比，民族地区在治理能力与治理体系现代化建设方面相对滞后。

（一）民族地区社会风险管理法治化进程相对滞后

法律是政府活动的依据与保障，政府风险管理法制化不仅是政府风险管理合法性的要求，也是快速、高效地预防、控制、处理风险的要求。风险管理法制化是世界各国普遍的选择，许多国家都建立了较为完善的社会风险管理法律体系，在风险防治方面发挥了重要的作用。相对而言，我国的风险管理立法起步较晚，立法成果有限。[④]近年来，我国学术界也加深了应对突发性自然灾害相关法律的研究，立法机构也在逐步完善现行的法律体系，对不同类型的风险设置了专门法律、法规。完善的应急管理法律体系是基层政府进行突发事件处理的法律依据，《国家突发公共事件总体应急预案》《突发公共卫生事件应急条例》《安全生产法》《气象法》《防震减

① 李燕凌、陈冬林、周长青：《农村公共危机的经济研究及管理机制建设》，《江西农业大学学报》（社会科学版）第1期，2004年6月。

② 《中国共产党第十九届中央委员会第三次全体会议公报》，新华网，http：//www.xinhuanet.com/politics/2018-02/28/c_1122468000.htm。

③ 《中国共产党第十九届中央委员会第四次全体会议公报》，新华网，http：//www.xinhuanet.com/politics/2019-10/31/c_1125178024.htm。

④ 张慧婉：《我国地方政府公共危机管理研究》，硕士学位论文，山东师范大学，2010年。

灾法》《消防法》《防洪法》《传染病防治法》和《森林法》等部门法律规章制度为基层政府的风险管理提供了基本遵循依据,《中华人民共和国突发事件应对法》出台,赋予了基层政府应急管理的法律地位。[①]然而，民族地区社会问题与民族宗教问题交织，使得具有普遍指导意义的专业法律条文需要因地制宜进行调整。应充分考虑民族地区的实际情况，制定针对少数民族地区风险管理的政策法律，避免少数民族地区基层政府公务人员在处理公共突发性事件中无所适从，或出现行政越权和滥用权力的现象。[②]

（二）民族地区基层政府风险管理体制机制仍需科学完善

民族地区基层政府在风险防治方面建立了管理体制，制定了多套应急预案，也开展了实地演练，但一些民族基层政府风险管理机制距离治理现代化要求的协同高效目标还有差距，仍需要科学完善。具体表现在以下几个方面：一是在信息预测管理和风险沟通方面存在短板。部分基层政府在风险防治过程中，没有建立风险信息预测管理制度，对风险可能波及的范围以及可能造成的危害没有制定预警事项处置程序。部分基层政府没能建立完备的风险信息沟通机制和风险信息发布机制。二是基层政府职能转变不到位，社会服务管理相对滞后。一些基层政府在履行社会管理职责过程中，强调政治经济职能，淡化社会服务职能，在人力、资金、技术和政策方面对社会风险管理投入不够，未能及时有效地关注和妥善处理社会风险事件。三是民族地区基层政府风险防治工作开展财政支持力度需要进一步加强。民族地区经济欠发达，部分地方政府的日常运转依靠中央财政转移支付来维持，因此社会风险防治投入比较少。四是部分民族地区基层政府在风险管理中的政社联动较少，不善于让社会力量介入社会风险管理，加大了政府风险管理的人、财、物压力。此外，由于应急救援需要消耗大量的人力、物力资源，基层政府之间的合作协同也有很大提升空间[③]。

① 程惠霞:《“科层式”应急管理体系及其优化：基于“治理能力现代化”的视角》,《中国行政管理》,2016年第3期。

② 吴开松:《少数民族地区基层政府危机管理能力研究》,《中南民族大学学报》(人文社会科学版),2010年第3期。

③ 张海波、童星:《应急能力评估的理论框架》,《中国行政管理》，2009年第4期。

（三）民族地区风险防治专业化人才队伍建设有待加强

民族地区基层政府的风险防治工作不仅需要专业的风险管理人员，而且要求风险管理人员精通本地区的民族习俗、语言文化和宗教信仰。民族地区风险防治专业人才较为缺乏，现有的人才体系存在着年龄结构不合理、专业技能、受教育水平偏低的现象。[①]通过对L县的调研我们发现，该地区从事风险防治工作的人员主要来源于政府应急办公室，大多没有接受过正规系统的风险管理教育和培训，缺乏完备的风险防治知识，针对可能出现的风险事件，及时运用风险预警技术进行科学风险识别和预防效能不足，体现在分析决策能力、组织协调能力、灵活应变能力和模拟学习能力方面存在短板。虽然在2018年3月党和国家机构改革中，民族地区基层政府普遍成立了应急管理部，各级政府部门也相应整合职能成立应急管理单位，但在民族地区基层政府中风险防治的专业人才和队伍还是相对匮乏。基层政府部门在风险管理中要做到及时预警、精确识别和有效管理，需要挖掘和培养专业化的风险管理人才。

四、民族地区风险防治综合协调体系构建带来的新挑战

（一）风险防治意识有待进一步强化与拓展

民族地区基层政府在对本地区征地拆迁、环境治理、收入分配、农民工权益保障、食品药品安全、集体企业改制、科教投入、民族宗教发展和党风廉政建设等方面的风险防治、风险管理意识有待进一步强化与拓展，一些部门对潜在的社会风险缺乏深刻的认识，往往存在麻痹侥幸心理，尚未形成风险预防与“非常态”管理理念。另外，这种简单的防控思想忽视了民族地区社会风险间的可相互传导的特殊性。民族地区的社会问题往往与民族宗教问题交织在一起，如果社会问题得不到正确有效的处理，可能形成安全隐患，会影响到社会的安定和稳定。[②]因此，民族地

① 吴开松:《少数民族地区基层政府危机管理能力研究》,《中南民族大学学报》(人文社会科学版)，2010年第3期。

② 钟俊生、赵洪伟:《社会稳定若干重大问题研究》，沈阳：东北大学出版社，2014年。

区基层政府需要在风险防控意识能力上深化扩展。

（二）风险预警能力有待进一步发挥与提升

预警是风险管理的第一步，也是风险管理的关键内容。借助于先进的信息技术和高效的组织体系，基层政府对风险态势进行动态监测，及时评估各种风险，制定出富有针对性的预防政策，实现科学和高效的政府风险管理，[①]应为风险预警的题中之义。然而，一些基层政府风险意识较为淡薄，缺乏有效的社会风险预警机制，虽然在政策文件上形成了一套比较完备的风险应急预案制定体系，但部分应急预案形式简单，可操作性不强[②]。部分民族地区基层政府风险预警机制不够完善的原因主要有以下几点：一是部分基层政府及主要领导将主要精力放在经济建设上，满足于常态管理，对风险事故的发生往往抱有侥幸心理，对风险管理重视不够，重应对、轻预防。二是部分基层政府没能建立完备而有效的社会风险评估框架和指标体系，风险预防工作缺乏可操作性，预警能力不足。三是部分基层政府社会风险信息收集和信息披露机制不完善，不能及时满足社会公众的知情需求[③]。

（三）风险管控体系有待进一步修改和完善

基层政府风险控制能力是风险管控体系效能发挥的具体体现。个别基层政府面对危机时，为了维护自身形象回避问题，究其原因，还是风险管控体系不完善，风险控制能力弱化。具体表现为：一是部分基层政府风险决策能力不足，缺乏专门的风险管理机构、风险防治专业管理人员和科学决策方法、风险防治预案制定与实施效果有差距。二是部分基层政府风险管理模式分散，缺乏权威性的常设综合风险管理机构，缺乏统一的指挥协调机制，风险管理综合协调能力作用发挥不明显。三是一些地方基层政府风险信息管理机制不完善，难以进行风险信息的有效提取和适时披露，不能与公众保持及时有效的信息沟通，风险防治缺乏与公众的互动合作。风险控制能力不足，使得风险管理者在经验决策下难以控制好风险的整体发展，错失

① 张成福、唐钧：《政府危机管理能力评估——知识框架与指标体系研究》，北京：中国人民大学出版社，2009年。

② 常永华：《公共危机管理视阈下的西部地方研究——执政能力与评估研究》，北京：中国社会科学出版社，2011年。

③ 张慧婉：《我国地方政府公共危机管理研究》，硕士论文，山东师范大学，2010年。

挽回损失的机会。

（四）风险善后与应对能力有待进一步优化与改进

灾后恢复重建工作的有效进行，要求基层政府将风险重建工作摆在重要的战略位置，强化政府的统一领导，对灾后重建标准、重建资金进行规范管理，检查督促减少损失。部分地区基层政府由于资源储备能力和灾后评估能力不足，缺少风险管理全过程概念，灾后重建工作相对滞后。主要体现在以下几个方面：一是领导责任制落实不到位，相关部门的对口支援、国家财政拨付、社会组织和社会公众的物质捐助等协助重建资源应用、分配、落实不力。二是灾后重建监督体系不健全，给极个别腐败分子以可乘之机，①克扣、截留、违规使用救灾物资，出现“道德风险”。三是应对风险的经验教训总结工作滞后。一些民族地区基层政府忽略灾后评估、学习经验总结工作的重要性，随着某个社会风险的消除，与风险管理相关的活动便会停止。风险善后关乎人民群众的利益福祉，民族地区风险善后能力的提升有助于堵住各种“漏洞”，切实提升群众的满意度、幸福感。

第四节　民族地区基层政府风险防治能力提升的路径选择

一、夯实制度建设，强化风险预防能力

风险预防能力建设主要从以下两方面着手，一是应急预案的制定；二是风险识别能力的增强。

从课题组调研分析的结果来看，随着经济发展进入新常态，各种深层次矛盾凸显，基层社会风险事件和自然灾害时有发生。为了确保基层社会的良性运转和健康有序发展，基层政府从社会管理的各个角度出发，制定了非常完备的应急管理预

① 高巍：《我国政府公共危机管理能力建设问题研究》，硕士论文，黑龙江大学，2013年。

案，以应对随时可能出现的社会危机。如L县在编制完善《突发公共事件总体应急预案》的基础上，各风险管理口制定了21个社会风险专项应急预案和57个部门应急预案，4个镇及34个社区、居委会、44所学校和规模以上企业均制定了简明且实用的应急预案，基本建立了完善的应急预案管理体系。在预案的指导之下，L县的社会风险防治工作卓有成效，近年来，各类风险事件的发生次数以及造成的社会损失均有较大幅度下降。特别是2016年以来，无重特大事故发生，也未发生越级上访和群体性事件。

风险识别能力主要包括：一是识别风险发生的概率，风险发生的强度和风险源。二是判定减灾的能力和可利用资源的能力；三是判定风险的承受能力。识别风险的方法有多种，主要取决于风险发生的环境。①风险识别能力的增强，首先需要强化领导干部和各少数民族人民群众的社会风险意识，让风险忧患意识成为政府与公民的共同意识、生活习惯甚至是生活方式。②作为地方风险识别的主导力量，基层政府必须提升政策执行人员的业务能力和政策素养，顺应社会发展趋势，及时洞察可能存在的隐患。同时要落实主权在民的理念，完善公众参与机制，及时回应民众的诉求。其次，建立风险预警机制，提前识别，对风险后果事先加以评估和准备。许多风险的发生实际上都有一个从量变到质变的发展过程，应着力培养基层信息员队伍，针对重点区域、群体、行业和部位设立安全员、信息员。在此基础之上，安全员和信息员应将一切可能导致风险事件的因素一一列出，做到未雨绸缪③。如L县在风险预警机制建设上，组建了信息员队伍，负责信息的采集；搭建了以建设部门、水利部门和卫生部门为主体的部门监测预警系统，保证了风险预测预报的准确性和时效性；同时引导风险管理工作由被动应对转为源头治理，最大限度地减少风险事故的发生率。

① 丁金涛：《民族地区基层政府风险识别能力研究》，硕士学位论文，中南民族大学，2013年。

② 张国庆：《公共行政学》，北京：北京大学出版社，2006年，第518页。

③ 李会欣：《论政府的政策风险防范能力建设》，《福州大学学报》（哲学社会科学版），2006年第3期。

二、加快职能整合，增强风险控制能力

基层政府风险控制能力的强弱直接关系到风险事件能否得到妥善地解决。因此提升基层政府社会风险控制力的有效途径就是强化政治动员能力建设、资源整合能力建设和资源配置能力建设。

政治动员能力建设主要包括获取财力资源能力、获取人力资源能力、获取信息资源能力、获取物力资源能力。如L县在处置社会风险事件之时强调政治动员，在获取经费支持方面，每年优先安排500万元作为应急预备费，应急管理和建设投入逐年增加，为应对突发事件提供物质保障。在队伍建设方面，早在2010年，L县成立了广西第一个县级城市应急综合救援大队，应急综合救援大队以消防大队为依托，增加了15名合同消防员。市政府分批安排经费，购置必需装备及器材，同时为队员办理意外保险。目前，L县日常救援工作以应急综合救援大队为主，其他专业队伍为辅。一旦有需要，民兵和驻地军警也会成为L县救援队伍的主力军，发挥重要突击作用。在获取信息资源方面，各镇村委会、公安、安监、地震、国土等部门建立有自己的信息员队伍，保证第一时间掌握相关信息。例如气象信息员行政村覆盖率达到了100%。L县在其制定的大规模群体性事件处置预案中，规定情报信息收集工作由专门的情报信息收集组负责。情报信息组以国保大队为主体，整合辖区派出所和有关部门的力量，对境内外敌对势力和恐怖活动等信息进行收集，密切掌握社情动态，对发现的群体性事件苗头以及排查出的各类矛盾纠纷，及时缓解、化解，以防事态升级。在应急基础设施建设方面，L县配备了120、110、119三级联动应急指挥视频调度系统、交通指挥系统、122指挥系统。L县财政投入两千万元进行“天网”工程建设，对市区、校园、各边贸点进行24小时监控，完善应急指挥平台建设。另外，在物资储备方面，L县各职能部门都能按照规划，根据实际情况装备相应的应急设备，储备相应的物资和装备。

资源整合能力包括整合社会资源能力、整合民众动员能力、整合市场资源能力和整合媒体宣传能力。发挥社会组织（基层自治组织、社会团体、志愿者和企业等）在风险控制中的辅助作用，构建统一高效的全员应急协调联动机制。

资源配置能力包括管理配置能力和制度配置能力。管理配置能力主要是指对风险救援的组织指挥协调能力。制度配置则体现为对灾后救援物资的有效配给。管理配置为风险救治提供了强有力的组织保证，同时在救援过程中也需要完善救援物资配置制度，保证救援物资能够公平公正地发放给救援对象，最大化地发挥救援物资效用。如L县建立健全了财务会计制度和救灾款、物管理使用办法，2014—2015年冬在困难群众生活救助实施方案中明确了救援物资的分配规则，做到物资进有签收，出有签领，保证了救灾物资管理做到公开、公正、透明，杜绝冒领、代领和优亲厚友现象发生。根据各村实际情况，组织人员进行发放，要求本人亲自领取物资，并进行公示，对偏远地区的受灾群众，派专人送达到户，确保群众衣食住行等基本生活需求得到满足。

三、注重防治全流程管理，提高灾后重建能力

民族地区风险防治需要树立全流程质量管理理念，不仅要注重风险的事前防范，事中控制，更要注重灾后的重建。这一阶段的主要任务是：安置、补偿、安抚受灾人员；征用物资、补偿劳务；收集处理污染物；社会救助和捐赠事宜的组织协调、资金和物资的管理与监督；保险机构对应急救援人员和受灾人员的保险；危机当事人与受灾者精神和心理救助；危机后组织的变革；法律和社会秩序的重建①。灾后的恢复重建一方面是社会秩序的恢复，另一方面是心灵的治疗。基层政府灾后重建能力主要体现在风险事件处理质量、风险事件处理效率、社会秩序恢复能力、公共卫生供给能力、实战演习频率和向专家咨询的频率。强化民族地区基层政府灾后重建能力建设，一是要提高风险事件处理质量和处理效率。风险事件发生之后的应对处理质量和效率会影响灾后损失程度和水平，及时有序的生产自救重建是基层政府灾后的重要工作。如中部某县在建设工地山体爆破作业事故发生后一小时内，成立了事故应急救援机构，下设抢救组、救治组、事故原因分析组、后勤保障组、舆论宣传组、善后处理组、外联组等七个工作组，按照任务分工开展救援工作：及时

① 桂维民:《应急决策论》，北京：中共中央党校出版社，2008年，第163页。

组织救援力量到达事故现场开展交通疏导、治安维护及救援工作；利用生命探测仪、大型挖掘机等装备开展搜救工作；公安机关第一时间对施工方两名负责人进行管控，同时，4名医护人员现场待命，确保伤员能够第一时间得到医疗救援。事故救援共投入应急救援车辆20多辆次，人员60多人，整个救援过程有序高效。二是重建社会秩序，给予企业必要的经济援助，弥补其在风险中的损失，以帮助受损企业尽快启动生产。危机过后，鼓励引导人民群众及时回到生产作业岗位，强调解决危机遗留问题的最有效途径就是发展生产力。[①]三是构建风险防治的心理干预机制。灾后重建要注意治疗人们的精神和心理创伤。灾难破坏了人们正常的生产生活秩序，造成了心理危机，需通过专业的心理辅导进行及时救治和化解。四是灾后学习。一方面要总结经验，逐步提高风险防治的能力和水平；另一方面要增加风险防治的实战演习频率和向专家咨询的频率。如L县2016年共开展13场安全生产应急演练，基本上所有重点的非煤矿山、危险化学品、烟花爆竹生产经营单位均开展了一次以上演练。

四、鼓励社会参与，拓展风险共治能力

党的十九届四中全会指出，要坚持和完善共建共治共享的社会治理制度，风险防治离不开民众和社会的参与。鼓励社会参与，拓展风险共治能力是新时代社会治理的应有之义。

受地理环境、历史条件的影响，民族地区社会教育发展相对落后，公民意识不强，政治素养不高，作为社会政治生活的主体，大多数民众尚不完全具备参与社会风险共治的道德伦理、价值理念和行为能力。基层政府可以通过多种教育方式，提高公民素质，使公民具备风险共治的意识和价值判断的能力。具体而言：一是强化基层民主选举，调动社区和村镇群众有序参与民主政治的积极性。通过民主选举，拓展基层民众利益表达渠道，使政府能够及时回应民众面对的热点难点问题，有效化解社会风险。二是加快法治社会建设，完善基层民众政治参与的外部环境。三是大力发展社会组织，重视培育公民社会。四是强化民族文化教育，将知识性和思想

① 吴江:《公共危机管理能力》,《国家行政学院学报》，2005年第11期。

性作为提升公民素质的重要途径，强化政治认同和文化认同，培育公民美德。即要发挥基层自治组织、社会团体、志愿者、企业和民众等社会力量在风险控制中的辅助作用，构建全员参与的协调联动机制。

L县在遏制重特大事故工作实施方案中明确规定：一是密切联系群众。通过制订举报奖励机制，鼓励人民群众和新闻媒体对企业违法违规经营生产行为进行举报和揭露，畅通社会监督渠道，完善联合惩戒机制。二是动员社会力量。基层政府通过宣传安全生产理念，展播安全事故影像资料，引导生产组织者、人民群众与社会各界提高对防范遏制重大风险事故发生重要性的认识，动员社会民众参与到安全生产中来，对安全生产好的经验做法进行重点宣传，对安全隐患、安全风险点和违法生产经营行为定期曝光惩治，让安全生产成为社会共识。

五、加强风险信息管控，提升舆情应对能力

随着网络自媒体的崛起，舆论监督已经成为社会公众日常生活的一部分，人民群众参与社会监督、参加社会治理的意识和责任感进一步强化。面对社会风险事件的发生，基层政府一味封锁消息、辟谣和否认、向社会隐瞒事实真相是行不通的。民族地区基层政府要以积极的心态面对舆论监督，提高与媒体沟通的能力。一是建立新闻发布机制，通过新闻发言人第一时间将权威信息发布出去，及时回应公众和媒体的诉求，建立公信力，定期向公众和媒体说明事件进展情况。二是制定风险防治媒体应对应急预案。风险事故发生之后，按照风险应急管理预案及时披露事件进展信息，避免谣言四起，公众恐慌，主动进行舆论引导和疏解。中部某县在城镇燃气安全事故应急预案中规定，县文新广电局负责组织新闻宣传，媒体配合领导小组办公室全面、客观、及时、准确地宣传报道燃气事故抢险救援工作，做好舆论引导。燃气事故新闻发布工作由县文新广电局和市城镇燃气安全事故应急处置领导小组办公室负责。涉及重大、复杂、热点、敏感问题的新闻报道，须经县城镇燃气安全事故应急处置领导小组批准后统一组织发布。在社会风险事故中，消息的发布应及时、准确、客观、全面。

第九章　民族地区基层政府生态治理能力分析

第一节　民族地区基层政府生态治理能力及其构成

一、民族地区基层政府生态治理能力的内涵

（一）生态与生态文明

生态通常指生物的生活状态以及生物与环境之间的相互关系。1866年德国生物学家海克尔在《有机体普通形态学》一书中最早提出“生态”一词，认为“生态”就是生物与环境的关系。1935年英国学者坦斯勒提出了“生态系统”的概念，认为应从宏观的角度认识自然生态环境。1984年苏联环境学家首次提出了生态文明的概念，认为生态文明是人类发展到必须去重视我们生存环境的生态状态。生态文明是人类文明的一种形态和重要组成部分，是以尊重和维护自然为前提，强调人与人、人与社会、人与自然的和谐共生与良性循环。生态文明建设已经成为人类社会走向更加美好与可持续发展未来的必由之路。建设生态文明是关乎人民福祉和永续发展的千年大计问题，党的十七大报告将“建设生态文明”作为全面建设小康社会的基本要求；党的十八大把生态文明建设贯穿于五大文明建设的始终，并作为国家战略的重要构成部分；党的十九大报告更加明确指出，“人与自然是生命共同体，人类必须尊重自然、顺应自然、保护自然”，把坚持“人和自然的和谐共生”作为新时代生态文明建设的核心目标与价值追求。

（二）生态治理与生态治理能力

生态治理是指以政府为核心的多元行为主体按照有效促进公共利益最大化的宗旨，运用公共权力并以科学的方法，依法保护生态环境，建设生态文明，最终达到良性生态循环和实现人与自然和谐相处的管理过程。政府生态治理能力即政府综合运用经济、法律、制度等手段，改善生态环境，促进生态文明，以实现经济社会系统与生态系统和谐发展的能力。

二、民族地区基层政府生态治理能力的构成要素

在生态治理中，政府既是生态治理的愿景规划者和主要实施者，也是生态治理的调控者和监督者。从基层政府的职能范围来看，基层政府生态治理能力的基本构成包括：

（一）生态规划能力

生态治理是一项系统工程，具有长期性和综合性。科学的规划和总体布局，是生态文明建设体系中的"总开关"和"总闸门"，是地方政府正确履行生态职能的首要环节，是一项基础性工程。[①]因此，民族地区基层政府必须高度重视生态环境规划工作，持续提高自身科学规划生态保护与污染防治的能力水平。在具体操作中要坚持以下几方面原则：第一，注重规划的科学性。在编制规划的过程中要充分听取并吸收专家学者的意见建议。第二，注重规划的战略性。生态环境是一个地区的重要资源，在规划设计时不可只谋求一时之利，而应站在可持续发展的立场谋求实施战略规划。第三，注重规划的综合性。生态环境的质量与优化涉及的因素复杂，在编制规划时要注重与土地利用总体规划、产业发展规划和城乡规划相衔接。第四，注重规划的民主性。在编制规划的过程中，要建立渠道与机制，保证公众的有效参与，把相关团体的合理诉求吸纳到规划中。

① 顾杰、张述怡：《我国地方政府的第五大职能——生态职能》，《中国行政管理》，2015年第10期，第45页。

（二）环境执法能力

环境行政执法（以下简称环境执法）是指国家环境保护行政机关的执法机构以环境相关法律法规为依据，为保证实现环境保护目标、保护生态环境以及公众健康而实施的监督检查、行政处罚以及行政强制等一系列行政行为。①环境执法的具体形式很多，如监督检查、奖惩、征收、强制等。实施的主体包括环保行政主管部门（当地环保局）和具有环保职能的行政主管部门（国土、矿产、林业、农业、水利等行政主管部门）。执法的主要环境因素包括公众的支持程度、执法对象的博弈能力、执法主体的决心和能力。执法的对象包括排放污染物的主体和公民投诉的对象。在民族地区，受经济社会发展滞后的影响，一方面，总体环境执法能力与职能要求不匹配，致使民族地区基层政府运用法律手段制止环境污染行为的能力相对较弱；另一方面，面对经济发展的压力，一些民族地区基层政府在实践中过分强调经济职能而轻视生态职能，导致经济发展部门处于强势地位，生态环保部门处于弱势地位，影响其环境执法的积极性。

（三）环境监测预警能力

生态环境质量并非一成不变，而是一直处于动态之中。作为行政系统的末梢，民族地区基层政府在环境监测中具有天然的信息优势，必然要承担起重要职责。在生产力高度发展的今天，履行好生态治理职能，要求基层政府切实在提升环境监测能力上下功夫，及时有效地掌握行政区内生态环境质量的变动情况，为下一步采取应对措施提供科学的、准确的依据。结合实践情况来看，民族地区基层政府提升环境监测能力要坚持全面性原则、客观性原则、及时性原则，注重观念的变革，运用技术手段提升监测能力。国家《环境保护法》明确规定：县级以上人民政府应当建立环境污染公共监测预警机制，组织制定预警方案；环境受到污染，可能影响公众健康和环境安全时，应依法及时公布预警信息，启动应急措施。区域生态环境安全预警主要指对人类活动给生态环境所造成的影响进行预测、分析与评估；确定生态环境质量和生态系统状态在人类活动影响下的变化趋势、速度以及达到某一变化阈

① 陆新元、Daniel J. Dudek、秦虎等：《中国环境行政执法能力建设现状调查与问题分析》，《环境科学研究》，2006年第S1期，第8页。

值的时间等，并适时地提出恶化或危害变化的各种警戒信息及相应对策。[①]我国民族地区多处于生态脆弱区，这要求作为公共利益承担者的当地基层政府必须建立完备的生态环境安全预警机制。民族地区基层政府提升生态环境安全预警能力要做好以下几方面工作：建立预警指标体系、建立生态环境数据实时监测系统、构筑数据分析与预测模型系统、建立预警信息传递网络、制定预警方案并演练熟悉。

（四）跨域环境治理能力

生态环境具有显著的外部性特征，与政府生态治理属地化、碎片化存在天然矛盾。由于各地经济发展水平差异、环境保护意识不同，容易造成地方政府在跨区域环境问题上的决策差异，各地方政府从自身经济人利益出发，倾向于模糊政策调控范围，将难以界定的区域环境问题治理成本转嫁给他方，使跨区域环境保护很难达成一致意见。[②]民族地区基层政府在生态治理中势必要打破“自扫门前雪”、以邻为壑的困境。可因地制宜地建立横向协调治理机制，即建立跨区域生态信息共享机制、跨区域环境突发事件应急联动机制、跨区域环境保护合作政策体系及完善跨区域环境监察和问责机制。

（五）绿色发展能力

“绿色”已被确立为五大发展理念之一。促进人与自然关系的协调、走绿色发展之路，已经成为当今世界发展的新模式。[③]从生态治理的角度出发，保护生态环境绝非脱离物质条件改善而空谈回归自然，相反，唯有以物质文明为支撑，生态环境的持续优化才不是无源之水、无本之木。民族地区基层政府须坚持走绿色发展之路，立足当地的自然、社会、经济、区位条件，识别出既具有比较优势又能推动绿色发展的要素，合理有序地利用当地资源服务经济社会发展。应通过不断增强民族地区基层政府绿色发展能力，主导和推动区域内生产生活活动向着低能耗、低排放的方向发展，夯实绿色永续发展的基础，修复和维护生态环境，最终实现“既要金

---

① 叶明武、陈振楼、王军等：《情景分析在区域生态环境安全预警研究中的应用——以上海崇明岛主要城镇为例》，《资源环境与发展》，2007年第4期，第10页。

② 杨妍、孙涛：《跨区域环境治理与地方政府合作机制研究》，《中国行政管理》，2009年第1期，67页。

③ 联合国开发计划署驻华代表处、瑞典斯德哥尔摩环境研究院：《2002中国人类发展报告：让绿色发展成为一种选择》，北京：中国财政经济出版社，2002年，第29页。

山银山，也要绿水青山”的目标。

第二节　民族地区基层政府生态治理能力评价——以云南M市为例

一、生态治理能力评价指标体系的设计与建构

（一）评价维度

1.生态质量维度

生态质量指的是一定空间范围内的生态环境优劣水平，反映的是生态环境状况与人类生存及社会活动的适宜程度，它影响着一个地区的社会经济发展现状与潜力。衡量特定行政区域的生态质量，必须与当地的自然、历史条件相匹配。从生态质量维度考察民族地区基层政府的生态治理能力高低，必须站在整体性、战略性的立场看待生态环境维持与优化问题。

2.污染防治维度

经济基础薄弱且生态环境脆弱的民族地区，是难以承担生态环境恢复的巨大经济、社会与健康成本的，因此，民族地区基层政府必须从源头上遏制可能导致生态环境恶化的行为。民族地区基层政府应该在坚持以经济建设为中心的基础上，依法依规地履行好防治生产过程中可能出现环境污染活动的职能，统筹经济发展与环境保护，不仅要注重生产过程的污染防治，也要注重生产消费环节的污染防治。

3.环境友好维度

环境友好的发展方式要求基于人与自然和谐相处的目标，视生态环境承载能力为基，尊重自然活动运行规律为核，立绿色科技驱动发展为本，构建经济社会发展与生态环境维护优化相协调的社会体系，两者并行不悖永续发展。民族地区基层政府需要将生产和消费活动规制在当地生态系统的资源供给能力和环境容量自净容量

的范围内，形成生产和消费活动与自然生态系统良性循环的有利局面。应依据相关法律、法规，依照明确的步骤安排，有条不紊地实现资源的集约利用和污染物的低排放甚至是零排放，在兼顾生态效益的前提下使经济得以发展。

4.环保作为维度

环保作为是以自然年为周期，对民族地区基层政府的生态治理能力变迁的增量性测量。民族地区基层政府的环保作为主要包括：适时、量力提高环境保护的财政支出水平以支撑当地生态环保工作，努力推广清洁能源的生产与使用，实时公开生态环境公共信息，科学编制并有效执行生态规划，着力做好生态文明与环境保护方面的宣传和气氛营造等工作。

（二）指标体系

根据明确、精准、易测、可量化的指标设计要求，在频度统计①、实地调查以及和职能部门工作人员座谈的基础上，我们筛选并编制出民族地区基层政府生态治理能力评价指标体系（见表10-1）。

表10-1　民族地区基层政府生态治理能力评价指标体系

一级指标	二级指标	指标说明
生态质量	世界自然遗产地数量（处）	反映城市的生态基础及生态优美程度
	国家级自然保护区数量（处）	
	国家级风景名胜区数量（处）	
	5A级旅游景区数量（处）	
	人均绿地面积（平方米）	反映城市整体生态环境水平
	城市绿化率（%）	反映城市绿化状况，衡量环境的保护力度和提供绿色休闲空间的状况
	空气质量优良率（%）	反映城市空气质量状况

① 频度统计的具体做法是对目前有关可持续发展、生态治理能力评价研究的报告、论文进行频度统计，挑选那些使用频度较高的指标。

续表

一级指标	二级指标	指标说明
污染防治	工业废水排放达标率（%）	反映工业废水治理情况
	工业废气处理率（%）	反映工业废气治理情况
污染防治	工业固体废弃物综合利用率（%）	反映工业固体废弃物治理情况
	城市生活污水集中处理率（%）	反映城镇生活污水处理情况
	城市生活垃圾无害化处理率（%）	反映城市生活垃圾无害化处理情况
	农村生活废弃物处置率（%）	反映政府防范农村地区生活污染的能力
环境友好	单位GDP能耗（吨标准煤/万元）	反映地区的经济可持续发展水平、资源节约与利用效率
	单位GDP主要废气污染物（SO_2、NO_2、烟粉尘）排放量（千克/万元）	
	单位GDP水耗（吨/万元）	
	单位GDP工业固体废物产生量（吨/万元）	
环保作为	环境保护支出占地方财政一般预算支出的比重（%）	反映环境治理保护投入力度
	$PM_{2.5}$是否公开	反映政府在环境信息公开和接受社会监督上的行政作为
	近一年内是否发生重大环境事故	反映政府环境保护系统维护的效果
	环境保护规划是否具有科学性、前瞻性、战略性	环境保护规划的内容应当包括生态保护和污染防治的目标、任务、保障措施等，并与主体功能区规划、土地利用总体规划和城乡规划等相衔接
	是否有效执行相关环境保护规划	反映政府保障生态环境的意愿与能力水平
	环境保护宣传和普及工作情况	反映政府依法开展环境保护法律法规和环境保护知识宣传、营造保护生态环境良好风气的能力
	推广、生产与使用清洁能源的情况	反映政府推动环境友好可持续发展的能力

（三）指标权重和计算方式

1.指标权重

在建立指标体系的基础上，我们邀请5位专家学者、5位环保部门的工作人员和10位普通市民对指标重要程度进行排序，得出每项指标的排序。其中排序为1—3位的赋予权重0.07，排序4—6位的赋予权重0.06，排序7—9位的赋予权重0.05，排序10—15位的赋予权重0.04，排序16—19位的赋予权重0.03，排序20—24位的赋予权重0.02（见表10-2）。

表10-2 指标体系权重赋值表（权重值：表值/100）

维度层	维度层权重	具体指标层	指标层权重（W）
生态质量	25	世界自然遗产地数量（处）（D1）	2
		国家级自然保护区数量（处）（D2）	2
		国家级风景名胜区数量（处）（D3）	2
		5A级旅游景区数量（处）（D4）	2
		人均绿地面积（平方米）（D5）	5
		城市绿化率（%）（D6）	5
		空气质量优良率（%）（D7）	7
污染防治	24	工业废水排放达标率（%）（D8）	4
		工业废气处理率（%）（D9）	4
		工业固体废弃物综合利用率（%）（D10）	4
		城市生活污水集中处理率（%）（D11）	5
		城市生活垃圾无害化处理率（%）（D12）	4
		农村生活废弃物处置率（%）（D13）	3
环境友好	25	单位GDP能耗（吨标准煤/万元）（D14）	7
		单位GDP主要废气污染物（SO_2、NO_2、烟粉尘）排放量（千克/万元）（D15）	6

续表

维度层	维度层权重	具体指标层	指标层权重（W）
环境友好	25	单位GDP水耗（吨/万元）（D16）	6
		单位GDP工业固体废物产生量（吨/万元）（D17）	6
环保作为	26	环境保护支出占地方财政一般预算支出的比重（%）（D18）	7
		$PM_{2.5}$是否公开（D19）	4
		近一年内是否发生重大环境事故（D20）	4
		环境保护规划是否具有科学性、前瞻性、战略性（D21）	3
		是否有效执行编制的环境保护规划（D22）	3
		环境保护宣传和普及工作情况（D23）	3
		推广、生产与使用清洁能源的情况（D24）	2

2.计算方式

生态质量维度共有7项指标，且均为可量化指标。综合考察基层政府的个体情况，设定理想值支撑指标数据计算。例如，我国县级行政区在理想状况下拥有两处世界自然遗产地数量，即设立D1指标的理想值为2，以此类推。理想值在指标结果运算中充当除数。综上，生态维度的数据计算公式如下（见表10-3）。

表10-3　生态质量维度指标计算公式表

评价指标（I）	计算公式（Q）
世界自然遗产地数量（处）（D1）	D1/2×100，结果值大于100，按100计
国家级自然保护区数量（处）（D2）	D2/2×100，结果值大于100，按100计
国家级风景名胜区数量（处）（D3）	D3/2×100，结果值大于100，按100计
5A级旅游景区数量（处）（D4）	D4/2×100，结果值大于100，按100计

续表

评价指标（I）	计算公式（Q）
人均绿地面积（平方米）（D5）	D5/35×100，结果值大于100，按100计
城市绿化率（%）（D6）	D6/40% ×100，结果值大于100，按100计
空气质量优良率（%）（D7）	D7/95% ×100，结果值大于100，按100计

污染防治维度共设置有6项指标，且均为可量化统计指标，设定理想值为除数，其数据计算公式如下（见表10–4）。

表10–4　污染防治维度指标计算公式表

评价指标（I）	计算公式（Q）
工业废水排放达标率（%）（D8）	D8/80% ×100，结果值大于100，按100计
工业废气处理率（%）（D9）	D9/75% ×100，结果值大于100，按100计
工业固体废弃物综合利用率（%）（D10）	D10/60% ×100，结果值大于100，按100计
城市生活污水集中处理率（%）（D11）	D11/80% ×100，结果值大于100，按100计
城市生活垃圾无害化处理率（%）（D12）	D12/90% ×100，结果值大于100，按100计
农村生活废弃物处置率（%）（D13）	D13/70% ×100，结果值大于100，按100计

环境友好维度共设置有4项指标，且均为可量化统计指标，设定理想值为被除数，其数据计算公式如下（见表10–5）。

表10–5　环境友好维度指标计算公式表

评价指标（I）	计算公式（Q）
单位GDP能耗（吨标准煤/万元）（D14）	0.6/D14×100，结果值大于100，按100计

续表

评价指标（I）	计算公式（Q）
单位GDP主要废气污染物（SO_2、NO_2、烟粉尘）排放量（千克/万元）（D15）	4.5/D15×100，结果值大于100，按100计
单位GDP水耗（吨/万元）（D16）	9/D16×100，结果值大于100，按100计
单位GDP工业固体废物产生量（吨/万元）（D17）	0.4/D17×100，结果值大于100，按100计

环保作为维度共设置有7项指标，除D18可量化外，其余指标均为定性指标。对于定性指标，根据指标特征分类处理。D19、D20、D21可直接根据实践情况给予判断并赋值，D22、D23、D24采取测评的方法得出指标数值。后者的具体操作方法为邀请分管领导（1人）、职能部门工作人员（10人）和市民（20人）分别就每项工作情况打分（0—100分），其中分管领导分值为K1，权重为0.2，职能部门工作人员平均分为K2，权重为0.3，市民平均分为K3，权重为0.5。环保维度指标数据计算方法如下（见表10-6）。

表10-6　环保作为维度指标计算公式表

评价指标（I）	计算公式（Q）
环境保护支出占地方财政一般预算支出的比重（%）（D18）	D18/4%×100，结果值大于100，按100计
$PM_{2.5}$是否公开（D19）	公开计50；及时公开计100
近一年内是否发生重大环境事故（D20）	无重大事故计50；无事故计100
环境保护规划是否具有科学性、前瞻性、战略性（D21）	编制规划计50；规划科学性、前瞻性、战略性强计100
是否有效执行编制的环境保护规划（D22）	K1×0.2+K2×0.3+K3×0.5
环境保护宣传和普及工作情况（D23）	K1×0.2+K2×0.3+K3×0.5
推广、生产与使用清洁能源的情况（D24）	K1×0.2+K2×0.3+K3×0.5

综上，民族地区基层政府生态治理能力计算公式为：

$$EGA=\sum Q_i \times W_i$$

计算公式中，EGA为基层政府生态治理能力指数，Q为每项指标的计算值，W为对应的每项指标的权重值。

EGA ≥ 80，生态治理能力为优；

65 ≤ EGA<80，生态治理能力较好；

50 ≤ EGA<65，生态治理能力一般；

EGA<50，生态治理能力较差。

二、云南省M市生态治理能力评价

（一）云南省H州M市概况

H州M市是一个县级市，位于云南省东南部，距省会昆明289公里，总面积2228平方公里，坝区面积占全县面积的24.4%，辖2个街道办事处、5个镇、4个乡、83个村民委员会、24个社区居民委员会，2019年末城市建成区面积达33.63平方公里，全市常住总人口为50.4万。M市处在珠江与红河分水岭两侧，属亚热带高原季风气候类型，2019年全市年平均气温20.3℃，年降雨量664.3毫米，日照时数2553.1小时。

（二）M市政府生态治理能力评价

1.生态质量维度能力评价

通过课题组实地调研发现：M市暂无世界自然遗产地、国家级自然保护区及国家级风景名胜区，也没有5A级旅游景区，即D1、D2、D3、D4数值均为0。

从M市“庆祝建国70周年”专场新闻发布会内容，课题组了解到相关信息：

城市绿化率达36.4%，人均绿地面积8.57平方米。

另据《M市2019年政府工作报告》内容：

森林覆盖率达40.93%，空气质量优良天数占比达97.5%。

综上，可计算M市生态质量维度的治理能力指数（见表10–7）。

表 10-7　M 市生态质量维度能力指数计算表

评价指标（I）	计算公式	调研数值（D）	指标数值（Q）
世界自然遗产地数量（处）（D1）	D1/2×100，结果值大于100，按100计	0	0
国家级自然保护区数量（处）（D2）	D2/2×100，结果值大于100，按100计	0	0
国家级风景名胜区数量（处）（D3）	D3/2×100，结果值大于100，按100计	0	0
5A级旅游景区数量（处）（D4）	D4/2×100，结果值大于100，按100计	0	0
人均绿地面积（平方米）（D5）	D5/35×100，结果值大于100，按100计	8.57	24.49
建成区绿化覆盖率（%）（D6）	D6/40% ×100，结果值大于100，按100计	36.4%	91
空气质量优良率（%）（D7）	D7/95% ×100，结果值大于100，按100计	97.5%	100

将指标数值代入公式 $EGA=\sum Q_i\times W_i$，即得出 $EGA_{D1}=EGA_{D2}=EGA_{D3}=EGA_{D4}=0$，$EGA_{D5}=24.49\times0.05=1.22$，$EGA_{D6}=91\times0.05=4.55$，$EGA_{D7}=100\times0.07=7$，见图 10-1。

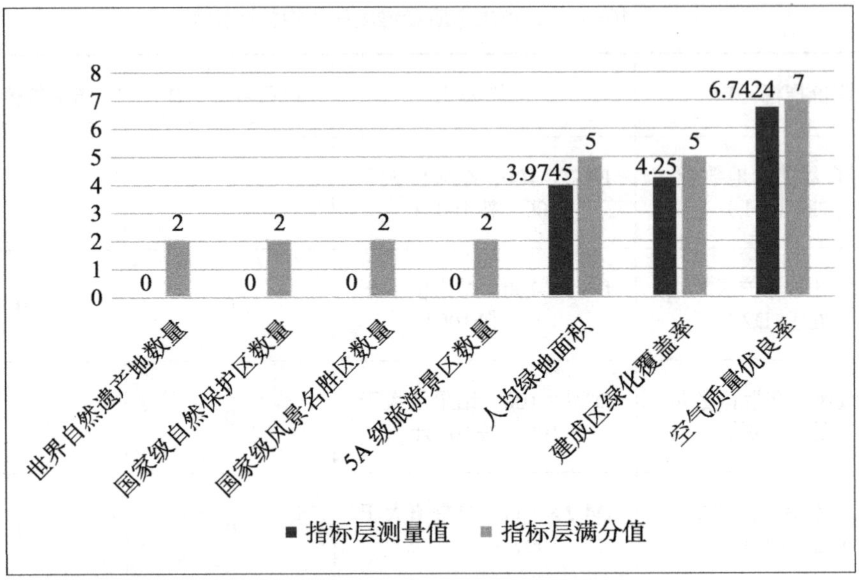

图 10–1 M 市政府生态质量维度治理能力得分示意图

2. 污染防治维度能力评价

M市矿产资源较为丰富，已探明的银矿、铜矿储备量大，还有一些具有战略价值的稀土资源（例如铟和锡）储量也在全国名列前茅。由于资源禀赋的特点，M市长期以冶金行业为经济支柱，也就不可避免地造成“三废”排放量大的问题。

印发的《M市国民经济和社会发展第十四个五年规划和二〇三五年远景目标纲要》中显示：

城市生活污水集中处理率为96.63%，城市生活垃圾无害化处理率为100%。

出版的《M市年鉴2020》显示：

工业废水排放达标率为100%，工业废气处理率为70.5%，工业固体废弃物综合利用率为51.7%。

另据生态环境、农业农村部门访谈反馈：

农村生活废弃物处置率达60%以上。

综上，可计算M市污染防治维度的治理能力指数（见表10–8）。

表 10-8　M 市污染防治维度能力指数计算表

评价指标（I）	计算公式	调研数值（D）	指标数值（Q）
工业废水排放达标率（%）（D8）	D8/80% ×100，结果值大于100，按100计	100%	100
工业废气处理率（%）（D9）	D9/75% ×100，结果值大于100，按100计	70.5%	94
工业固体废弃物综合利用率（%）（D10）	D10/60% ×100，结果值大于100，按100计	51.7%	86.17
城市生活污水集中处理率（%）（D11）	D11/80% ×100，结果值大于100，按100计	96.63%	100
城市生活垃圾无害化处理率（%）（D12）	D12/90% ×100，结果值大于100，按100计	100%	100
农村生活废弃物处置率（%）（D13）	D13/70% ×100，结果值大于100，按100计	60%	85.71

将指标数值代入公式 $EGA=\sum Q_i \times W_i$，即得出 $EGA_{D8}=100\times 0.04=4$，$EGA_{D9}=94\times 0.04=3.76$，$EGA_{D10}=86.17\times 0.04=3.45$，$EGA_{D11}=100\times 0.05=5$，$EGA_{D12}=100\times 0.04=4$，$EGA_{D13}=85.71\times 0.03=2.57$，见图 10-2。

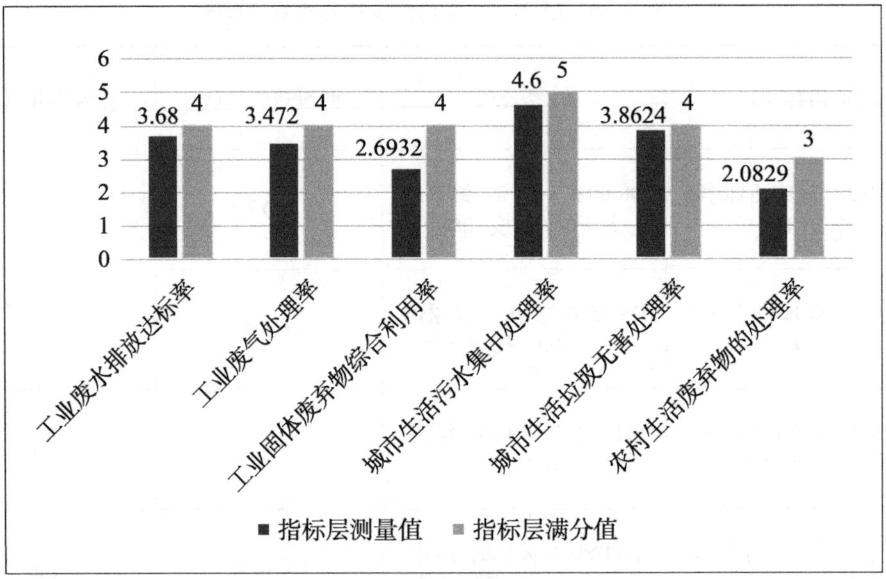

图 10–2　M 市政府污染防治维度治理能力得分示意图

3. 环境友好维度能力评价

环境友好维度涉及4项指标，分别是单位GDP能耗（D14）、单位GDP主要废气污染物排放量（D15）、单位GDP废水排放量（D16）、单位GDP工业固体废物产生量（D17）。

《M市国民经济和社会发展第十四个五年规划和二〇三五年远景目标纲要》显示：

单位GDP能耗0.59吨标准煤/万元，单位GDP水耗为75.05吨/万元。

另据发展改革、统计部门访谈反馈：

单位GDP 主要废气污染物排放量为6.67千克/万元，单位GDP工业固体废物产生量为0.77吨/ 万元。

综上，可计算出M市环境友好维度的治理能力指数（见表10–9）。

表 10-9　M 市环境友好维度能力指数计算表

评价指标（I）	计算公式	调研数值（D）	指标数值（Q）
单位GDP能耗（吨标准煤/万元）（D14）	0.6/D14×100，结果值大于100，按100计	0.59	100
单位GDP主要废气污染物排放量（千克/万元）（D15）	4.5/D15×100，结果值大于100，按100计	6.67	67.47
单位GDP废水排放量（吨/万元）（D16）	9/D16×100，结果值大于100，按100计	75.05	66.62
单位GDP工业固体废物产生量（吨/万元）（D17）	0.4/D17×100，结果值大于100，按100计	0.77	51.95

将指标数值代入公式EGA= $\sum Q_i \times W_i$，即得出EGA_{D14}=100×0.07=7，EGA_{D15}=67.47×0.06=4.05，EGA_{D16}=75.95×0.06=4，EGA_{D17}=51.95×0.06=3.12，见图10-3。

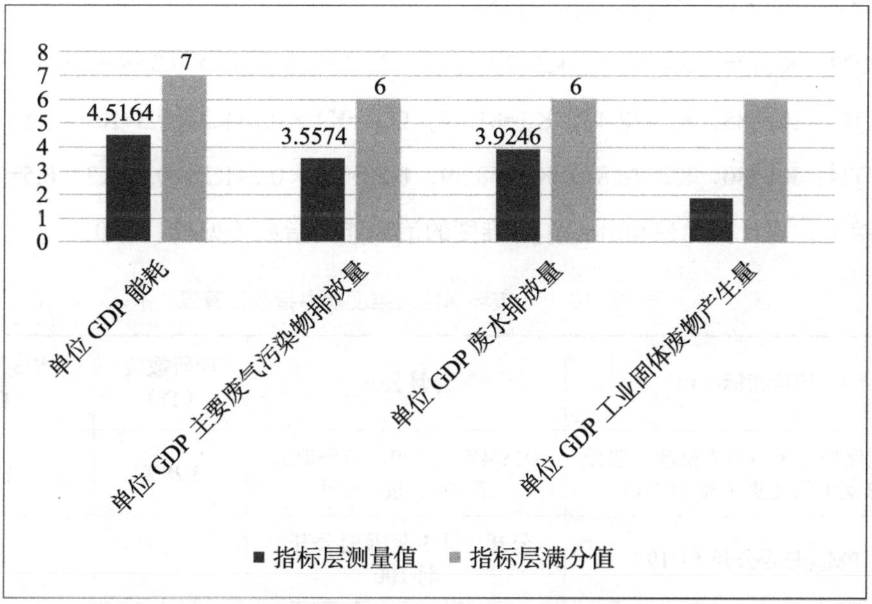

图 10-3　M 市政府环境友好维度治理能力得分示意图

4. 环保作为维度能力评价

在实地调查中课题组了解到：M 市已于2014 年建成PM2.5 自动监测站并持续监

测，数据实时上传到环境信息中心，即实现了PM2.5数据及时公开，D19按100计。通过走访有关部门并与市民访谈验证2019年M市无环境事故发生，故D20按100计。

M市已于数年前编制了生态建设规划，但规划的科学性、前瞻性、战略性特征不明显，故D21计50。

根据《M市2019年政府工作报告》内容：

M市2019年一般公共预算支出为36.7亿元。

课题组从M市财政局了解到：2019年该市涉及生态环境保护的财政开支总计为1.13亿元。2019年征收排污费753.25万元，征收所得纳入财政盘子后全部用于生态修复和环境保护工作。由此可得，2019年M市政府性环境保护支出总金额为1.20亿元，占地方财政一般预算支出的比重为3.28%，即D18=3.28%。

在实地调查中，课题组分别邀请M市分管领导、10名职能部门工作人员、20名市民对D22、D23、D24工作情况进行打分测评，求得各项平均分K1、K2、K3，然后按权重计算了各项指标的最后得分：

Q22：K1=75，K2=83.7，K3=79.43，D22=K1×0.2+K2×0.3+K3×0.5=79.83；

Q23：K1=85，K2=78.42，K3=81.64，D22=K1×0.2+K2×0.3+K3×0.5=81.35；

Q24：K1=80，K2=76.84，K3=68.59，D22=K1×0.2+K2×0.3+K3×0.5=73.35；

综上，可计算出M市环保作为维度的治理能力指数（见表10-10）。

表10-10　M市环保作为维度能力指数计算表

评价指标（I）	计算公式	调研数值（D）	指标数值（Q）
环境保护支出占地方财政一般预算支出的比重（%）（D18）	D18/4% ×100，结果值大于100，按100计	3.28%	82
$PM_{2.5}$是否公开（D19）	公开，计50；及时公开，计100	–	100
近一年内是否发生重大环境事故（D20）	无重大事故，计50；无事故，计100	–	100
环境保护规划是否具有科学性、前瞻性、战略性（D21）	编制规划，计50；规划科学性、前瞻性、战略性强，计100	–	50

续表

评价指标（I）	计算公式	调研数值（D）	指标数值（Q）
是否有效执行编制的环境保护规划（D22）	K1×0.2+K2×0.3+K3×0.5	–	79.83
环境保护宣传和普及工作情况（D23）	K1×0.2+K2×0.3+K3×0.5	–	81.35
推广、生产与使用清洁能源的情况（D24）	K1×0.2+K2×0.3+K3×0.5	–	73.35

将指标数值代入公式$EGA=\sum Q_i \times W_i$，即得出$EGA_{D18}=82\times0.07=5.74$，$EGA_{D19}=100\times0.04=4$，$EGA_{D20}=100\times0.04=4$，$EGA_{D21}=50\times0.03=1.5$，$EGA_{D22}=79.83\times0.03=2.3949$，$EGA_{D23}=81.35\times0.03=2.4405$，$EGA_{D24}=73.35\times0.02=1.467$，见图10–4。

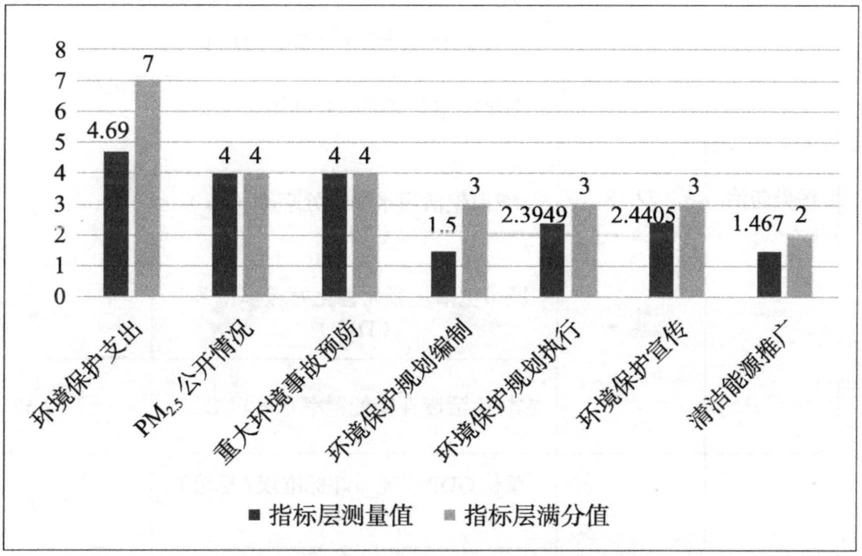

图 10–4　M 市政府环保作为维度治理能力得分示意图

5.综合评价

根据四个维度层每一个单项指标能力计算的结果，汇总得出M市政府生态治理能力值如下（见表10–11）。

表 10-11　M 市政府生态治理能力值汇总表

	维度层	维度层值（EGA）	具体指标层	指标层值（EGA）
民族地区基层政府生态治理能力评价指标体系	生态质量	12.77	世界自然遗产地数量（处）（D1）	0
			国家级自然保护区数量（处）（D2）	0
			国家级风景名胜区数量（处）（D3）	0
			5A 级旅游景区数量（处）（D4）	0
			人均绿地面积（平方米）（D5）	1.22
			城市绿化率（%）（D6）	4.55
			空气质量优良率（%）（D7）	7
	污染防治	22.78	工业废水排放达标率（%）（D8）	4
			工业废气处理率（%）（D9）	3.76
			工业固体废弃物综合利用率（%）（D10）	3.45
			城市生活污水集中处理率（%）（D11）	5
			城市生活垃圾无害化处理率（%）（D12）	4
			农村生活废弃物处置率（%）（D13）	2.57
	环境友好	18.17	单位 GDP 能耗（吨标准煤/万元）（D14）	7
			单位 GDP 主要废气污染物排放量（千克/万元）（D15）	4.05
			单位 GDP 水耗（吨/万元）（D16）	4
			单位 GDP 工业固体废物产生量（吨/万元）（D17）	3.12

续表

	维度层	维度层值（EGA）	具体指标层	指标层值（EGA）
民族地区基层政府生态治理能力评价指标体系	环保作为	21.54	环境保护支出占地方财政一般预算支出的比重（%）（D18）	5.74
			$PM_{2.5}$是否公开（D19）	4
			近一年内是否发生重大环境事故（D20）	4
			环境保护规划是否具有科学性、前瞻性、战略性（D21）	1.5
			是否有效执行编制的环境保护规划（D22）	2.39
			环境保护宣传和普及工作情况（D23）	2.44
			推广、生产与使用清洁能源的情况（D24）	1.47

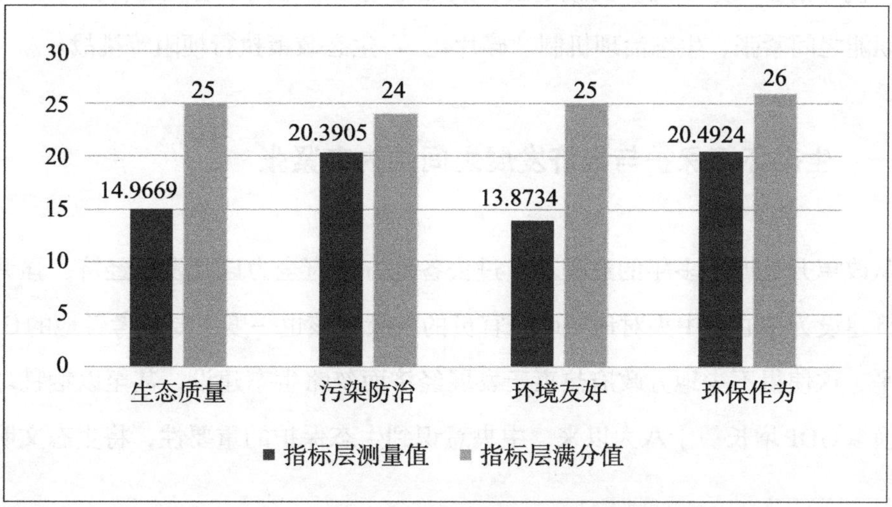

图 10-5　M 市政府生态治理能力测量值示意图

综上，M市政府生态治理能力中污染防治、环保作为维度得分较高，生态质量、环境友好维度得分较低（见图10–5），EGA=75.26，65 ≦ EGA<80，因此M市政府生态治理能力较强。

第三节　民族地区基层政府生态治理面临的挑战

2014年修订的《中华人民共和国环境保护法》明确规定："一切单位和个人都有保护环境的义务。地方各级人民政府应当对本行政区域的环境质量负责。"①一般而言，中央政府对整体的环境技术、环境标准和产业发展规划有决定权，对应的，地方各级政府可以调整辖区范围内的产业结构，严格执行污染物排放标准，积极开展污染治理，以改善辖区内的生态环境质量。正如有学者指出的："区域的环境质量受宏观经济发展和污染物排放两大因素的影响，地方政府对此有决定性的影响力和发言权，因此，区域环境质量的好坏必须由地方政府负责。"②对民族地区基层政府生态治理进行评价衡量不难发现，由于民族地区受先天禀赋、发展阶段、社会环境和自身短板等诸多因素制约，民族地区基层政府生态治理面临着生态保护职能与经济开发职能之间紧张、生态治理机制"碎片化"、生态政策执行梗阻等挑战。

一、生态环境保护与经济发展之间的内在紧张

从改革开放四十多年的进程看，过去各地方政府全力以赴发展经济，强调一切以经济建设为中心，中央对地方政府官员的政绩考核也一度主要参考各地的GDP发展水平。这使得不少地方政府热衷于发展经济而忽略生态建设，甚至以牺牲环境为代价换取GDP增长。十八大以来，中央意识到生态保护的重要性，将生态文明纳入

① 《中华人民共和国环境保护法》，《中华人民共和国最高人民检察院公报》，2015年2月15日。

② 直彦：《强化我国环境监督执法的能力》，《环境保护》，2008年第2期，第18页。

政府管理目标中来。党的十九大报告提出要“实行最严格的生态环境保护制度”[①]，对下一阶段的政府工作提出了新要求。但是在政府职能转变过程中，生态保护与经济开发两者之间的内在紧张普遍存在。

（一）民族地区经济发展需求迫切

任何事物的状态都离不开环境的基础作用。民族地区受自然享赋和历史发展因素的限制，长期以来国民经济和社会发展水平均落后于全国平均水平，社会整体生态环保意识和可持续发展理念相对较弱，民众对生态文明的了解和认识有限。在这样的环境下，社会迫切地要求改善物质生活水平，经济发展的动力和压力很大。近年来，沿海发达地区产业升级，一些落后产能进入中西部地区，对当地环境造成一定程度的污染与破坏。此外，民族地区经济和社会发展相对滞后，决定了民族地区法治环境较不完备，这不仅使基层政府的行政行为受到的规制有限，而且公众运用法律手段维护权益的可及性较弱。这些都制约了民族地区基层政府切实依法履行生态职能的可作为空间，不利于其生态治理能力的提高。

（二）生态环保理念和认识有待提高

事物的运作具有惯性，政府治理亦不例外。从和谐社会到美丽中国，从可持续发展到绿色发展、科学发展观，虽然最高层就生态文明建设提出的目标日益清晰，建构的理论体系日益完备，但由于信息传导的衰减效应，生态环保理念在一些地方基层政府尚未得到深入贯彻，造成部分基层政府对生态环保的重视程度不够，少数基层领导干部的环保意识、生态观念比较淡薄，未能及时树立正确的科学生态观、发展观和政绩观。在处理生态环保和经济发展关系时，部分民族地区基层政府倾向于在经济发展议题上投入更多的资源和精力，将生态环保放在次要位置。受滞后环保理念的影响，部分民族地区基层政府对于生态价值的考量权重较低，在政策设计和政策选择过程中侧重于局部利益和短期利益，忽视诸如生态持续优化带来的整体利益和长期利益；在政策执行环节，由于缺乏对生态环保观念的认同，部分民族地区基层政府相关职能部门和工作人员在适用自由裁量权时，会回避生态收益的价值

① 习近平:《决胜全面建成小康社会 夺取新时代中国特色社会主义伟大胜利——在中国共产党第十九次全国代表大会上的报告》，北京：人民出版社，2017年。

和生态损失的成本。可见，生态环保观念在部分民族地区基层政府的认同程度有待提升，这些基层政府的决策者、职能部门和工作人员在生态治理中的敏感性、主动性、积极性有限，不利于内源性地推动这些民族地区基层政府生态治理能力持续提升。

（三）环保部门在基层政府中的地位有待提升

1973年国务院成立了环境保护领导小组，2008年十一届全国人大一次会议决定组建环境保护部，不难看出，我国政府生态职能部门的层级、规格、规模和权责得到了持续而有力的强化，这从顶层设计的高度为我国政府生态治理能力的提升夯实了制度基础、组织基础。然而，在部分民族地区基层政府，基于经济发展的压力，加上生态环境改善短期内成本收益不对等，对环保部门的重视和支持程度有限。在一些民族地区基层政府体系中，一方面环保部门权力小，履行自身职能的意愿和能力都受到制约；另一方面，对于环保职能部门自身而言，基于自上而下的行政体制和理性人假设，环保部门无法回避成本和收益的考量来开展职能工作。政府环保执法工作的成本主要包括耗费的经济成本、工作人员的时间、精力甚至身体健康，而收益则是环境质量的改善和工作人员的合法收入与晋升机会。[①]部分民族地区基层政府对关系财政收入和就业保障的企业生产活动保护有加，环保部门在对污染企业严格执法时处于尴尬境地，有时甚至以收取排污费取代关停污染企业。为了改变这一局面，在2018年的党和国家机构改革中，将环境保护部重组为生态环境部。县级环保局调整为市级环保局的派出分局，由市级环保局直接管理，领导班子成员由市级环保局任免。试点省份将市、县两级环保部门的环境监察职能上收，由省级环保部门统一行使，通过向市或跨市县区域派驻等形式实施环境监察。环保部门职能的调整本质上是对环保部门长期以来弱势地位的改革回应。

（四）个别基层政府领导态度消极

改革开放以来，我国中央政府向地方政府下放了诸多的事权和责任，充分调动了地方自主创新的积极性。地方政府是由众多相互关联的微观主体共同构成的一

① 张磊:《中国式分权下的地方政府环保职能研究——以官员政绩考评为视角》，博士学位论文，吉林大学，2014年，第72页。

个错综复杂的运行系统，在这个运行系统中，地方党委政府的主要领导的效用偏好和主观意图一般会贯穿在行政体系的整个运作过程中。[①]民族自治地区拥有宪法赋予的自治权，其政府领导的偏好和意图对于当地发展方向和效益具有较强的影响力。在生态治理议题上，个别民族地区基层政府的领导态度较为消极，表现为一味追求地方经济发展和财政创收实效，因此难以真正致力于提升基层政府生态治理能力。

二、"碎片化"的治理模式影响生态治理效能

"碎片化"指在组织体系中部门之间、区域之间的隔阂与冲突，造成资源浪费和效能低下，各部门形成的利益诉求影响政策的制定过程[②]。民族地区基层政府的生态治理体系在价值取向、组织结构、权力资源等方面存在"碎片化"特征，影响了其生态治理效能的实现。

（一）制约生态治理资源筹集能力

政府治理不是空中楼阁，需要有实际的触角和坚实的支撑。在政府治理能力框架下，筹措与聚集社会经济资源，是决策、组织、领导和控制治理活动的前提，可有效保障预期治理目标的实现。"政府将汲取与整合社会各资源作为重要目标，通过组织和协调，把社会彼此相关却又相互分离的各个零散系统整合成一个新的资源最优系统，实现资源的优化配置。"[③]与全国平均水平相比较，一些民族地区基层政府筹措生态治理资源的能力较弱，资源筹集能力的短板是匮乏和错位共存。由于环保职能分散在各部门，部分民族地区基层政府缺乏统一的协调配合机制，在现有机制下，区域资源不足，导致政府汲取资源的能力不足，而资源匮乏又易造成"一拥而上"或"退避三舍"的群体困境，使政府各职能部门难以达成优化资源配置的既定

① 沈荣华、王扩建：《制度变迁中地方核心行动者的行动空间拓展与行为异化》，《南京师范大学报》（社会科学版），2011年第1期，第36页。

② 丁生忠：《从"碎片化"到"整体性"：生态治理的机制转向》，《青海师范大学学报（哲学社会科学版）》，2014年第6期，第55–59页。

③ 卢珂、刘丹、李国敏：《城市生态可持续发展中的政府治理能力提升研究》，《生态经济》，2016年第10期，第212页。

目标，导致资源利用不充分甚至是浪费，推高了生态环保公共产品和公共服务的供给成本，给资源筹措能力进一步施加了压力。

（二）协调推进生态治理的合力较弱

由于经济发展水平落后，为实现跨越式、赶超式发展，民族地区基层政府对资源开发、招商引资、产业培育等工作的关注度较高，往往将其摆在更加突出的位置。同时，民族地区群众出于对加快改善生活条件、提升收入水平的渴望，在处于经济发展与生态环境保护短期冲突的情景时，也倾向于追求前者，缺乏从外部向政府施压，督促加大生态环境保护力度的动因。基于以上两点，政府层面难以形成提高生态环保标准、严惩污染行为、大力实施生态治理的有效合力。一方面，鉴于严格落实排污标准、严惩非法排污会削弱当地企业竞争力，影响税收和居民就业，当地政府往往降低环保准入标准。另一方面，在财力有限的情况下，民族地区基层政府倾向优先保障基础设施和产业培育等能够支撑经济社会发展主要指标的项目，实施环保项目的积极性不高。环保项目落地难、建设慢、运行效果不理想，造成污染物收集处理滞后于经济社会发展需求的状况，削弱了地方政府遏制生态环境问题的整体能力。

（三）生态治理规划的科学性约束力不够

生态规划是指根据生态规律和经济社会发展计划，为了维护一定地域内的生态平衡和保护而做出的计划与安排。按照编制规划涉及的影响范围，可划分为全球性、区域性、国家性和局部地区的生态规划；按照生态圈类型划分，主要有城市生态规划、农村生态规划、牧区生态规划、海洋生态规划等。作为规划编制主体的民族地区基层政府，虽然在科学发展观和“五位一体”发展理念的感染下，日益注重以战略眼光审视行政区内的生态环境保护问题。但生态治理属于专业性、综合性的工作，民族地区缺少相关专业人才，加上生态环保部门在部门间博弈时并不占优势，往往造成生态治理规划编制的科学性、执行的约束力不足。突出表现在：对生态系统全要素的底数排查不清晰，对统筹推进山水林田湖草协同保护与治理的考虑不多；对产业结构、能源结构调整的研究不深，缺乏推动生产生活方式绿色转型的针对性措施；一些民族地区基层政府编制确立的生态规划缺乏连续性和稳定性，时而为项目落地让路。

（四）对生态议题重视不够

政府应该在强化社会回应的基础上履行生态治理职能。公众对生态质量下降和环境污染很敏感，因此，生态职能中的回应能力直接影响着政府履行生态职能的效果。由于一些民族地区基层政府生态治理回应能力没能跟上民众环保意识的发展，导致民众不满。部分民族地区基层政府对生态环境领域群众呼声的回应仍未走出低水平、机械式回应的状态，表现在：一是责任回应性不足。一些民族地区基层政府回应意识较弱，忽视生态环境退化、维护生态公平等问题，疏于与公众进行主动沟通和交流，未顾及和有效听取民众的生态环境利益诉求。二是职能性回应不足。一些民族地区基层政府在处理突发性环境事件时，采取机械、僵硬的措施，未能切实地做好信息发布和意见征求工作，并给予及时、积极、有效的回应，容易引发民众不满，不利于问题的有效解决。三是缺乏前瞻性回应。一些民族地区基层政府对待环保问题缺乏事前预防，监测预警滞后，事后回应被动，甚至采取隐瞒事实真相的做法，造成简单问题复杂化，对政府的整体工作造成不利局面。

（五）生态监管主动性不强

建设高质量的生态环境不仅要依靠政府主导的生态治理，更需要社会群策群力，积极投入到生态环境的建设当中。社会对生态环境优化的追求，自然成为政府持续投入资源来改善生态治理效益的动力，换言之，社会对环境污染、环境治理的诉求“压力”是政府生态治理能力提升的“主动力”。在一些民族地区，基层政府对提升生态治理能力没有紧迫感和压力感，往往处于停滞不前的状况。究其原因，主要是部分民族地区经济发展水平较低，基层民众更关心物质生活水平的提升，对生态环境质量问题不敏感。受人口、物质、信息快速流动的影响，部分民族地区社会发育程度低，原有的社会组织结构（如族落）被打破，而新的社会组织结构（即公民社会组织：第三部门）尚未建立，对政府环境治理的压力不强，对生态环境议题的常态参与不多。

三、政策执行层面面临的挑战

（一）生态政策执行能力有待提升

生态治理主要通过生态环境的政策创制和政策执行而得以实现。在环境保护领域，地方政府是中央政府生态治理政策的执行机构，生态政策具有授权的特征，生态政策执行的效果主要取决于具体执行者。十八大以来，中央政府越来越强调和重视环境保护，而地方政府的重视程度则取决于其对环境问题的认知情况及当地可用于环境问题的资源数量；中央政府治理环境问题的能力正逐步变强，而地方政府的环境治理能力和执行能力却因其拥有处理地方事务的自主性以及对中央颁布的环境政策的认识偏差，不同地区存在执行上的差异①。当基层政府制订的发展计划不利于当地的环境保护，或者与国家的环保法律存在冲突时，个别基层环保部门选择执行地方法规。如个别基层政府通过放宽环境标准为污染企业开“绿灯”，从而吸引商业投资。另外，一些基层环保部门的改革和发展水平不及中央部门，其环境执法能力有限；在政策执行过程中，一些基层环保部门的行政级别没有其监管企业的级别高，无法有效开展环境执法。

（二）生态问题回应能力尚需加强

近些年国内出现的环境问题，有一个普遍特征，那就是基层政府对于民众的环境诉求回应能力不强，导致民众对政府的不满。在个别民族地区，由于经济发展需要，政府为企业的生产和发展提供“保护”，对企业的环境污染采取“民不告官不究”的态度。而民众却希望政府积极回应民众的环保诉求，对企业的污染行为进行严格监管。在实际的生态治理中，个别基层政府对关系民众环境权益的问题采取不作为的态度，导致民众形成一种片面的认识，认为只有通过激进的方式对政府施压，才能迫使其叫停企业的污染生产活动。这种做法容易引发社会风险，不利于社会的和谐稳定，因此，必须正视和重视这一现象和问题。

---

① 张磊:《国家治理能力现代化的生态维度——以政府生态治理能力为视角》,《行政论坛》，2015年第6期，第9-13页。

第四节 民族地区基层政府生态治理能力提升的路径选择

一、转变发展认识，深化基层政府的“绿色”生态理念

21世纪以来，中央政府对全国区域协调发展的统筹能力不断增强，民族地区基础设施不断建设完善，民众环保意识增强，政策扩散加速，我国民族地区在产业选择和区域经济发展方面已具备避免走“先污染、后治理”模式的条件。大健康、大旅游、原生态文化产业、绿色农业等高附加值生态经济模式也已经普遍在贵州、云南、广西、四川等省区的民族地区试点成功，这意味着生态治理与经济发展之间的内在紧张可以通过绿色经济的发展壮大得以消解。增强“绿色”生态意识，将生态治理视为地区经济发展的独特禀赋，不断深化“绿水青山就是金山银山”的发展理念，就是要改变传统的依靠资源、资本、劳动扩张来发展经济的外生发展模式，充分发挥绿色创新对经济增长的带动作用，实现经济快速发展与生态环境保护之间的均衡发展。党的十八大将生态文明建设纳入中国特色社会主义事业“五位一体”总体布局，党的十九大将“美丽中国”的生态文明建设目标写进了政治报告；树立现代生态治理理念，加快生态文明建设，改善和优化民族地区的生态环境，是提升民族地区基层政府生态治理能力的第一要义。

（一）不断深化基层政府核心行动者的“生态发展”理念

在民族地区基层政府，核心行动者对辖区内政策创新和政策资源分配具有话语权。作为主要决策者，核心行动者群体的行政观念取向直接影响政府在生态环保领域投入的人力、物力和财力水平，很大程度上决定了政府履行生态职能的质量。因此，转变民族地区基层政府核心行动者“重发展、轻治理”的价值取向，必须着力提升他们的正确生态发展观和绿色发展观。一方面，要树立“资源有限观”，客观

清醒地认识与理解生态资源有限的事实，切忌好高骛远逾越生态基础谋求过载增长；另一方面，要树立“生态系统观”，作为基层决策者不可偏安一隅而应统筹全局，从系统的角度充分考虑各领域发展的关联性和耦合性，推进地区全面协调发展，将政府的生态职能有机地渗透到其他各项职能之中，使生态文明建设贯穿于经济、政治、文化和社会建设的全过程。

（二）不断增强基层生态环保部门的生态责任意识

作为公共利益的捍卫者，民族地区基层政府对辖区内的生态环境质量应承担最终责任。生态环保职能部门承担着履行生态职能和进行生态治理的责任。在治理实践过程中，生态环保部门采取的具体行政行为，包括协助制定、贯彻地方生态治理政策、法规，适时监督地方环境治理情况等，事关生态质量维系和污染排放控制。因此，不断增强生态职能部门的生态责任意识，完善生态职能部门的责任机制，是在民族地区基层政府提升生态治理能力的重要内容。对于生态环保职能部门而言，必须树立“生态安全观”，做到“勿以恶小而为之，勿以善小而不为”，以“底线思维”严肃对待权责范围内的生态环境事件，在各个环节落实生态监管责任。

（三）不断推动基层经济职能部门实践绿色发展理念

在基层治理的价值目标中，政府不仅要追求经济效益，也要追求生态效益。经验教训表明，在发展经济中忽视生态环境的承载能力势必付出惨痛代价，而生态环境的恶化反过来也会制约经济的持续增长。因此，不论民族地区发展经济的迫切性多么强烈，也应在基层政府经济职能部门中推动和普及绿色发展理念，牢牢树立“绿色双赢观”。经济职能部门只有在理性正确的认识中坚持“谋长远而非一时”的思维，自觉接受和内化绿色发展理念，在经济发展规划和经济政策执行中统筹兼顾增长与保护，才能消解经济发展与生态治理间的紧张。同时，地方基层经济职能部门应在当地产业布局规划中不断推广生态经济模式，实现集约资源利用、低碳生产消费的生态治理目标；真正推动民族地区绿色经济发展，创造绿色GDP、生态GDP。

二、完善基层政府生态治理绩效考核体系

习近平总书记指出："科学的考核评价体系犹如'指挥棒'，在生态文明制度建设中是最重要的。"[①]要改变一些民族地区基层政府追逐短期利益、转嫁生态环境成本的错误观念，当务之急是深化政府绩效考评改革，将绿色GDP纳入考评体系，推动建立科学全面的政绩观。

（一）完善地方层级的绿色GDP核算机制

长期以来，我国采用的GDP核算机制，强调区域内生产活动取得的经济总量，忽视了经济发展过程中的生态成本。"研究绿色国民经济核算方法，探索将发展过程中的资源消耗、环境损失和环境效益纳入经济发展水平的评价体系"[②]，是推进民族地区生态治理的重要手段。树立生态有价、资源有价、环境有价的意识，建立和完善地方层级的绿色GDP核算机制，重视经济增长的生态成本，将经济活动中所付出的资源耗减成本和环境降级成本从GDP中予以扣除，这样才能够更好地体现民族地区经济发展的真实面貌，能够直观地警示基层政府不可片面追求一时快速发展，而忽视资源与环境承载能力。

（二）将生态绩效嵌入基层政府公共政策执行评估

为了有效解决因经济社会发展与生态环境保护不协调而出现的生态问题，在建立绿色GDP核算机制的基础上，"将资源、环境要素纳入传统国民经济核算体系中，以真实反映经济发展中所消耗的资源成本和生态环境成本，从而真实反映经济系统与生态环境系统之间的关系。"[③]不断推动将生态治理考核的各项指标纳入到基层政府公共政策执行评估中来。将生态治理绩效嵌入基层政府绩效评估的指标体系，不仅有助于强化基层政府生态治理责任内涵，还有利于促进民族地区基层政府公共政策执行的"绿色"转型，推动民族地区基层政府生态职能和生态责任的强化。

---

① 中共中央宣传部：《习近平总书记系列重要讲话读本》，北京：学习出版社，2014年，第129页。

② 中共中央文献研究室：《十六大以来重要文献选编》（中册），北京：中央文献出版社，2005年，第853页。

③ 周生贤：《领导干部环境保护知识读本》，北京：中国环境科学出版社，2009年，第525-526页。

三、变革组织结构，推动“整体性”生态治理

为克服政府职能的“碎片化”对公共治理造成的不利影响，斯托弗·波利特（Christopher Pollit）提出了“整体性政府”理念：强调政府应该整合各种资源，促使不同利益主体在政策提议或政策执行中团结协作，消除互相破坏或推诿的政策场域，以便更好服务公众①。在我国，“整体性”生态治理通过政府环保职能的转变和调整、自上而下的环保机构改革而得以实现。环保职能的“整体性”统合，促使生态资源的各个治理主体在生态环境治理中功能协同、协调一致。2018年的党和国家机构改革中，将环境保护部重组为生态环境部，调整了相关职能，就是推动“整体性”生态治理的重大举措。

（一）整合“碎片化”生态职能，形成生态治理合力

构建生态文明，实现人与自然和谐，需要建立与生态系统相适应的生态治理体制。从我国生态职能的设立、划分来看，仍然存在生态治理职能交叉与分割并存问题。为此，依托现有的生态治理体制，以“大部制”改革和全面深化党和国家机构改革为契机，在环境保护部门原有的职能基础上，进一步调整生态职能的规划，理顺机构设置，按照权责来调整资源分配，对环保、国土、水利、发改、农业、林业、海洋等部门的生态职能进行整合，确保事权匹配，形成生态治理的合力，建立起与生态系统规律相适应的生态治理体制，提升民族地区基层政府生态治理的效能和合力。

（二）加快生态环保部门省级垂管改革进程，增强生态治理效力

经济增长压力是民族地区基层政府在公共决策中考虑的主要因素，一些地方的环保部门常常因需要“服务大局”而使环境监管让步于经济发展。鉴于“病灶”出在职权隶属方面，2018年党和国家机构改革以来，县级环保局调整为市级环保局的派出分局，由市级环保局直接管理，领导班子成员由市级环保局任免。试点省份将市、县两级环保部门的环境监察职能上收，由省级环保部门统一行使，通过向市或

① Pollitt C . Joined - up Government: a Survey. Political Studies Review, 2010, 1(1).

跨市县区域派驻等形式实施环境监察，这一举措扩大了基层一线环保部门的生态治理职权。环保部门省级垂管，有助于建构跨区域（省、自治区内）的协同治理机制，破除各地方政府“自扫门前雪”的困境。而且，由省（自治区）级政府掌握环保系统的人事权、考核权、监督权和财政权，实现环境监测、监察、执法权的上收，有利于避免基层政府对基层生态环保治理工作的干预，树立环境监察的权威性，形成环境执法的震慑力。因此，要加快生态环保部门的垂管改革进程，增强生态治理效力。

四、严格生态环境责任机制

习近平总书记强调：“强化责任追究，不能让制度成为纸老虎、稻草人。”[①]党的十九大报告也提出“实行最严格的生态环境保护制度”[②]。生态治理能否取得成效，在于生态环境责任机制的严格落实。

（一）将生态目标责任制层层压实到位

我国《环境保护法》第二十八条规定：“地方各级人民政府应当根据环境保护目标和治理任务，采取有效措施，改善环境质量。”[③]可见，环保领域的基本法对地方政府包括基层政府，都提出了建立生态环境目标责任制度的要求。借鉴目标管理方法，民族地区上级、下级政府通过协商确立生态治理总目标，将总目标层层分解到各基层政府当中，签订生态目标责任书加以确认，明确主要领导、分管领导、部门领导在年度（任期）内应达到的生态环境细分目标，并阐明考核方法和奖惩措施，以确保民族地区基层政府在承担生态职能中做到“责任到位、投入到位、措施到位”。可将总目标与分目标的完成程度与质量作为衡量基层政府的生态治理绩效、行政效能和干部选拔任用的参考依据。

---

① 习近平：《强化反腐败体制机制创新和制度保障 深入推进党风廉政建设和反腐败斗争》，《习近平在十八届中央纪委三次全会上发表重要讲话》，新华网，http://cpc.people.com.cn/n/2014/0115/c64094-24120035.html，2014年1月15日。

② 习近平：《决胜全面建成小康社会 夺取新时代中国特色社会主义伟大胜利——在中国共产党第十九次全国代表大会上的报告》，北京：人民出版社，2017年。

③ 《中华人民共和国环境保护法》，《中华人民共和国最高人民检察院公报》，2015年第1期。

（二）严格执行生态损害问责制

要严格执行生态破坏问责制，及时追溯因决策失误和执政行为破坏生态的行为主体的责任。2015年8月印发的《党政领导干部生态环境损害责任追究办法（试行）》（以下简称《办法》）规定：实行生态环境损害责任终身追究制，对违背科学发展要求、造成生态环境和资源严重破坏的责任人，不论是否调离、提拔或者退休，都必须严格追责。该《办法》的提出构筑了我国生态损害追责制度的总框架。民族地区地方政府应该以《办法》为纲领，结合地方实际情况，因地制宜地制定出相应的实施细则，进一步明确责任主体、责任内容、责任范围，保证地方生态损害问责的可操作性和实效性。通过压实生态损害的责任追溯，杜绝民族地区再出现“拍脑袋决策”给生态造成严重破坏却又无人承担责任的局面。

（三）建立和完善离任生态责任审计制

在对地方官员在任时的生态职责履行情况进行考核评估中，受人情社会因素影响，有时评估主体并不能对评估对象“动真格”，致使考核结果有失偏颇。为了完善生态责任机制，应建立离任官员生态责任审计制度，及时厘清其在任时的生态环境责任。审计对象已经离任，便于评估主体广泛地收集评估对象在任时的相关信息和环境治理问题，实现评估的客观性和全面性，能够作为评判干部生态治理能力、政绩考核的重要依据。而且，离任生态责任审计有助于审计结果的信息公开，既保障了群众的知情权，也能够消除谣言，提升政府公信力。

五、鼓励社会力量参与生态治理

治理的理论和实践均表明，鼓励多元社会力量参与到公共事务中来，可以有效弥补生态治理中“市场”和“政府”机制的失灵，提升公众对政府部门生态治理政策目标和措施效果的认同度，在全社会范围内普及和弘扬社会主义生态文明价值观。

（一）完善生态信息公开机制

社会参与的前提是生态信息有序公开，政府只有通过积极、主动的信息公开，才能有效地提升民众对政府管理的参与、监督和认同度。[①]在一些民族地区，民众对生态治理缺乏参与意愿，或缺乏持续参与的耐心，一定程度上与生态信息的缺位有很大关系。事实上，生态信息公开既是打造责任政府、阳光政府的题中之义，更是提高民众参与生态治理的必由之路。完善生态信息公开机制，明确民族地区基层政府的生态信息公开职责和生态信息公开主体责任，在公开地方基本生态信息的基础上，逐步扩大生态信息的公开范围和完善依申请公开程序、时限和范围，有助于逐步提高生态信息的社会可及性和应用性。

（二）普及社会生态文明教育

政府生态治理的“源动力”来源于社会，社会民众对生态文明的认识，决定了该地区生态文明建设的水平。在一些民族地区，公众对生态环境还存在一定的片面认识，忽视生态环境质量对地区协调可持续发展的支撑作用。基于此，应着力完善社会生态文明教育体系。一是提升公众的生态文明认知度，形成生态主人翁意识，夯实生态文明建设的社会基础；二是塑造公众生态文明行为，在全社会倡导简朴的低碳生活，着力培养绿色环保的生活消费模式；三是培养公众现代环境权利意识，督促各主体在生态治理中各司其位，守好自己的“责任田”。同时，对社会公众的生态宣教要注意理论升华，我国少数民族传统文化中不乏对山、水、自然生灵敬仰的情愫，应注意将这种文化纳入生态文明理论体系，这样既完善了生态文化内涵，也有利于因地制宜地开展生态教育活动。

（三）畅通生态民意表达渠道

公众对周遭生态环境的变化是最为敏感的，容易产生主观情绪，如果引导不当、回应不力，将引发公众对地方政府作为的失望和不满。为此，民族地区基层政府应致力于开拓与畅通生态民意的表达渠道，确保公众的利益诉求能及时进入政府决策系统，形成有效压力触动政府回应。一是依法依规保障公众的生态表达权，进一步完善环境听证、公众生态满意度评估等常态工作；二是创新意见吸纳渠道，在信箱、电话、民意代表的基础上，依托“互联网+”构筑全媒介公众生态意见表达

① 蔡昌森:《以建设责任政府为目标的行政问责研究》,《哈尔滨商业大学学报（社会科学版）》,2013年第3期，79页。

渠道；三是完善信息互动机制，主动获知群众的生态信息反馈，积极主动加以回应，并接受公众监督。

（四）引导环保组织良性发展

在民族地区的环境治理中，应引导民间环保组织发展，构建由政府、环保组织和公众共同参与的多元生态治理体系。一是提升环保组织的扎根能力，吸纳更多的公众参与到生态环保事业中来。二是提升环保组织的自治能力，发挥环保组织贴近社会的优势，不仅可以依法劝阻污染行为，还可为政府提供反馈信息，提高政府生态治理的效率。三是提升环保组织的传导能力。鼓励民间环保组织参与社会生态治理，发挥沟通传导作用，搭建起基层政府与公众之间的桥梁，“有效充当原子化的公众与政府之间的‘缓冲器’和‘安全阀’”，[①]有效减少政府生态治理的阻力。

① 曾正滋、庄穆：《从经济增长型政府到生态型政府——以公共治理为路径的探讨》，《甘肃行政学院学报》，2008年第2期，第62页。

第十章　民族地区基层政府创新变革能力分析

第一节　民族地区基层政府创新变革能力及其构成

一、民族地区基层政府创新变革能力的内涵

美国哈佛大学约瑟夫·熊彼特教授认为，经济行为是企业为追求效益，将生产要素与生产条件的“新结合”引入生产体系，推动技术转化为生产力的过程。企业为最大限度地获取超额利润，把一种从来没有的关于生产要素和生产条件的“新组合”引进生产体系中，以实现对生产要素或生产条件的“新组合”，这种“生产要素的新组合”就是创新，不同的创新对经济发展产生不同的影响。彼得·德鲁克从管理学的角度认为，创新在于创造新的价值。与熊彼特认为企业是创新的主体不同，德鲁克认为创新是通过改变资源的产出、改变产品和服务来满足客户价值需求，让客户满意，创新可以适用于政府、企业等不同的行为主体，在经济社会各个领域无处不在。在社会发展过程中，变革已成为一种常态。变革包含着变化与革新的内涵，即摒弃陈旧、不合时宜的内容，使之革新趋于完善。可以说，变革的核心是创新，创新的成功来源于变革管理。创新与变革从本质上来说均是指行为主体摒弃陈旧、不适应时代与环境变化的理念、事务、方式、工具等，开创新的理念、事务、方式、工具的过程。

政府创新变革能力是治理能力的重要组成部分，是通过理论和实践的有效结合与创新，推动公共事务进入科学化、规范化和制度化轨道的能力。基层政府创新变革能力是指基层政府在不断变化的经济政治、社会环境下，在政府职能转变与社会治理创新中，对政府的行政理念、组织机构、制度政策、行政流程与行政工具等方面进行自我创新和变革的能力。民族地区基层政府是推进民族地区经济社会发展、维护民族团结和谐的直接行政主体，其创新变革能力关系到民族地区各项事业的建设与发展，关系到民族地区社会治理体制机制创新的实现。民族地区基层政府创新变革能力可以理解为：在民族地区政治、经济、社会的现实情境中，民族地区基层政府为了增进民族地区民生福祉，推进覆盖城乡的多层级社会保障体系建设，促进民族地区社会公平正义，加强社会治理创新，在宪法和法律允许的范围内对政府的行政理念、制度政策、组织机构、行政流程和行政工具等各方面进行自我创新和变革的能力。

二、民族地区基层政府创新变革能力的构成要素

民族地区基层政府创新变革能力受民族地区与基层的双重情境影响，其创新变革能力服务于民族地区社会治理创新实现与基层政府职能的履行。因此，基层政府社会治理的理念转变、政策更新、机构改革、流程再造与行政方式转变是民族地区基层政府创新变革的基本路径，其理念、政策、体制（机构）、行政流程与工具创新能力构成了民族地区基层政府创新变革能力的要素。

（一）理念创新能力

政府理念是指政府及其公务人员在处理社会公共事务、提供公共产品与服务等公共管理活动过程中所遵循的价值观念与指导思想。政府理念创新反映的是政府和公务员对社会发展及其规律性认识的不断深化或重新认识。政府理念创新要求政府及其公务人员适应新的社会经济环境与公众需求，摒弃传统的思维模式与既定看法，运用治理思维，指导开展新的公共管理实践。民族地区基层政府理念创新能力是指为了适应民族地区经济社会转型带来的社会治理任务与困境，针对公众的公共

服务需求，基层政府将传统的管理理念转向治理、将层级控制理念转向通过授权不断分权与放权，调动政府内部、市场与社会的积极性的能力。

（二）政策创新能力

美国公共政策学者托马斯·R.戴伊认为，“凡是政府决定做的或者决定不做的事情就是公共政策”[①]。政策是公共权力机关经由政治过程所选择和制定的为解决公共问题、达成公共目标、以实现公共利益的方案。政府政策创新是指政府以新的理念为指导，选择突破传统的政策方案，及时有效地解决社会公共问题以及对稀缺的社会资源进行最优化的配置的过程。[②]政策创新的核心是通过有效方式方法组织实施新的政策理念和政策举措，以达成所需要实现的政策目标。地方政府政策创新的根本在于创造性地制定并实施具有区域特色的地方政策。[③]因此，民族地区基层政府政策创新能力是指基层政府为了规范和改善辖区内经济、政治、社会等各领域之间及其内部要素之间的相互关系，保障辖区内各项事业稳定有序发展，以新的政策理念为指导，根据辖区内的实际情况对现有的政策进行局部改革调整或者创建新的政策的能力。

（三）机构变革能力

政府机构变革指以创建服务型政府为目标，通过对政府的组织架构和职能进行有效的整合，提高政府综合管理整体效能的过程。政府机构改革的主要任务包括转变职能、优化结构、强化责任、控制编制。[④]民族地区基层政府机构变革能力是指民族地区基层政府通过转变职能、优化结构、强化责任、控制编制等途径，提高工作效率、降低运行成本、实现组织的精简和高效，不断改进政府部门内部和部门之间的沟通协调与联系合作的方式，并优化权力、责任和义务的分布形式的能力。

---

① ［美］托马斯·R.戴伊（Thomas R. Dye）:《理解公共政策》，谢明译，北京：中国人民大学出版社，2011年，第2页。

② 王慧军:《我国地方政府公共政策创新的障碍因素分析》,《黑龙江社会科学》，2011年第1期，第16-18页。

③ 李强:《地方政策创新的规律和重点》,《人民论坛》，2010年第6期，第8-10页。

④ 杨春燕:《浅析我国地方政府机构改革》,《管理观察》，2013年第25期，第23-24页。

（四）流程再造能力

政府流程又称作行政流程，主要是指政府在实施管理时，为达成特定目标所经历的体现工作规律的稳定的活动步骤的集合。[①]政府流程再造指引入现代企业业务流程再造理念和方法，以“公众需求”为核心，对政府部门原有组织机构、服务流程进行重组，形成政府组织内部的有机联系和互动，以适应外部环境的变化，谋求组织绩效的显著提高，取得社会公众的认可的过程。[②]政府部门的流程再造，旨在改革和创新传统服务方式，提高行政效率和公众满意度。可见，流程再造能力是指民族地区基层政府为了给辖区内公民提供高效、高品质的公共产品和公共服务，利用最新的科学技术和最先进的管理手段改进政府现有的业务流程或者重新设计并实施新的业务流程的能力。

（五）工具创新能力

政府工具是政府用来达成政策目标的手段。政府工具包括三个方面：一是指实现政府目标的运行机制，如欧文·休斯认为，政策工具是政府的行为方式以及调节该行为方式的机制，是政府在执行其政策目标时所运用的混合技术[③]；二是指政策执行的方式和手段，如陈振明教授认为，政府工具是为了解决某一政策问题或达成某一政策目标而采用的具体方式和手段[④]；三是指政府机关为实现政策目标而在执行政策过程中选择、应用各种技术的总称，如互联网、新的信息和通信技术以及自动化技术等。民族地区基层政府工具创新能力是指政府为执行公共政策与实现政策目标，在现有资源允许的范围内更新或改进现有技术的能力。

① 叶勇：《政府流程：主题意蕴、现实检视与优化策略》，中国行政管理学会2011年年会暨“加强行政管理研究，推动政府体制改革”研讨会论文，北京，2011年11月，第8页。

② 姜晓萍：《政府流程再造的基础理论与现实意义》，《中国行政管理》第5期，2006年，第37–41页。

③ 迈克尔·豪利特，M.拉米什：《公共政策研究：政策循环与政策子系统》，北京：生活·读书·新知三联书店，2006年，第142页。

④ 陈振明：《政策科学——公共政策分析导论》，北京：中国人民大学出版社，2003年，第148–149页。

第二节　民族地区基层政府创新变革能力评价——以湖南J县为例

一、创新变革能力评价指标体系的设计与建构

（一）评价维度设计

依据上述对民族地区基层政府创新变革能力基本构成要素的分析，理念、政策、机构、流程、工具创新能力要素能够体现其能力的构成，能够反映其创新变革能力的高低。基于此，本研究从以下五个维度设计其评价指标体系。

1.理念创新维度

根据委托—代理理论，公民是国家权力的所有者，公民委托政府行使公共权力，代其管理公共事务，政府作为代理者应当维护并为委托者谋取利益，因此，公众满意度是衡量政府工作效果的重要评价标准。当前，我国政府社会治理的根本思想是以人民为中心，核心理念是多元合作治理。民族地区基层政府理念创新应评价其理念更新的程度，即对基层政府及其公务人员知晓、接受、贯彻与践行“以人民为中心”、多元合作社会治理理念的程度进行评价。理念创新能力强弱体现在基层政府对“以人民为中心”及多元合作治理理念的认同和执行两个方面：理念的认同度越高，执行力度越好，越能够较好指导社会治理实施，反映出的理念创新能力越强；反之，则越弱。其中，理念认同程度具体表现在县级政府主要领导干部的认知以及一般公务人员对理念的认同；理念执行程度具体体现在各级公务人员对理念的践行程度以及各民族公众对政府服务态度的感知。

2.政策创新维度

政策创新表现为基层政府在上位法律法规与政策规范下，发挥主观能动性，因地制宜优化与制定符合本地区的社会治理政策与制度，实现社会治理目标。根据

《民族区域自治法》，民族地区县级人民代表大会在不违背宪法和上级法律的条件下，有制定自治条例和单行条例的权力。而地方基层政府根据社会需求与社会治理需要，提请同级人大出台促进本地区经济社会发展的政策，是政策创新能力的重要体现。同时，在公共政策制定过程中公众参与机制是否完善，监督、评估与反馈机制是否健全，将影响和制约政策制定和执行的效果，即政策制定过程的把控能力影响到政策创新能力。政策创新能力还体现在基层政府主动调整优化已有政策与新制定政策的数量与质量。可以认为，基层政府自主优化与新制定政策、政策制定过程与反馈程度和政策创新能力呈正相关关系。因此，从政策调整数量、公民参与政策制定程度以及政策效果反馈等方面可衡量民族地区基层政府的政策创新能力。

3.机构变革维度

政府机构改革要实现的主要目标包括优化政府组织机构、转变政府工作职能、强化政府主体责任与控制政府人员编制。考察政府机构改革目标的实现程度可以衡量政府机构变革能力的强弱。一般而言，基层政府组织机构的变革幅度与效果体现出政府在机构变革中的能力，变革幅度越大，效果越好，则政府机构变革能力越强；反之，则越弱。机构变革的幅度可以通过统计近五年基层政府职能部门和乡镇区划的裁并情况来衡量，机构变革的效果则可以通过考核政府组织机构运行效率和资源利用率来衡量。

4.流程再造维度

现代组织管理理论认为，传统的组织架构使得职能部门的工作效率得到较大幅度的提升，但是组织整体流程效率并没有实现最大化。流程再造就是借助组织模式或者管理模式上的变革，对割裂的流程重新进行拼接、再造，使之变成一个连续的、完整的流程。通过对原有流程的整合和优化，最终实现服务质量、运行成本和工作效率的整体优化。①与再造前的流程相比，再造后的流程最明显、最直观的变化在于流程环节的减少和流程时间的缩短。流程再造能力的强弱主要取决于政府再造流程的数量以及再造后流程的便捷程度，可以认为再造流程的数量越多、便捷程

① 钱黎春、黄碧涛:《关于职能制组织结构再造的几点思考》,《安徽工业大学学报》(社会科学版)，2008年第2期，第66-67页。

度越高，政府流程再造能力越强；反之，则越弱。再造流程的数量可以通过统计近5年县级政府简化、整合和清除的业务流程来获取，再造流程的便捷程度可以通过统计对比业务流程环节和流程时间来衡量。

5.工具创新维度

在民族地区基层政府公共事务管理与公共服务供给中，政府所采用的技术工具决定着公共管理与公共服务的效率和质量，即政府采用不同的技术工具会产生不同效率和不同质量的服务。因此，改进与更新技术工具是提升公共管理服务效率与品质的有效途径。工具创新能力的强弱主要取决于采用先进技术工具与使用的频率和熟练程度。一般而言，采用了先进技术工具且使用频率越高、操作越熟练，工具创新能力越强；反之，则越弱。对于基层政府而言，先进技术工具应涵盖利用政府门户网站、网络办公系统和新型信息通信技术（例如农村“村村响”广播站、农村有线电视）等。可以通过观察公务人员现场办公和公民办理业务时间获取使用频率和熟练程度信息，对其工具创新能力进行评价。

（二）指标体系建构与赋值

依据本研究关于民族地区基层政府社会治理评价指标体系建构的原则与方法，本着指标设计应明确、精准、易测量、定量与定性相结合的设计要求，本研究通过指标体系初设计、专家咨询、隶属度分析、权重赋值、信度效度检验、指标修正等程序，筛选并建构了民族地区基层政府创新变革能力评价指标体系（具体见表11–1）。

表 11–1　民族地区基层政府创新变革能力评价指标体系

指标维度	一级指标	二级指标	指标说明
理念创新	先进理念的认同情况	领导干部的认同情况	领导干部对先进理念的认同情况很大程度上决定了当地政府的执政理念
		普通公务员的认同情况	普通公务员对先进理念的认同情况反映了先进理念的普及情况

续表

指标维度	一级指标	二级指标	指标说明
理念创新	先进理念的执行情况	各级公务员践行先进理念情况	各级公务员的主观评价是先进理念践行情况的重要体现
		公民感知情况	公民对政府服务态度的感知从侧面反映了先进理念的执行效果
政策创新	政策创新和落实	政策数量变动情况	政策变动的数量是反映政策创新的重要内容
		社会参与政策制定情况	社会参与政策制定的情况反映着政策创新的质量与效果
		政策制定后的评估反馈情况	政策评估反馈情况是检验政策创新的有效方式和途径
机构变革	机构和人员编制变动	政府机构数量变动情况	政府机构数量的变动情况（尤其是减少的数量）反映着政府机构变革的力度
		政府人员编制数量变动情况	政府人员数量的变动情况（尤其是减少的数量）也是政府机构变革力度的重要体现
	职能和责任变动	政府职能明确情况	政府职能是否更加明确反映着机构变革的效果
		政府责任加强情况	政府责任的加强与否也是机构变革效果的体现
流程再造	业务流程数量变化	简化、整合和清除流程的数量	流程再造数量的变动情况（尤其是减少的数量）反映着流程再造的力度
	再造后流程的便捷程度	流程环节的数量变化情况	流程环节的数量变化和流程期限的变化同样是反映流程再造效果的重要考量因素
		流程期限的时间变化情况	

续表

指标维度	一级指标	二级指标	指标说明
工具创新	网站建设使用情况	县级政府网站建设使用情况	政府网站的建设和使用情况（尤其是有效信息的发布情况）反映着工具创新能力的强弱
	电脑网络办公	部门办公室电脑配备情况	电脑配备越齐全，工具创新的能力则越强
		部门电脑网络覆盖情况	网络覆盖面越广，说明网络工具运用的可能性越大，也表示工具创新能力越强
	农村广播站建设使用	“村村响”广播站建设使用情况	广播站是农村治理的有效工具

1.理念创新能力评价指标与权重

理念创新维度评价一级指标覆盖理念的认同程度与和执行情况两个一级指标。其中，理念认同情况权重赋值总分为10分，包括衡量主要领导干部政府理念认同情况和普通公务员认知情况两个二级指标。从实际调研结果来看，县级政府主要领导干部的治理理念深刻影响着下级一般公务人员的理念认识与认同，领导干部理念创新的权重要略高于一般公务人员。基于调研与分析，我们将领导干部理念认同的权重赋值总分定为6分，一般公务人员理念认知的权重赋值总分定为4分。指标与分值呈正相关关系，理念认知与认同程度越高，得分则越高；反之，则越低。关于一级指标理念的执行情况，权重赋值总分为10分，包括衡量主要领导干部与一般公务人员对政府理念的践行情况以及各民族对政府秉持的服务理念与态度评价情况两个二级指标。其中，公务人员理念践行情况由公务员进行自我主观评价，但可能会存在一定的主观倾向；公众对政府服务态度的评价情况则比较客观。因此，公民对政府服务态度评价的权重应略高于各级公务员践行先进理念自评的权重，公民对政府服务态度评价的权重总分为6分，各级公务员践行先进理念自评权重总分为4分。

评价越积极，得分则越高；反之则得分越低。

2.政策创新能力评价指标与权重

政策创新维度包含政策创新和落实一个一级指标，其中，二级指标政策数量变动情况、社会参与政策制定情况、政策制定的评估反馈情况，赋值分别为5分。根据湖南J县调研数据，该县近5年政策数量变动方式包括政策制定、政策修订和政策废除等。政策变动数量越大，则得分越高；反之，则得分越低。该县社会团体和公民参与公共政策制定的形式主要有听证会、出席旁听、座谈会与专家咨询讨论等。社会团体和公民参与制定政策的频数越多，得分越高；反之，则得分越低。在政策制定的评估反馈方面，反馈主体包括专家、学者和第三方机构。评估反馈的频数越多，得分越高；反之，则得分越低。

3.机构变革能力评价指标与权重

机构变革维度包含机构和人员编制变动、职能和责任变动两个一级指标。其中，机构与人员编制数量变动情况权重赋值为10分，所覆盖的二级指标政府机构数量变动权重赋值为5分，人员编制数量变动权重赋值为5分。政府机构数量或者人员编制数量减少幅度大，则得分高；减少的幅度小或者数量增加，则得分越低。一级指标“政府职能和主体责任变动”情况权重赋值为10分。其中，政府机构变革后政府职能变动权重赋值为5分，主体责任变动权重赋值为5分。政府职能或者主体责任得到明确和加强，则得分越高；反之，则得分越低。

4.流程再造能力评价指标与权重

流程再造维度涵盖业务流程数量变化与再造后流程便捷程度两个一级指标。其中，关于政府简化、整合和清除的业务流程数量情况，权重赋值为10分，如果简化、整合和清除的业务流程数量多，则得分高；反之，则得分越低。一级指标“再造后流程的便捷程度”权重赋值为10分，所覆盖的二级指标中，流程环节的数量变化情况权重赋值为5分，流程期限的时间变化情况权重赋值为5分。流程环节数量减少或者流程期限时间变短，则得分高；反之，则得分越低。

5.工具创新能力评价指标与权重

工具创新维度包含网站建设使用情况、电脑网络办公与农村广播站建设使用情况三个一级指标。其中，网站建设和使用情况权重赋值为10分，官方网站的页面版块完整性情况权重赋值为5分，网站信息更新情况权重赋值为5分。政府官方网站页面版块完整性高，则得分越高；反之，则得分越低。网站信息更新及时，则得分高；反之，则得分越低。一级指标“电脑网络办公”权重赋值为10分。所辖二级指标中，政府各部门办公室的电脑配备情况权重赋值为5分，各部门办公室网络覆盖情况权重赋值为5分。电脑配备或者网络覆盖率高，则得分高；反之，则得分越低。一级指标“农村广播站建设使用”权重赋值为5分。广播站建设使用情况好，则得分高；反之，则得分越低。

以上指标体系建构与赋值基于课题组对湖南省J县的调研，综合了有关专家与当地公务人员的意见建议，通过对比考虑一级指标与二级指标在指标体系中的重要程度，按照总分为100分分别对相应的指标予以赋值，进而建构民族地区基层政府创新变革能力评价指标体系（具体见表11–2）。

表 11–2　基层政府创新变革能力评价指标体系和赋值情况表

评价对象	评价维度	一级指标	权重	二级指标	权重总分
民族地区基层政府创新变革能力	理念创新维度	先进理念认同	10分	领导认同先进理念情况	6分
				普通公务员认知先进理念情况	4分
		先进理念执行	10分	各级公务员先进理念践行情况	4分
				公民感知政府服务态度情况	6分
	政策创新维度	政策创新和落实	15分	政策数量变动情况	5分
				社会和公民参与政策制定情况	5分
				政策制定的评估反馈情况	5分
	机构变革维度	机构和人员编制变动	10分	政府机构数量变动情况	5分
				政府人员编制数量变动情况	5分
		职能和责任变动	10分	政府职能明确情况	5分
				政府主体责任加强情况	5分

续表

评价对象	评价维度	一级指标	权重	二级指标	权重总分
民族地区基层政府创新变革能力	流程再造维度	业务流程数量变化	10分	简化、整合和清除流程数量情况	10分
		再造后流程的便捷程度	10分	流程环节的数量变化情况	5分
				流程期限的时间变化情况	5分
	工具创新维度	网站建设和使用情况	10分	网站页面版块完整性情况	5分
				网站信息更新情况	5分
		电脑网络办公	10分	部门办公室电脑配备情况	5分
				部门电脑网络覆盖情况	5分
		农村广播站建设使用	5分	“村村响”广播站建设使用情况	5分
	合计	—	100分	—	100分

二、湖南J县创新变革能力评价

（一）案例介绍

1.湖南省J县基本情况

J县是湖南省的民族自治县，位于我国湖南省南部H市的南端，地处湖南省、广西壮族自治区与贵州省三地交界处。全县地域总面积约2200平方公里，下设11个乡镇和1个国有林场，2019年，该县总人口为27.66万人。全县境内常住户数约8.88万户，常住人口26.14人，其中，农村人口约为13.2万人，占总人口接的50.49%；城镇人口约为12.94万人，占比接近49.51%。该县城镇化率为49.51%。J县境内共有少数民族25个，包括侗族、苗族、瑶族等，其中少数民族人口占总人口的88%以上，仅苗族和侗族人口就占全县总人口的74.4%。

J县经济社会处于较快增速发展阶段，近五年来取得了较大的进展。2019年J县全年地区生产总值为83.26亿元；完成公共财政收入4.888亿元，年均增长7%；地方财政收入3.172亿元，年均增长6.8%。全县三大产业的占比情况为17.7：27.8：54.8。人均地区生产总值31850元，比2018年增长8.4%。

J县政府是J县域的基层政府机关，据统计，2019年共设立有公安局、自然资源局、司法局、城市管理和综合执法局等25个职能部门。具体见表11–3。

表11–3　J县2019年职能部门名称表

公安局	自然资源局	司法局
市生态环境局分局	退役军事事务局	住房和城乡建设局
水利局	财政局	市场监督管理局
农业农村局	审计局	医疗保障局
商务科技和工业信息化局	教育局	民政局
发展改革局	卫生健康局	统计局
交通运输局	扶贫开发办公室	城市管理和综合执法局
林业局	人力资源和社会保障局	文化旅游广电体育局
应急管理局		

2.J县政府改革成果

在2015年到2019年的五年间，J县完成了多项改革任务。首先，完成了机构改革和乡镇区划调整改革工作，撤并县直部门18个，将原有的16个乡镇裁撤合并为11个，将原有的242个行政村裁撤合并为124个。其次，J县深化行政审批制度改革，清理和公示行政权力清单3000余项、共性权力清单近40项，清理和公示行政责任清单560多项。再次，J县优化服务流程，开展便民服务工作，打造了县、乡（镇）、村三级便民服务平台，县级取消行政审批项目18项，保留项目198项，承接项目15项，调整项目4项，下放乡镇审批项目50项。

（二）J县政府创新变革能力分析

1.理念创新能力分析

J县政府的理念创新能力整体不强，不同级别的公务员表现出不同的理念创新能力。如图11-1所示，该县政府理念创新能力得分为11分，占权重赋值分数的55%。其中，领导认同4分，公务员认知2分，理念践行2分，公众感知3分。除了领导认同理念占比略高一些，其他均为50%。从评价分析来看，首先，J县政府主要领导具有较强的理念认同和理念更新能力。表现在领导干部对民主集中制、以人为本、依法治国等先进理念有较为清晰的认识，能够在思想上及时吸收和更新先进的治理理念。同时，他们能够在工作中以身作则，教育并督促下级公务员将这些理念贯彻落实下去。其次，J县基层公务员理念认知能力偏弱。该县政府基层公务员虽然在实际工作中能较好地履行基本职责，能够理性和正确地看待并认同自身服务者的角色，但是对现代“以人为本”的服务理念没有十分清晰的认识，容易出现抱怨或者不满情绪。

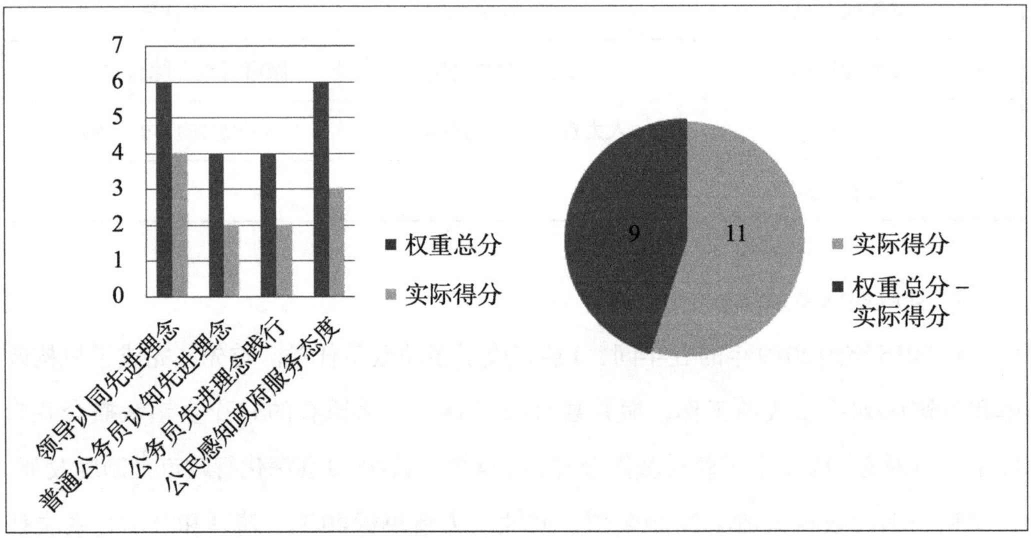

图11-1　J县政府理念创新能力得分一览图

2.政策创新能力分析

J县政府政策创新能力较弱。如图11-2所示，该县政府政策创新能力总分为5分，社会参与与评估反馈为1分，仅占该项权重分数的25%。从调研情况来看，虽然J县新制定、修改和废除的政策文件较多，但政策创新工作更多的是照搬上级政府对应的政策文件，而没有结合本县的实际情况进行细化或者变通。此外，社会团体机构和公民基本上未参与该县的政策制定工作，因为该县没有建立公共政策制定的社会参与机制和评估反馈机制。

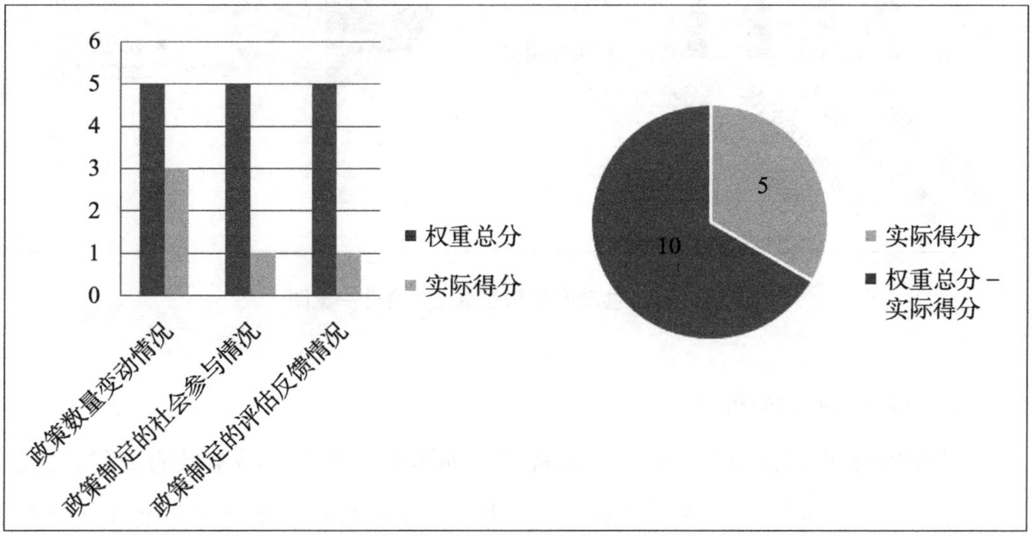

图 11–2　J 县政府政策创新能力得分一览图

3.机构变革能力分析

J县政府机构变革不到位，如图11–3所示，该县政府机构变革能力得分为10分，占该项权重赋值的50%。通过对J县政府近五年机构变革情况的分析可以发现，虽然该县政府在名义上进行了政府机构的精简裁并，但是在实际工作中原来的部门依然在行使职能，政府人员编制也没有发生明显变化。此外，该县在政府机构变革以后，政府部门的职能和责任只是在原来的基础之上进行了累加，并没有实际意义上的转变和加强。

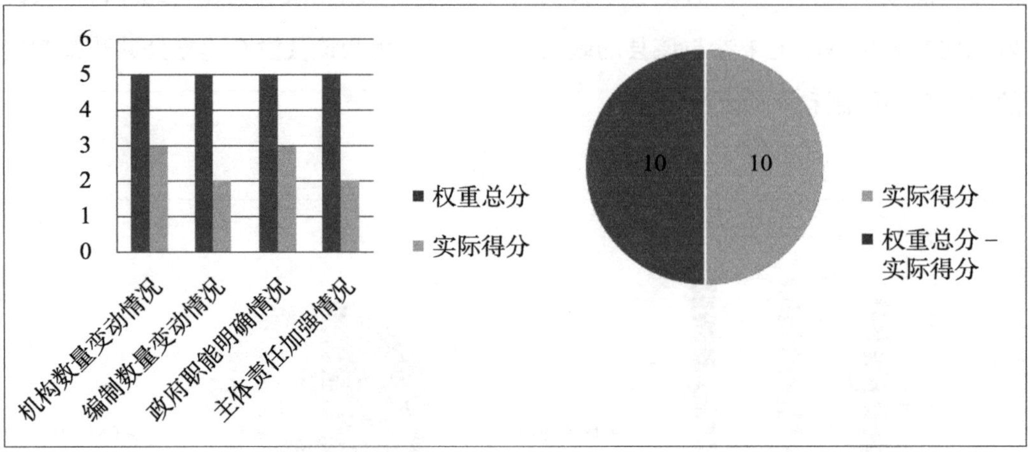

图 11–3　J 县政府机构变革能力得分一览图

4. 流程再造能力分析

J县政府流程再造能力有待进一步提高。如图11–4所示，该县政府流程再造能力得分11分，占该项赋值分数的55%。其中，流程环节数量变化得分最低，仅为2分，为该项赋值分数的40%。从分析可以看出，该县近几年的确在进行业务流程的再造，有部分业务流程被废除和清理，也有部分流程进行了重组，并且在重组以后规定了业务流程办理的时间期限。但是重组再造的流程占流程总数的比例不高，且大部分业务流程环节并未减少。

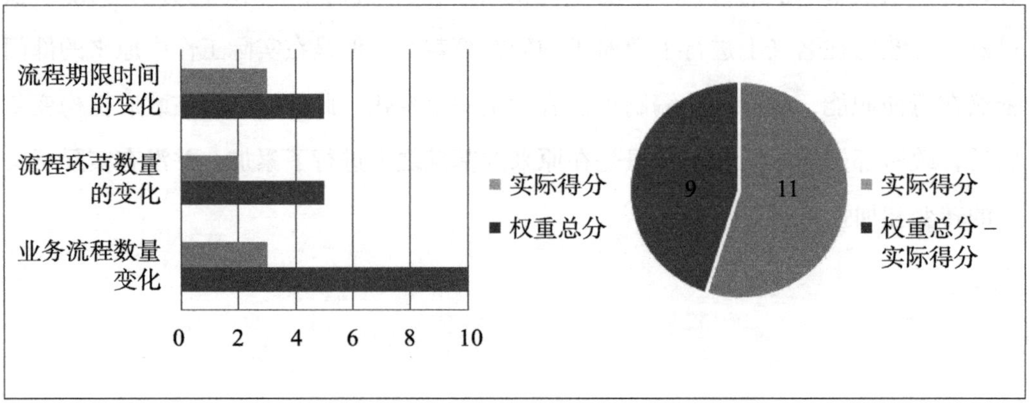

图 11–4　J 县政府流程再造能力得分一览图

5.工具创新能力分析

J县政府工具创新能力基本达标。如图11–5所示，该县政府工具能力得分为14分，占该项赋值总分的56%；其中，村广播站建设使用情况得分最低，为1分，仅占该项赋值总分的20%。从统计分析中可以明显地看到，J县政府网站建设和使用情况良好，部门办公室电脑配备情况和网络覆盖情况相对较好。但是电脑版本比较老旧、办公软件运行缓慢的情况比较突出。另外，J县农村地区广播站正处在建设之中，暂时没有充分发挥作用。

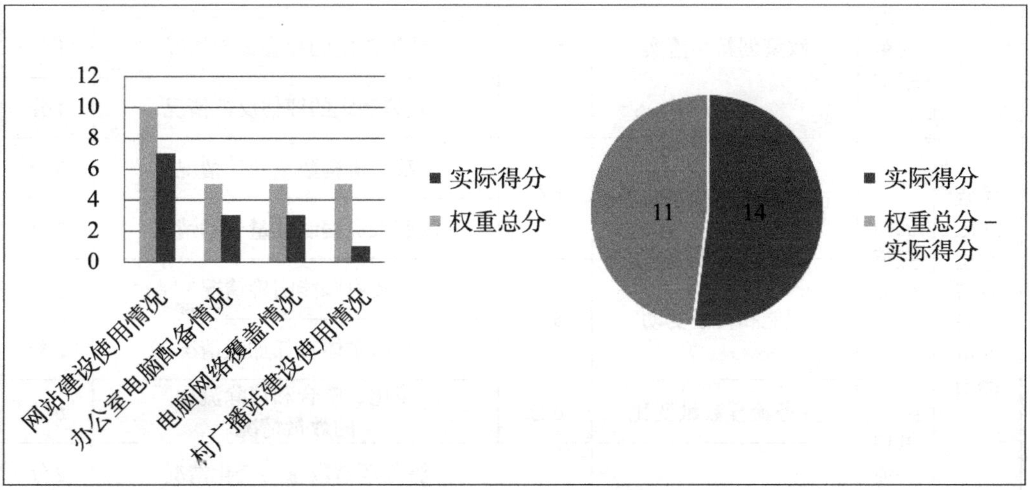

图11–5　J县政府工具创新能力得分一览图

（三）J县政府创新变革能力总体评价

根据以上对指标体系各一级指标与二级指标的统计分析，J县政府创新变革能力评分结果如下表11–4所示。

表 11-4　J 县政府创新变革能力得分一览表

评价对象	评价维度	一级指标	实际得分	二级指标	实际得分
民族地区基层政府创新变革能力	理念创新维度	先进理念认同	6分	领导干部认同先进理念情况	4分
				普通公务员认知先进理念情况	2分
		先进理念执行	5分	各级公务员先进理念践行情况	2分
				公民感知政府服务态度情况	3分
	政策创新维度	政策创新和落实	5分	政策数量变动情况	3分
				政策制定的社会参与情况	1分
				政策制定的评估反馈情况	1分
	机构变革维度	机构和人员编制变动	5分	政府机构数量变动情况	3分
				政府人员编制数量变动情况	2分
		职能和责任变动	5分	政府职能明确情况	3分
				政府主体责任加强情况	2分
	流程再造维度	业务流程数量变化	6分	简化、整合和清除流程的数量情况	6分
		再造后流程的便捷程度	5分	流程环节数量的变化情况	2分
				流程期限时间的变化情况	3分
	工具创新维度	网站建设和使用情况	7分	政府网站建设	7分
				使用情况	
		电脑网络办公	6分	部门办公室电脑配备情况	3分
				部门电脑网络覆盖情况	3分
		农村广播站建设使用	1分	“村村响”广播站建设使用情况	1分
	合计	—	51分	—	51分

总体而言，J县政府创新变革能力整体偏弱。如图11–6和11–7所示，该县创新变革能力测量总分为51分，理念创新维度11分、政策创新维度5分、机构变革维

度10分，流程再造维度11分，工具创新维度14分，分别占该项赋值总分的51%，55%、33.33%、50%、55%、56%。J县政府创新变革能力的五个能力要素维度总体水平不强，尤其是政策创新能力较弱。因此，J县政府创新变革能力有待提高。

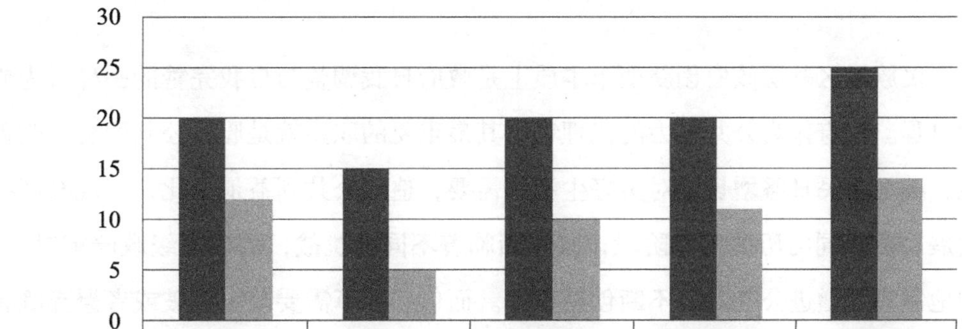

	理念创新能力	政策创新能力	机构变革能力	流程再造能力	工具创新能力
■ 权重总分	20	15	20	20	25
■ 实际得分	12	5	10	11	14

图 11-6　J县政府创新变革能力测量得分情况

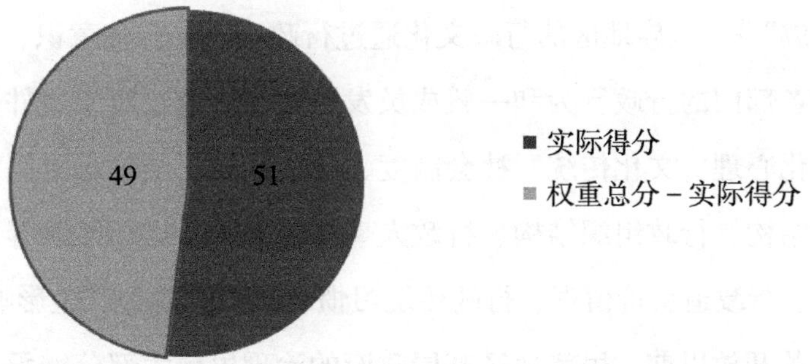

图 11-7　J县政府创新变革能力总得分情况

第三节　民族地区基层政府创新变革面临的挑战

民族地区基层政府创新变革本质上是政府自我调整与自我完善的一种行为或行动过程。政府作为公共权力的代理者，其最重要的职能就是履行公共职责，改善民生，满足人民日益增长的对美好生活的需要，追求公共利益最大化，实现经济社会发展。在不同的历史发展阶段，政府面临着不同的挑战，需要各级政府审时度势、因地制宜为增进公共利益不断创新变革。而创新变革需要政府打破或者摒弃既有的路径和模式，面对未知的风险和挑战。

一、行政文化、行政理念尚待提升

民族地区行政文化的形成具有一定的特殊条件。正如美国政治学者阿尔蒙德所言，“行政文化从本质上讲是一个民族在特定时期所流行的一套与政治和行政相关的态度、信仰和感情。行政文化由这个民族的历史和现代政治、经济、文化活动共同作用形成”①。民族地区的行政文化通过行政心理、行政意识、行政思想、行政习惯对各级各部门的行政行为和一般成员发生影响，通过历史条件、地理环境、民族特性、文化心理、文化传统、社会制度、政治状况、经济水平等对行政权力结构、行政职能结构、行政组织结构、行政人事体制和行政运行体制等发生作用；对行政思维模式、行政道德价值观、行政传统习惯和行政制度等产生影响②。

改革开放以前，民族地区基层政府的治理思想大部分继承了计划经济体制时期“全能政府”的理念，形成了一种具有典型特色的大包大揽的行政主导管理模式。基

① ［美］阿尔蒙德·维巴：《公民文化》，马殿君等译，杭州：浙江人民出版社，1989年，第23-24页。

② 田华：《论少数民族地区行政文化建设与公共行政改革》，《云南民族学院学报（哲学社会科学版）》，2002年第19卷第2期，第29-30页。

层政府接受上级机关和职能部门的行政领导和业务指导，条块结构使得“向上负责”成为一些地方基层政府行动的直接动力，在执行过程中形成一种重结果、轻过程的倾向。政府包办社会公共事务一方面增加自身负担、降低了行政效率和效能，另一方面制约了社会发展活力。进入20世纪80年代，各国政府积极转变政府工作作风，积极推动公共服务发展。随着改革开放特别是市场经济制度的建立，我国各级政府积极吸收国际先进的治理理念和治理思想，打造“服务型政府”，传统与现代治理文化的交融与碰撞，推动着中国治理思想的变迁。

一部分民族地区基层政府在构建“服务型政府”过程中，受原有管理路径制约，制定政策时缺少主动回应社会需求的意识，引导社会组织与公众参与决策的主动性不强，影响了政府决策的科学性，可能导致公众对政府政策的认同与支持程度不高，甚至可能导致政策执行失效。党的十九大报告明确指出，不断推进国家治理体系和治理现代化，坚决破除一切不合时宜的思想观念和体制弊端，突破利益固化藩篱，吸收人类文明成果，构建科学规范和运行有效的制度体系。当前，随着国家治理能力和治理体系现代化的推进，这种行政管理理念“老办法”已经不能适应现代社会发展的“新面貌”，不利于解决社会发展过程中出现的“新问题”。

二、政策执行效果、政策创新水平尚需提高

公共政策的执行效力和效力范围是有限的，可划分为中央政策和地方政策。中央政策是指导全国各地方政府开展公共管理、公共服务与社会治理的宏观政策，主要从宏观上进行指导。民族地区基层政府作为国家的基层行政机关，制定政策文件的目的是在法律法规与上级政策规定范围内，因地制宜执行上级机关的行政命令和规范本地区的经济社会行为。其制定的政策是直接作用于社会公共事务与社会公众的，因此，基层政府公共政策的制定和执行应当基于对本区域现实情境的考虑，在针对性和可操作性上下功夫。从我们的调研与统计分析来看，民族地区基层政府政策创新还存在以下一些问题。

（一）政策动员仍需加强

制定公共政策是为了解决社会公共问题，实现社会公共利益，政策制定和执行关系到政府的形象和公信力，对现代国家治理体系的构建和国家治理能力的提升起到关键性作用。行政机关在制定公共政策的过程中一般都会充分听取公民或社会的意见，政策制定出台后也会第一时间向社会公开。行政机关公共政策的制定主要由政府主导，如果参与保障机制不完善，公众的参与度就会不高。尽管当前民族地区基层政府不断畅通公民参与公共事务的渠道，使公众有机会参与公共政策制定，但在一些地区，当前公众参与的形式主要是手段性参与，而不是价值性参与，即公民乐于把参与当作维护自身利益的一种手段，还没有将参与上升到一种普遍的价值和目标。例如在部分民族地区，公众之所以热衷于参加村民选举，是因为选举结果会影响到他们的切身利益，这种参与应该说是公民通过参与来表达或争取经济利益诉求。在民族地区基层政府的公共管理活动中，一些民众存在“搭便车”心理，缺乏主动参与的意愿。整体来看，一方面，部分地方基层政府缺少对公众参与渠道的建设，缺乏主动寻求公众参与的动力；另一方面，公众主动参与的动力不足，导致在一些民族地区基层政府进行公共管理过程中，公民参与度不高，影响公共政策的执行效果。

（二）政策知晓度尚需提升

目前，绝大多数民族乡政府所执行的公共政策有75%左右来源于上级政府，20%左右来源于同级政权（党委、人大和政府自身），剩下大约有5%来源于其他公共组织或政治实体①。基层政府每年需要花费大量人力、物力、财力和时间来执行上级政策，由于时间紧、任务重，基层政府难以在有限时间内开展充分的政策宣传，制约了政策知晓范围。再者，部分民族地区群众受教育程度不高，政策认识水平受限，对政策的阅读和理解能力不足。最后，一些政策的专业性强，政府一般通过网络、宣传栏和“公众号”的形式发布行政决策，如果缺乏相应的解读，加上公众文化水平有限，对政策可能“知其然而不知其所以然”，影响了政策宣传效果。

① 许才明：《论民族乡政府公共政策执行力的意蕴、偏差与纠偏》，《中央民族大学学报（哲学社会科学版）》，2010年第5期第37卷，第10页。

（三）政策认同度尚有提升空间

政策冲突是指一些地区的政策内容存在相互抵牾的地方，包括同一政策中不同内容之间的相互冲突和不同政策内容之间的相互冲突。例如，在某自治县就存在这样的情况，一位企业家申请登记注册企业，按照程序他需要先到工商、环保、发改委等部门完成审核，再回到工商完成注册，在这一过程中，他可能需要经过多道“行政审批转圈”才能办好营业执照。类似情况在基层地区比较普遍，而且各部门都有自己办理行政许可的法律依据。由于缺乏一种有效的沟通协调机制，无形中给企业落地生根设置了障碍，制约了地方经济发展。之所以会出现这样的情况，主要原因是在政策执行过程中，对政策的认识、理解和传递产生偏差导致。这种偏差既有主观因素的影响，如利益考量；也有客观因素的影响，如制度环境、行政能力等。如“条条块块”现象，政府相关部门在执行公共政策时常常面临一个部门的目标与其他部门的目标不一致的问题，或者在政策执行中，出现一个组织执行某个项目时，不愿意与其他组织合作，导致公共政策执行中的“孤岛现象”与合作困境①。

三、经济发展、创新基础尚待夯实

（一）经济发展需不断提速

随着我国经济体制改革的建立与完善、社会体制改革的深入，在党和国家的政策、财力支持下，民族地区的经济社会发展已经取得了巨大的进步。但受历史发展、自然条件、传统文化等因素影响，民族地区经济发展仍然滞后，相比较全国平均水平尤其是东部发达地区，差距仍然十分明显。以2019年为例，广东省GDP为107671.07亿元，约占全国GDP的10.91%，而内蒙古、宁夏、新疆、广西、西藏五个自治区GDP总额仅为57493.05亿元，约占全国的5.82%。在全国居民人均可支配收入统计中，民族地区居多的西部地区为27370.6元，远低于东部的36025.3元②，民

① 贺东航、孔繁斌：《公共政策执行的中国经验》，《中国社会科学》，2011年第5期，第71页。

② 国家统计局网站–统计数据–中国统计年鉴（2019）：http: //www.stats.gov.cn/tjsj/ndsj/2019/indexch.htmo计算公式：地区生产总值/国内生产总值x 100%=某地GDP占国内GDP的比例。

族地区和东部沿海地区的差异显著，经济发展相对落后不利于建设高效政府，也不利于社会的持续性发展。可见，经济发展落后会导致民族地区基层政府创新变革基础薄弱，进而影响和制约其创新变革的提速。

（二）社会发展稳定的需要

我国不同的民族，无论是风俗习惯、语言文字，还是宗教信仰、文化、心理都各不相同，形成了“十里不同风，百里不同俗”文化差异。同时，一些民族地区跨界人群多，容易受到民族分裂活动的干扰，破坏国家团结①。改革开放以来，中央政府和民族地方政府始终把稳定、协调民族关系和维护安定团结作为经济体制改革和政治体制改革的前提。基于这种政策导向，民族地区以“稳发展”为前提，在发展策略方面与东部沿海地区经济改革创新带来的快速发展存在着较大差距，最直接的体现就是政府财力基础薄弱。

（三）技术创新投入不够

现代化社会，创新是经济发展的直接动力，对社会经济发展的驱动引领作用与日俱增，已经成为一个国家发展水平、彰显国家能力的代名词。美国工业设计联合会的一项调研显示，工业设计每投入1美元，销售收入将增加1500美元。作为创新的主体，企业创新需要一定的资金支持，而且创新的投入和成果转化具有周期性，只有当收益高于成本时企业才会愿意进行创新。民族地区基层政府财政能力有限，限制了其对企业的研发投入补贴，使得企业创新意识不强、发展缓慢。以中国各省市研发经费投入强度为例，2019年，全国共投入研究与试验发展（R&D）经费22143.6亿元，比上年增加2465.7亿元，增长12.5%；研究与试验发展（R&D）经费投入强度（与国内生产总值之比）为2.23%，比上年提高0.09个百分点。研究与试验发展（R&D）经费投入强度超过全国平均水平的省（市）有7个，分别为北京、上海、天津、广东、江苏、浙江和陕西。其中，北京研究与试验发展（R&D）经费投入强度最大达6.31%，上海位居第二，研究与试验发展（R&D）经费投入强度4%。云南、内蒙古、贵州、广西、青海、新疆、西藏等少数民族聚居地区研究与试验发

① 任维德：《地方政府能力建设：西部民族地区发展新思路》，呼和浩特：内蒙古大学出版社，2014年，第180页–181页。

展（R&D）经费投入强度不足1%。可见，创新不足制约着民族地区经济的发展。

（四）专业人才队伍不足

国家公共行政和公共政策的执行最终需要靠人来完成，公共行政人员的能力影响公共政策效果的实现。民族地区经济社会发展不充分，与东部沿海地区差距明显，经济发展差异呈现出的“马太效应”，直接影响到人才工作，使得本地人才留不住——“孔雀东南飞”，外地人才不愿来。据调查发现，自20世纪80年代以来，西部基层人才流出量远高于流入量，流出量是流入量的两倍以上，尤其是中青年骨干人才大量外流。如20年来，青海省调走或自动离开青海省的科技人员在5万人以上①。近20年来，甘肃省至少有4000余名高级科技人才流失。近10年来，甘肃调出高级职称技术人才上千人，而调入量不足百人②。民族地区外流的人才中，大多为部门骨干人员，人才队伍不足影响了民族地区的社会发展。除此之外，民族地区基层行政工作人员还存在知识、学历、专业、年龄等结构等的不匹配问题。以PX市为例，与东部沿海地区博士县长、博士镇长的人才储备不同，PX市大多数公职干部学历层次较低，本科及硕士以上学历的人才较少。

四、干部创新动力尚待提高

在政府能力建设的发展过程中，各级政府都存在着“利他”和“自利”的双重动机。“利他”，就是为社会服务，为人民服务，便民服务；“自利”，就是单位利益、部门利益和个人利益。政府官员和公务员为自身的声誉、荣辱、奖惩、升降、福利、待遇等去做事或工作，这是政府的本质属性之一③。当前，民族地区基层政府一些干部晋升困难，对政府能力创新的影响主要有：第一，晋升渠道窄，不能激发创新欲望。民族地区行政规格低、职数不足，职务晋升局限性较大，政府人才选拔

① 杨志军、李祖超：《西部基层“留才难”的困境及创新对策》，《社会科学家》，2017年第5期，第47页。

② 姜伟超、石星伟：西部实施人才战略喜中有忧 [EB/OL]. http：/ www. lwgcw. com/NewsShow. aspx? newsId = 34975，2014 - 04 - 09.

③ 谢庆奎：《中国政府的府际关系研究》，《北京大学学报（哲学社会科学版）》，2000年第1期，第27页。

的范围集中在本地区的各级党政机关部门，晋升名额非常有限。尤其是乡镇基层干部，在岗位上工作多年，受科级职数的限制，晋升难度更大，造成一些有经验、有能力的人力资源浪费。选拔任用渠道受阻，基层干部的创新热情和工作积极性不足，创新意愿和创新能力也会随之下降。第二，工作满意度有待提升。现有的“条块”行政体制，使得基层公务员工作压力较大，“上面千条线，下面一根针”，工作人员既要做好本职工作、群众服务工作、还要面对上级考核检查，每一项工作都给公务员带来巨大工作压力。第三，晋升方式发展不均。现阶段，基层公务员晋升主要采取委任制，即由同级或上级党政委部门选人用人，在发展中出现重学历、“以资代能”等现象，由于缺乏相应的监督机制，不可避免地会产生一些问题。第四，干部考核指标体系不完善。一些民族地区基层政府缺少公务员考核标准，一般是参照上级考核模式，未能针对不同部门或不同职务类别来设计操作性强的考核指标体系。考核内容涉及德能勤绩廉等部分，缺乏量化的考核评价指标，一些部门在考核过程中还存在“老好人”思想，怕得罪人。

五、组织结构规模大，行政效率有待提升

（一）行政规模大

我国是一个拥有众多跨界民族的国家，约有30个左右的少数民族与国外同一民族跨界相邻而居。在全国陆地边境县中，有112个为民族自治地方，约占全国陆地边境县总数的80%左右。且我国少数民族大多居住在边疆或靠近边疆地区。我国的2.2万公里陆地边境线，1.9万公里在少数民族地区①。在民族地区，各少数民族还形成了大杂居、小聚居、交错杂居的居住特点，形成地广人稀、居住分散的地理空间格局。为了加强管理和服务，国家需要更多的行政管理机构和支边护边人员，形成行政规模大、财政供养人员较多的特点。

① 王海峰:《民族地区公共政策执行中的影响变量分析》,《西北师范大学学报（社会科学版）》,2015年3月第52卷第12期，第61页。

（二）机构设置尚待整合

《地方各级人民政府机构设置和编制管理条例》第六条明确规定，县级以上各级政府在机构设置、核定编制时应该充分考虑当地财政供养能力，不得突破规定编制，禁止自行设置机构和增加编制，自行设置和增加编制的不得核拨财政资金，也不得挪用其他资金，违者将依法给予处分。但是由于缺乏检查监督，少数地方政府随意增设内部机构，增加人员编制，使得部门越增越多，人员有进无退。此外，民族地区基层政府具有一定的法定自治权，组织机构设置问题显得更为突出。以某自治县为例，据不完全统计，该县在2016年共设有41个职能部门，8个下属组织和72个临时机构，每个机构都需要配备相应的工作人员。这些临时机构的设立最初是为了完成上级交办的新任务或者强化某一项临时工作，任务完成后，该机构应随即撤销。但在现实情况中，如果撤销这些机构，部分人员的利益就会受损，时间一长，一些临时机构就成常设机构，机构数量积少成多，人员规模也日益膨胀。

（三）组织运行效率尚需提升

组织结构理论认为，一个相对完备合理的政府组织应该包括决策指挥、政策执行、参谋咨询与监督反馈四个组成部分，四个组成部分互相配合，相互依存。我国各民族地区的发展情况各不相同，但是各地基层政府的机构设置大致相同，遵循“左右看齐、上下一致”的原则，形成“横向到边、纵向到底”的组织体制。就现实情况来看，民族地区基层政府的决策指挥机构和政策执行机构相对比较完善，但是参谋咨询机构和监督反馈机构相对缺乏。部分民族地区只有县级政府才有参谋咨询机构，且这些参谋咨询机构一般是政府办公室或者政策研究室，人员配置较少、参谋职能不明确，为政府提供的智力支持比较有限，不能适应民族地区的经济社会发展需求。监督反馈机构主要由纪检监察部门和审计部门组成，监督主要是针对政府及其公务人员的职能履行情况，一些地方的监督反馈机构对公共管理或服务是否符合公众意愿、社会治理是否激发社会活力等公共管理效果的监督缺乏量化考核。

六、业务流程整合再造需持续推进

由于政府职能扩张，层级不断增多，规模逐渐膨胀，行政业务办理流程的链条也随之变长，使得一些地区基层政府的业务流程变得相对繁琐。主要表现为：流程和流程之间割裂，流程之间衔接不到位，涉及跨部门协作时，需要不断进行沟通交流，无形中增加了流程长度；岗位职责不清晰，职能部门的分工使得各项业务“各自一套”，出现问题的时候，部门之间协作不畅，工作效率较低；流程繁多，横向业务审核和纵向业务呈批交叉，重复审核，层层汇报，无形中增加了审批时间；单一部门主导的流程，由于得不到其他部门的有效协助，使得流程推进较慢；双重审核，需同时线上线下申报才可办理业务。

这些都对基层政府的业务流程整合和再造提出了更高要求。

第四节　民族地区基层政府创新变革提升的路径选择

一、顺应时代发展，提升理念创新

（一）转变观念与认知，提高思想水平

民族地区基层政府应该顺应时代发展、适应社会转型与变迁，不断创新变革理念，牢固树立以公民为中心、为民服务的治理理想。以公民为中心，尊重和维护各民族群众的基本权利，以各民族群众利益为各项工作的中心和出发点，根据群众需求提升公共服务品质，并将群众的满意度作为衡量绩效的重要标准。此外，民族地区基层政府还应当勇于创新社会治理体制与机制，明确政府职能，厘清政府与市场和社会的关系。转变政府作风，激发市场与社会的活力，将行政理念从管理转向合作治理。

（二）树立改革意识，培养创新思维

创新是21世纪社会进步的灵魂，是民族地区各级政府适应全球化与推动本地经济社会发展的必修课。在当前全国大力推进改革和创新的背景下，民族地区基层政府一定要把握好改革趋向，牢固树立改革意识，立足本地区本民族的实际，贯彻落实好各项改革措施，培养创新思维，让改革和创新成为民族地区基层政府各项工作的新常态。民族地区基层政府的创新变革也是一场攻坚战。当前，复杂的国际经济形势和国际关系催生了民族经济主义，民族问题错综复杂；国内发展不平衡不充分，民族地区和非民族地区经济社会发展差距仍然较大。面对着国内国外发展环境的影响，民族地区基础政府在治理过程中要认真细致地研究创新改革过程中出现的新问题，妥善处理各种分歧，在维护民族团结的基础上增进人民的共同利益。

二、完善政策支持，提升制度创新

（一）建设中国特色新型智库

智力资源是国家和民族生存与发展的宝贵资源，是国家软实力的有机组成部分，是科学决策的重要支撑。党的十八届三中全会提出，要加强中国特色新型智库建设，建立健全决策咨询制度。智库建设越来越得到党中央及各级政府的重视。当前，民族地区各级政府的官方智库来源主要是地方高校和各级科研院所，他们在开展调查研究和政策咨询方面具有显著的优势。但是民族地区社会环境复杂多样，加上人才流失，官方智库存在人力不足及研究实效滞后的问题。因此加强民族地区智库建设，尤其是培育和引导民族地区的民间智库发展，对于提高民族地区基层政府科学决策和政策创新水平具有重要意义。首先，加大对智库建设的政策支持力度，从制度上对智库建设的经费投入、人才队伍建设、机构设置给予保障；其次，开放政府信息获取渠道，对智库开展研究给予信息和技术支持，实现信息共享。最后，加强特色建设，民族地区智库建设要紧紧围绕民族地区的发展，在民族地区区域经济发展、民族团结进步等方面开展研究，为民族地区经济社会发展出谋划策。

（二）健全公民参与机制

美国学者戴维·伊斯顿认为，公民的利益要求是政治系统制定政策的原料，如果公民的利益要求不能通过制度安排输入到决策系统，会导致输送失败，进而产生一系列负面影响。“由于通道容量不足而产生的影响会对系统造成压力，其结果会以各种形式表现出来……”[①]因此，公众有效参与政府政策的制定，能够在一定程度上约束和监督政府的行政行为，有助于政府了解民众真实的利益诉求，进而帮助政府制定出更加符合社会绝大多数公众利益的政策。我国公众参与政府政策制定和管理的途径主要有：听证会、书面征求意见、座谈会、专家咨询等。不同形式的公众参与路径在民族地区具体实施中还存在一些问题，特别是作为公众参与的主要方式——听证制度，尚待不断完善。完善民族地区基层政府政策制定的公众参与机制能够促进其政策创新。具体而言，一是建立适合民族地区公众听证制度的代表推选机制。由于民族地区整体文化素质不高，基层政府应该允许公民通过民主的方式推选参加听证会的代表，并允许参加听证会的各位代表充分发表自己的意见，使政府制定的公共政策能够符合并代表绝大多数人的利益，提高政府的政策创新水平；二是制定关于民族地区公众听证的政策规定，对公众听证的主体、参与人、当事人、听证会的具体原则、流程和具体方式作出详细的规定，使民族地区的公众听证机制具有较强的可操作性。这样不仅可以使各民族公民更加有效地参加听证，更好地保障各民族公民的各项权益，也能够帮助基层政府制定出更加合理可行的公共政策，提高政府政策创新能力，最终实现共建、共治、共享。

三、转变政府职能，增强机构变革能力

当前，我国社会主要矛盾已经发生变化，人民群众对美好生活提出了更高要求，需要各级政府提高治理水平，以推动高质量发展，化解发展不平衡不充分的矛盾。面对时代发展的新要求，党的十九大提出深化机构和行政体制改革，十九届三中全会提出要转变政府职能、优化政府机构设置和职能配置。政府职能转变是否到

---

① 戴维·伊斯顿：《政治生活的系统分析》，北京：华夏出版社，1999年，第144页。

位、机构设置是否科学、如何解决职责缺位和效能低等问题，都需要通过深化政府机构改革来完善民族地区基层政府的治理体系，提升治理能力，为民族地区各项事业发展提供有力的组织保障。

（一）加快职能转变，促进机构变革调整

政府职能是行政管理的基本问题，是政府一切活动的逻辑起点①。职能定位正确、机构设置合理是政府有效行使权力的关键和重要条件。只有科学界定和转变民族地区基层政府的职能，明确部门责任，确保权责一致，才能有效遏制机构重叠、职权交叉、政出多门等问题。因此，推进政府职能转变是深化民族地区政府机构改革的应有之义。大力推进机构改革与"放管服"改革，进一步转变职能，提高效能；减少政府对市场的直接干预，深化简政放权；全面实施负面清单制度，坚决破除市场发展的体制机制障碍；清理妨碍市场公平竞争的各种规定和做法，激发各类市场主体的活力和创新潜力，为建设人民满意的服务型政府助力开道。

（二）科学规划政府机构改革方案

科学规划政府机构改革方案及内容。一方面，要统筹、优化地方政府机构设置，赋予民族地区基层政府机构更多自主权，增强地方治理。除中央有明确要求外，民族地区基层政府可结合本地实际设置政府职能机构，并在规定限额内确定机构数量、名称、排序、编制等。另一方面，应综合设立政府机构。基层政府机构设置应面向群众，符合基层事务特点，按照简约高效的要求，整合相关职能和机构，设立综合性机构。一是规定政府的机构设置限额，推动民族地区基层政府充分考虑当地的实际情况，在有限范围内规划设置最合理的组织机构，提升机构变革水平。二是规定政府必设机构，有利于基层政府在履行基本公共职能时与上级政府保持一致，从而保证基层政府与上级政府的各项工作衔接，同时可以从宏观层面抑制机构膨胀，实现民族地区基层政府的机构精简。

① 张翔：《职能导向论：地方政府机构改革的逻辑导向》，《云南社会科学》，2011年第5期，第24-28页。

（三）提升基层领导干部素质

民族地区政府能力首先表现在政府成员的综合素质上[①]，提升民族地区基层政府经济规划能力，需要依靠一支具有较高素质的基层领导干部队伍。第一，重视人才培养。十九大报告提出："大力发现储备年轻干部，注重在基层一线和困难艰苦的地方培养锻炼年轻干部，源源不断选拔使用经过实践考验的优秀年轻干部。"年轻干部有活力、有闯劲、有激情，文化素质高，善于学习，但缺乏工作经验，需要通过基层锻炼进行培养提升。所以在干部队伍建设过程中要善于抓"关键"，重视基层年轻干部人才队伍的培养。第二，加强对干部队伍的教育培训，培养高质量的干部队伍。充分利用进修、学习培训等方式增强领导干部的个人能力和党性修养，使干部队伍适应新时代中国特色社会主义发展的要求。第三，完善公务员任用渠道，优化人才队伍结构。对部分专业性较强的职位和辅助性职位实行聘任制，弥补行政机关专业性人才不足的问题，增强公务员的积极性和主动性，提高行政机关的业务效能。第四，健全公务员激励约束机制。实行竞争上岗，按照岗位责任要求对其工作进行考核，通过考核评定岗位任用情况，使能者上、庸者下，激励基层公务员认真工作，使其以更加积极的热情投入到为人民服务中来。

四、借鉴企业经验，拓展流程再造

（一）以服务效率为导向重组办公流程

以提高政府服务质量、缩短办事时间和服务效率为导向重组办公流程，就是通过变革组织模式或者管理模式，将割裂的流程重新拼接、再造，使之变成一个连续的、完整的流程。通过对原有流程的整合和优化，最终实现公众服务质量、组织运行成本和组织工作效率的整体优化（见表11-5）。因此，业务流程再造的效果不仅是流程的优化，而且是以流程优化为核心思想，创新变革政府的组织结构、工作内容、绩效评价等。

① 青觉：《和谐社会与民族地区政府能力建设》，北京：人民出版社，2010年，第51页。

表 11-5 政务流程再造前后基层政府之间的对比

特征表现	流程再造前的基层政府	流程再造后的基层政府
结构模式	以职能为中心的层级机构	以流程为中心的扁平结构
运行机理	以职能为主 存在职能界限 分割的流程 局部效率最优化	以流程为主 针对公民的点对点管理 连续的流程 政府全局效率最优化
特征表现	流程再造前的基层政府	流程再造后的基层政府
基层公务员	按职能部门分类 按专业技能分工 工作以个人完成为主 主要对领导负责	按工作业务分类 技能综合，多面手 工作以小组合作为主 主要对公民负责
技术	因职能界限而被分离 评价以部门目标为主	因业务流程而被集成 评价以流程目标为主

民族地区基层政府实施流程再造，即打破传统固化的层级结构，以流程为核心代替职能划分确立新的组织结构，打造规范、高效的政府服务流程体系。政府流程的整体化运作不仅有助于政府对外部环境和公民需求变化做出快速反应，而且能够更好地促进政府提高效率和柔性治理。以广西某自治县的工商注册登记流程为例，该县政府了解到当地群众和企业普遍反映工商注册登记流程不合理，申报审批程序较为复杂，流程长、效率低、耗时长、协调成本高。为提高办事效率，县政府将原来的流程再造为一窗式服务登记和并联式综合审批，按照“工商受理登记、抄告相关部门、并联综合审批、限时办理结束”的总体原则，把环保、卫生、质检、国税等12个行政部门统一在工商部门的窗口进行办理，避免公民在不同的窗口重复排队和多次往返政务大厅问题，使工商注册流程变得简单、方便，大大提高了政府工作效率，节省了公民办理业务的时间，受到群众的普遍欢迎。

（二）依托“互联网+”打造智能化政务体系

2016年，国务院发布的《关于加快推进“互联网+政务服务”工作的指导意见》

指出，推进“互联网+政务服务”，是把简政放权、放管结合、优化服务改革推向纵深的关键环节，对提高政府服务效率和透明度、便利群众办事创业、激发市场活力和社会创造力具有重要意义。依托“互联网+”打造智能化政务体系，可以有效地实现民族地区政府改革的“弯道超车”。

围绕我国主要社会矛盾变化和民族地区人民群众多样化和多层次需求，需要以更高的标准和要求推进民族地区基层政府的“互联网+政务服务”系统搭建，加快民族地区基层政府的智能化政务体系建设。一是要提高服务的可及性和普惠水平，将在线服务延伸至民族地区最边远、最艰苦、最末端的地方，实现“百姓足不出户，服务一手办理”；二是要简化业务流程，创新办理方式，提升亲民化水平；三是要加强新技术创新，提升智能化水平。例如，湖北省恩施土家族苗族自治州巴东县在打造“互联网+政务服务”系统方面走在前列。如巴东县统一电子平台，借鉴农民办事不出村的信息化服务经验，集行政审批、公共服务、中介管理、效能监察等功能于一体，实现政务服务一窗式受理、一站式服务与一网式运行。县、乡镇、村（社区）智能化政务服务系统全覆盖，办事群众和办理人员可在任何时间、任何地点，通过政务服务大厅实体、政务手机APP、政务微信公众号和自助终端设备等方式，登录统一电子平台进行业务办理。

五、运用多元方法，提升工具创新水平

在改进和提升互联网、智能化技术等狭义政府工具之外，民族地区基层政府还要充分采取多样化的治理手段，提升广义的政府工具，包括运用市场化工具、社会化工具等，去应对和处理民族地区基层日益复杂的经济社会问题。多样化工具，以政府治理的身份进入社会，正在形成一种新型发展路径，是社会治理、国家治理水平提升的工具任务型趋势。特别是随着我国进入新时代，面对新的历史方位及时空坐标，及时发现危机与把握危机处理主动权是摆在各地方政府面前的重要治理挑战，迫切需要多种社会治理工具从表层嵌入式向深层嵌入式和普惠式发展。随着民众权力意识的增强，基层问题多样化，政府作为社会经济发展的主体和资源拥有

者，必须有效满足居民日益增长的服务需求。政府应不断发挥社会组织作用，推进政府治理和社会调节、居民自治良性互动及政府职能转换。深层治理的分工合作模式开始逐步显现，社会组织协同政府调适社会关系、社会结构，演化成分工合作的深层嵌入式参与，有利于民族地区基层政府社会治理建设研究整合公众资源的有效方式，克服基层社会服务的供给侧“瓶颈”，有效充实基层社会服务供给，并协同政府更好地克服参与和分配问题的挑战。

（一）完善制度建设，提升市场化工具

市场化工具有利于节约行政成本和提高服务水平，是一种有效的公共管理工具。市场化工具包括政府购买、合同外包、产权交易等一系列具体方法，均可以运用到民族地区基层政府的治理过程中，用以提高当地资源配置效率和治理效果。如合同外包，通过把合同引入到公共管理领域，使市场主体与政府以平等的身份开展市场活动，调动市场与社会主体的参与积极性，优化资源配置。民族地区基层市场化工具运用得好坏与政府这只“看得见的手”有着很大的关系。当民族地区基层政府规制和限制过多时，市场化工具的使用空间必然被压缩。因此民族地区基层政府的重要任务之一就是清理整顿规章制度，取消可有可无和阻碍市场化工具运行的规章制度。在清除阻碍以后，民族地区的市场活力必将得到进一步释放，进而提高民族地区基层政府的治理效果和效率。

（二）完善社区治理机制，提升社会化工具

社区治理是社区建设和社区服务的重要政策工具，优化与完善民族地区基层政府社区治理模式与机制，有助于提高民族地区基层政府使用社会化工具的水平。当前，根据社区主体关系界定的社区化治理模式主要有三种：一是政府引导型模式，在这种模式下，沿袭传统的行政管理体制，政府是基层社区治理的主导力量，主要采取行政化手段实施有效的管理；二是自治型模式，通常也称为赋权型模式，政府将社区管理职责交给社区及其成员，使社区共同体在社区治理中发挥主体作用，政府通过法律和制度规范、监督社区运行；三是混合型模式，这是一种介于自治型与政府引导型之间的模式，是社区自治系统与政府行政管理系统的共生机制，政府通过培养与指导社区共同体实现社区治理，避免直接干预社区事务。民族地区基层政府应充分发挥社区治理的作用，因地制宜，结合不同社区的实际情况完善治理机制，最终达到提高民族地区基层政府运用社会化工具的目的。

六、优化产业结构，提升创新水平

产业结构优化升级，可以大幅提升民族地区基层经济社会的稳定性和韧性，是增强其经济内生动力的必然选择，有利于积蓄民族地区地方经济发展的新动力。民族地区基层政府要根据地方产业结构实际和发展方向，采取相应措施调节、优化产业结构，全面提升产业质量，为民族地区基层经济持续增长培育新动力、打造新引擎。

（一）推动技术开发和创新

创新引领发展，创新是国家、社会发展的第一动力，是建设现代化经济体系的重要战略支撑。民族地区基层政府通过推动技术开发与创新，可促进产业结构的优化升级，实现地区产业经济的增长。首先，应加大对企业技术创新的扶持力度。提高政府科技经费投入企业技术创新板块的比重，采用符合我国国情的现代化技术设施，发展重点产业和建设项目；对现有企业进行设备更新和技术改造，以带动企业的技术进步；搞好科技扶贫工作，将先进的科学技术引进到偏远地区及待发展企业，从科学技术层面加大对民族地区基层社会经济的扶持力度。其次，提供政策支持，鼓励企业研发创新。鼓励地方企业与国内外企业开展技术研发合作，地方政府给予智力支持，定期组织专家提供产业、技术及政策帮助，指导地方企业制定发展规划，引导、推动企业开展创新工作；鼓励企业开展各种技术、项目、产品的研发工作，政府协助企业申报国家和省级技术创新项目计划。最后，帮助企业完成“最后一公里”，协助其争取相关优惠政策和资金支持，譬如，通过应用技改贴息、技术创新专项资金等加以扶持。

（二）落实供给侧结构性改革

用新供给引领需求发展，推动产业结构优化升级，全面提升产业素质和质量，为民族地区经济持续增长培育新理念，是供给侧结构性改革的重要思路。一是重视生产要素的优化组合，以此提高生产要素利用水平，增强经济内生增长动力。民族地区基层政府应发掘本地产业潜力与优势，激发企业创新活力，协助低水平、产能过剩的困难企业有效转型；利用边境地理优势，积极开拓外围市场，引导本地企业开展跨国经营，提高企业生产率。二是调整供给结构，提高质量，解决供需错位、缺位问题。对于民族地区经济发展而言，应积极做好产业的转变和经济增长方式的转变。如从劳动密集型产业转向技术和知识密集型产业，实现从粗放型向集约型增长方式的转变。三是促进产业重组，大力发展战略性新兴产业和现代服务业。当前，民族地区新产业新业态蓬勃发展，明确了供给侧结构性改革的着力方向：延伸农业产业链条，提高第一产业的整体效益；大力发展民族特色、民俗旅游业，激发基层农村、偏远山区发展活力；推进农村电商发展，拓宽农民增收渠道；促进少数民族特色产业的生产、加工、物流、研发、示范、服务等融合发展，形成现代特色产业集群。

第十一章　面向现代化的民族地区基层政府社会治理能力建设

在治理理论视角下，人类生存和发展的历史，就是一部治理演化的历史，在历史发展长河中，人类始终不懈追求社会的善治。特别是在从前工业化社会发展到工业化现代化社会的进程中，民族国家的产生，都是历史发展的自觉选择。当然，全球治理在工业现代化迈向后工业后现代化的进程中经历了统一、稳定、繁荣，同时也面临着剥削、掠夺、战争、恐怖的威胁。当前全面推进国家治理体系与治理能力现代化，是中国社会发展的又一次自觉历史选择。民族地区基层政府作为地方行政管理和社会治理最直接、最主要的治理主体，其治理能力的高下关乎民族地区经济社会稳定发展，关系着国家整体发展战略和民族伟大复兴目标的实现。由于历史传统的特殊性、民族多样性和社会环境的复杂性，民族地区基层政府社会治理既有地方政府治理的普遍性，更有其自身的特殊性。本章将论述民族地区基层政府社会治理能力建设的必要性，探讨民族地区基层政府社会治理能力存在的主要问题、面临的困境，进而提出民族地区基层政府治理能力提升的基本思路，为面向现代化的政府社会治理能力建设提供依据。

第一节　民族地区基层政府社会治理能力建设的必要性

我国自古便是一个统一的多民族国家。中华人民共和国成立以后，国家制定了一系列的民族政策，开展了民族识别工作，划分了民族地区并实行了民族区域自治制度。因此，我国在以“世居”为原则的基础上，尊重历史上形成的少数民族世居地区，尊重大部分地区形成的“大杂居、小聚居”的民族人口分布情况以及尊重民族地区经济社会发展的需要，对民族地区进行了行政划分。自1947年以来，先后成立了内蒙古、新疆、宁夏、广西、西藏等5个省级自治区，设立了30个自治州、120个自治县（旗）。此外，我国还设立了1173个民族乡。随着改革开放的深化，民族地区经济社会发展取得了长足的进步，和谐稳定的社会局面已经形成。民族地区基层政府作为经济社会发展的主导力量，治理能力的不断提高至关重要，可以说民族自治地方治理现代化是推进国家治理能力现代化的重要基石。当前，随着中国特色社会主义进入新时代，全面深化改革不断深入，经济社会转型加快，民族地区基层政府的治理能力越发不能适应时代的新要求，面向现代化的民族地区基层政府社会治理能力建设已经提上日程。

一、适应经济社会转型需要

经过40多年的改革开放，我国围绕建立中国特色社会主义市场经济体制这一目标，推进经济、政治、社会、文化、生态文明等领域的改革，经济体制上实现了从集中僵化的计划机制到充满活力的市场机制的转变，在改革程度上实现了从半封闭状态到全方位开放的历史跨越，在人民生活上实现了从解决温饱问题到追求美好生活、建成小康社会的重大跨越，实现了经济总量等诸多指标跃居世界前列的历史性飞跃。作为主导经济社会发展的政府，在治理理念、治理体系、治理手段等方面也发生了根本性变化，形成了具有中国特色的新治理典范。

与此同时，在国家治理走向现代化的进程中所产生的复杂的社会冲突矛盾，也在不断地冲击着现有的政府治理体系，挑战着政府治理能力。在经济社会转型过程中，各种利益主体、社会关系的结构性变化产生了一定的经济和社会的矛盾。从民族地区的经济社会发展现状来看，既有国家整体转型发展带来的深刻社会结构变迁及其对民族地区政府社会治理能力提出的新要求，还有民族地区自身经济社会发展中的矛盾、亟待破茧化蝶的挑战，更有民族地区与国家整体发展水平的相对落差及社会转型的时序错位带来的社会失范、失衡。这些矛盾和问题叠加交织，对民族地区基层政府的社会治理能力提出了巨大挑战。民族地区基层政府是国家出于地域面积、人口数量和民族特性而设置的地方治理主体，其职能是对民族地区社会进行有效的公共管理，是民族地区地方事务的管理者、公共产品与公共服务的提供者，更是中央政府在民族地区的延伸，是中央政府政策的贯彻者、执行者和国家民族区域的自治主体，是国家治理的重要组成部分。由于地域、文化等特殊因素的影响，民族地区社会治理的任务繁重、难度大。民族地区地方政府面临着“贫困与反贫困、经济发展滞后与区域经济跨越式发展、生态环境脆弱与生态环境保护、基础设施建设落后与基本公共服务供给、人力资源匮乏与人才竞争力提升、社会风险与社会稳定”[①]等一系列问题和挑战。因此，如何完善治理体系、提升治理能力是民族地区政府尤其是基层政府必须应对的重要课题。

二、推进国家治理现代化的需要

党的十九大报告明确指出，全面深化改革是习近平新时代中国特色社会主义思想的重要内容，总目标是完善和发展中国特色社会主义制度，推进国家治理体系与治理能力现代化，旨在通过对改革的推进与完善，来应对在日新月异的国内外环境

① 党秀云:《社会建设“新常态”与民族地区政府社会治理面临的挑战》,《中央民族大学学报》(哲学社会科学版)，2016年第6期。

变化中出现的诸多矛盾和挑战。从弗朗西斯·福山（Francis Fukuyama）的“人类政治秩序视角”[①]看，国家和社会共同构成了人类社会发展过程的基本空间和构架，而出于后现代化转型时期稳固机制的需要，国家治理和社会治理构成了合作协同的整体。所以，国家治理体系和治理能力现代化不是一个一维结构，而是深刻嵌构着国家与社会、中央与地方等多维结构的统一体。社会治理作为一个力量新增极，是国家治理的有益补充和有效组成部分，能够在国家与社会相互作用过程中推动社会主义现代化事业的发展。

当前，在我国不断深化全面改革、推进国家治理体系与治理能力现代化的伟大历史进程中，民族地区基层政府社会治理兼具“整体与局部”“中央政府与地方政府”“国家治理与社会治理”三个维度的意义。所以，面向现代化的民族地区基层政府能力建设已然成为推进国家治理体系与治理能力现代化的重要环节。且由于历史传统、自然环境、风俗习惯和经济发展水平等诸多因素的影响，一些民族地方基层政府相较于发达地区对社会公共事务的治理方式、方法相对滞后，难以应对社会发展的新形势，难以满足日益多元化的社会服务需求。这就要求民族地区地方政府尤其是基层政府不断提高自身社会治理能力，实现地方治理现代化。

三、推动民族地区自身发展的需要

推进民族地区基层政府社会治理能力建设，是加快推进民族地区跨越式发展和长治久安的现实需要。在中国经济体制与社会体制改革深化的转型期，社会利益多元、不稳定因素增加、社会矛盾多发是威胁和影响我国民族地区社会稳定与社会和谐的重大障碍。“由于社会转型、风俗习惯、宗教信仰、民族问题以及境外敌对势力渗透等各种因素的交互影响，民族地区已经成为我国多种社会矛盾交织区域。”[②]一是民族地区的结构性矛盾与发展不平衡成为引发各种矛盾的一大诱因。目前，民族

① 李月军：《比较历史分析视野下政治秩序的起源、变迁与终结——评福山的〈政治秩序的起源〉》，《国外理论动态》，2013年第7期。

② 党秀云：《社会建设“新常态”与民族地区政府社会治理面临的挑战》，《中央民族大学学报》（哲学社会科学版），2016年第6期，第66页。

地区在经济发展和民生建设上的滞后与落差，如城乡差距、区域差距、贫富差距、收入差距以及基本公共服务不均等是影响民族地区社会稳定与和谐的主要隐患与潜在威胁。二是民族分裂势力、宗教极端势力、暴力恐怖势力“三股势力”是民族地区以及我国边疆安全与稳定的威胁。三是相互交织的民族与宗教问题使得民族地区社会矛盾错综复杂。众所周知，各个民族有着各自的信仰、文化及行为习惯，并逐步形成了不同的生活或活动区域，伴随社会变迁及社会融合，不同民族之间可能因为宗教信仰、风俗习惯、发展利益等引发矛盾。民族地区社会稳定事关民族地区各族民众的幸福与安宁，事关国家安全与稳定。受众多复杂因素的影响，民族地区的“维稳”任务重，“维稳”成本高，“维稳”压力大，如何消除、预防并有效化解引发民族地区社会不稳定的各种诱因，促进和实现民族地区持续、长期与全面稳定；如何提升民族地区各级政府的社会调控能力，促进各民族间的包容与团结；如何建立跨区域合作治理机制与“维稳”长效机制，确保民族地区的长治久安，是民族地区基层政府社会治理面临的严峻任务与挑战。

四、提高民族地区基层政府能力的需要

我国民族地区基层政府着眼于本地区经济社会发展，致力于自身社会治理能力的完善已经取得较明显的成效。但由于基础薄弱、发展条件差，民族地区基层政府社会治理更具复杂性、艰巨性和挑战性，当前基层政府治理能力与面向现代化的民族地区发展需求不相适应，社会治理能力有待提升。

对民族地区基层政府社会治理能力的评价比较，民族地区基层政府经济发展能力、公共服务供给能力相对较强，这体现了其与我国改革开放以来所秉承的以经济建设为中心、以改善民生为重点的政府治理目标相适应。依法治理能力也有了较快的发展，我国民主政治体制改革的不断深化对民族地区基层政府依法治理起到了关键作用。但是，一些民族地区基层政府的政策执行能力、风险防治能力、创新变革能力、生态治理能力相对较弱。如在政策执行能力方面，政策执行缺乏规范，政策执行手段单一，执行程序复杂，执行人员素质有待提高；在风险防治能力方面，风

险监控、预判、分析以及处理机制存在不同程度的欠缺，尚未形成系统的风险管理机制；在创新变革能力方面，社会治理体制不完善，社会治理工具与方式较为陈旧；在生态治理能力方面，生态主体责任不明确，经济发展与生态环境治理关系处理存在一定问题，政府生态治理体系建设不完善。总体来说，民族地区基层政府治理能力与治理现代化还有一定差距。

第二节　民族地区基层政府社会治理能力建设中存在的总体性问题

一、治理理念仍待转变

1978年，我国将发展重心转移到经济建设上来，开启了经济转型中国家与社会关系的发展历程。在改革开放中，经济改革致使社会主体分化、社会结构分化、利益分化，同时，党和政府不断推进国家与社会关系的重构。2004年9月，党的十六届四中全会报告明确提出“加强社会建设和管理，推进社会管理体制创新”，将其作为治国理政的重要议题。2013年11月，党的十八届三中全会针对社会领域改革频繁使用“社会治理”这一概念。从“管理”到“治理”，体现了中国共产党在治国理政理念上的转变与提升。[①]社会治理强调政府、市场、民众、社会团体等多元主体的共同参与，倡导社会管理的扁平化，强调对社会事务的引导和规范。社会治理体现了多角度的系统模式，不仅强调多元治理方向可以是自上而下与自下而上的线性理念，也可以是由中间向上下延伸与铺展，并强调协调、灵活和沟通。

在国家层面上，社会治理的理念明确、清晰，但在基层政府执行过程中，特别

① 党的十九届五中全会通过的《中共中央关于制定国民经济和社会发展第十四个五年规划和二〇三五年远景目标的建议》提到，完善社会民主体系，健全党组织领导的自治、法治、德治相结合的城乡治理体系，完善基层民主协商制度，实现政府治理同社会协同，居民自治良性互动，建设人人有责、人人尽责、人人享有的社会治理共同体。

是在民族地区，受传统社会管理观念和计划体制的惯性影响，一些基层政府进行社会治理的过程中依然存在“官本位”思维、权力下放不畅、开放程度较低等问题。具体表现为，首先，在具体履行社会治理职能的过程中，更多依靠的是政府一元主导的管理行为，未能充分调动、发挥群众、社会组织等社会治理主体的作用及市场作用。其次，虽然经过几年的全面从严治党教育，基层部门的工作作风普遍有了持续改善，但在社会治理过程中，少数基层政府及公务人员仍未真正树立起“为民服务”的理念，在为民众办事时时有服务态度差的现象出现。最后，一些工作人员在问题意识和问题导向上存在思维偏差，认为只有出现问题了才需要去解决问题，往往迫在眉睫之时才寻找解决问题的途径，主动意识不强。总之，通过协商与合作，进而确定共同目标、形成共治状态的社会治理理念需要党和政府系统不断地落实政策和营造氛围。

二、治理主体多元化有待推进

社会治理重要的特征之一便是治理主体的多元化，合作与共治是当代社会治理结构的显著特征。2017年10月，党的十九大报告指出，要加强社会治理制度建设，完善党委领导、政府负责、社会协同、公众参与、法治保障的社会治理体制与共建、共治的社会治理体系。多元主体协同共治是参与治理的主体对资源的有机整合，只有协调配合才能形成共治的合力，促进社会治理机制的协调运转。①在民族地区社会经济建设和民族问题的应对和解决上，需要政府、市场和社会三者之间的良好互动与合作。作为一种新的治理模式，“合作治理对政府本身而言是一种新挑战，尤其是对政府社会治理能力的一种新挑战”②。

目前，以民族地区基层政府为主体、市场与社会主体协同参与的分工、协同及运转机制尚未完全形成。首先，部分民族地区基层政府依然存在机构设置纵向和横向同质化的现象。其次，政府与社会组织协作治理的作用发挥得不够充分。从整体

① 《党的十八届中央委员会向中国共产党第十九次全国代表大会的报告》，2017年10月18日。

② 党秀云:《论合作治理中政府能力要求及提升路径》,《中国行政管理》，2017年第3期。

上看，一些民族地区的社会组织数量较少，社会组织在民族地区仍处于嵌入式发展阶段。特别是在资金、管理、运作等方面对政府较强的依赖性，使得其承担社会治理责任的能力十分有限。最后，评估能力不足也是民族地区基层政府社会治理的问题之一。社会治理的绩效评估存在着评价标准难以确定、评价方法难以选择、评价成本高等问题，

三、治理方式有待创新

方式方法决定了成效，治理效果在很大程度上取决于治理的方式、方法的选择。当前，随着全面深化改革不断深入，民族地区基层政府在履行社会治理职能过程中，已把服务置于履职的全过程，从防范控制、轻服务、轻协商的管理向“以人为本”、以服务导向为根本的治理模式转变。近年来，随着国际形势的快速变化，民族地区社会治理环境也呈现出民族宗教问题的复杂性、地缘问题的国际性等错综复杂的形势，使得现代民族地区的社会治理任务越来越严峻和艰巨，考验着民族地区基层政府的治理能力。民族地区基层政府必须要做到源头治理、协同治理、依法治理和综合治理。

首先，在协同治理方面，民族地区党委、政府的主导性地位已经确立，但在鼓励和支持社会各方面参与社会治理的方式上较为单一，政府与社会组织、群众之间的分工不明确。特别是社会组织在承接政府职能方面缺乏有效途径。其次，在法治治理方面，部分民族地区基层政府治理法治化程度仍不高，工作人员运用法治观念、法治思维和法治方式创新社会治理的水平有待提高。特别是一些民族地区基层政府在社会治理过程中缺乏统一、明确而又具体的操作程序规范，使得治理行为自由度较大，行政过程不顺畅，影响了治理效果和服务效率。再次，在综合治理方面，一些民族地区基层政府强化道德约束、调节利益关系的方式方法仍比较单一。在面对复杂的社会矛盾与问题时，部分民族地区基层政府更多地依据道德约束、维护公共权益和尊重个人合法权益的综合考量，采取的方式比较单向、单一，缺乏多向交流沟通、心理疏导等方式方法。最后，在源头治理方面，一些少数民族地区基

层政府的社会治理方式流于表面化和同质化，难以从根源上化解社会矛盾。

四、法治化建设相对滞后

法律和制度是塑造与维护基层政府社会治理环境的基本前提与重要保障。完备的法律体系是社会治理法治化的规范基础和逻辑起点，是政府工作人员以法治思维和法治方式进行社会治理的基本依据。当前，一些民族地区社会治理相关的法律法规、政策与制度建设仍然不足。首先，一些民族地区虽初步形成了以宪法和《民族区域自治法》为核心的法律体系，但一方面缺乏社会治理领域的相关配套政策法规，另一方面缺乏对政府社会治理职能转变的制度规范，导致治理体制改革与政府职能转变不到位。其次，计划经济时代行政体制的影响仍然存在。部分民族地区基层政府在社会治理过程中，受传统行政管理思想影响，当法律与行政命令意见冲突时，不能坚持依法治理。最后，重实体而轻程序的工作习惯也影响着治理效果。缜密而严格的程序是规范治理权力正当行使的重要措施。但在部分民族地区，由于传统行政行为的惯性，一些公职人员在执行治理任务时重内容和成效，忽视行政程序。法治下的行政程序可以使社会治理有章可循，确保权力运行的规范；对程序的尊重将有效地避免社会治理工作的随意性，有效防范治理过程中的程序风险。

五、人才队伍建设需持续加强

人力资源是当今政府公共管理活动的第一资源，无论是公共管理决策还是公共管理活动的执行、监督、评价等，都离不开政府公务人员的行动。部分民族地区社会治理人才相对不足，人员素质与能力还有待提升。首先，人才引进乏力。经济发展水平影响对人才的吸引力，影响人才的分布与含量。较之非民族地区尤其是东部发达地区，受人才观念、经济水平、人才投入等方面因素的影响以及诸如住房、安家、交通、子女入学、就医等社会综合环境条件制约，民族地区吸引人才的能力相对较弱。其次，人才工作机制尚不完善。一些民族地区在社会治理过程中，对人才资源的开发、配置重视不够，人才政策体系不健全。一是人员编制数量不适应社会治理工作的需要，一些部门大量聘用临时工作人员；二是人才发展规划有待进一步健全和落实。人才发展规划与社会治理发展的结合还不够紧、不够细；三是人才培养和吸引过程缺乏有力的政府支持和推动，人才资金投入不足。政府人才资金投入导向性不够明确，未能有效带动用人单位和社会力量投入；四是在人才激励机制上，精神激励的方法不多、效果不明显。这些因素都可能导致民族地区基层政府社会治理人力资源不足、治理能力素养不高等问题，难以满足应对民族地区社会治理特殊性与复杂性的要求。

如何推动民族地区人力资源整体性开发，提升人力资源的整体质量；如何创新人才培养机制，更快更多地培养民族地区急需的各级各类专业人才；如何创造良好的用人机制与环境，形成知识水平及人才队伍整体素质提升的局面，是当前及今后一段时期民族地区基层政府社会治理面临的一个重要任务与巨大挑战。

六、运用大数据水平有待提高

民族地区基层政府社会治理工具相对滞后，难以满足大数据对治理工具现代化的需求。治理工具即政府将其实质目标转化为具体行动的方法，主要包括命令条款、管制规定、提供信息与征税等行政性工具和政府购买、公私合作等市场性工具等，都是政府社会治理能力的重要构成部分。当前，随着互联网的普遍运用以及网民数量激增，迎来信息爆炸的大数据时代，促使政府的治理工具增添新的发展内涵。所以，在大数据背景下构建数字化政府是政府变革的重要方向之一。

首先，一些民族地区基层政府的领导干部及工作人员对大数据知其大略但理解程度参差不齐，主要受到应用层级、复杂等级、数据量级的影响，但关键还是理念问题。不愿共享本单位或部门的数据信息，有些部门因为担心把握不好数据开放与保密之间的界限，认为共享、互联、开放容易造成数据泄密，因而对政务大数据敬而远之。其次，一些民族地区基层政府内部之间各自为政，缺乏配合，信息感知和获取能力不足，信息更新速度慢，难以满足社会需求。最后，一些民族地区基层政府工作人员对于新媒体功能的认知和使用不充分，仍主要依赖于基层社会组织和民众对话方式。对话方式受众面较窄，政府的法规、政策因此难以得到广泛推广。如何通过新媒体平台获取与共享数据，实现大数据的共享、共治，构建大数据治理体制、优化政府治理工具是民族地区基层政府面临的一大难题。

七、治理能力结构性失衡

阿尔蒙德认为，结构是“角色的组合”，结构包含了角色的相互关系和角色的行为方式以及结构中的观念、制度等因素。民族地区基层政府社会治理能力是一个有机体系，不仅具有一般地方政府能力的“法定性、区域性、系统性、变迁性、服务性”等特征，还具有民族地区基层政府能力的民族性、本土性、“自治性”和边疆性特征。

按照不同的分类标准，政府治理能力有不同的内容，与其职能有着密不可分的联系。政府能力的基本内容和发展方向以政府职能的设定为基础，其强弱则决定了政府履行职能的效果。因此，根据民族地区基层政府社会治理职能划分，治理能力包含发展规划能力、政策执行能力、依法治理能力、公共服务能力、风险防控能力、创新变革能力、生态保护能力等。从民族地区基层政府社会治理要求上看，其能力的“现有”和“应有”之间仍存在一定差距，主要表现为治理能力的内部不均衡性和与外部发展要求的不匹配，如传统行政管理能力“过剩”与多元主体合作共治能力发挥不充分；政府机构不断膨胀与高素质治理人才的缺乏；全面的民族地区支持政策与高质量的公共服务产品供给仍不充足；对经济建设的倚重与对生态环境保护的相对忽视；行政程序和风险应对要求不够匹配等。新形势下，民族地区经济社会发展相对滞后，加上“三股势力”的渗透和破坏，亟须改善民族地区基层政府治理能力，按民族地区社会发展的要求建立与之相匹配的政府治理能力体系成为当务之急。

第三节　民族地区基层政府社会治理能力提升的基本途径

一、坚持“以人民为中心”的社会治理理念

从马克思的“人民公仆”思想到毛泽东为人民服务的理念，从邓小平强调政府是人民的政府到“坚持以人为本，尊重人民主体地位”，我国政府始终坚持以“人民高兴不高兴、人民答应不答应、人民满意不满意”作为政府施政的目标。2020年全国“两会”期间，习近平主席在参加内蒙古代表团审议时，强调：“坚持以人民至上，必须紧紧依靠人民，必须不断造福人民，必须牢牢根植人民。”这也进一步明确要求民族地区基层政府社会治理中应当秉承“以人民为中心”的理念。首先，树立基层政府公职人员“以人为本”思想。要定期开展思想宣传教育，善于用身边的故事做好典型示范，采用多种形式加强公职人员的学习。其次，增强政府的回应性。一方面，要建立和完善需求回应机制，划分各部门的回应任务，从基层群众需求信息的收集到信息的处理到最后相关政策的出台都要有明确的负责主体，确保公民需求的满足。另一方面，基层政府要培养前瞻性思维，不仅要及时发现民众的现有需求，还要探寻民众潜在的利益诉求。最后，建立健全责任追究机制。完善由人大、纪检部门、公民、新闻媒体共同形成的全方位监督体系，增强监督体制的威慑力。同时，细化政府侵权行为的主体责任，对基层政府或个人的侵权行为予以严惩，强调行政复议以及行政赔偿制度的有效性，从而切实保证“以人为本”思想的落实。

二、创新和完善社会治理体系

党的十九届四中全会报告强调,“必须加强和创新社会治理，完善党委领导、政府负责、民主协商、社会协同、公众参与、法治保障、科技支撑的社会治理体系，建设人人有责、人人尽责、人人享有的社会治理共同体，确保人民安居乐业、社会安定有序，建设更高水平的平安中国”。

民族地区基层政府应基于现实情境，不断创新与完善社会治理体系。首先，积极转变基层政府社会治理职能。从职能安排上看，应当立足于基层社会治理目标与任务，实现社会稳定、民生改善与增强社会活力，增强应对具有基层特点的社会领域治理问题能力。从机构设置上看，避免社会治理职能划分过细与职能交叉现象，设置综合性社会治理机构。其次，要优化社会组织参与基层社会治理的机制。一是改革社会组织的双重管理制度，适当降低社会组织成立的人数、资金等标准，为社会组织的发展提供一个宽松的环境；二是通过购买社会组织的服务、加大财政支持力度、无偿提供信息等措施为社会组织的发展提供强有力的物质资源支持；三是通过政策优惠与宣传鼓励社会群众积极参与社会组织活动。最后，培育社会组织发展，激励公众参与共治的积极性。一是加强社会民主与法治教育，树立公众的权利意识，使其充分认识到自身的参与权利并有效行使。二是强化基层城市与农村社区的自治职能，激发基层自治组织参与社会治理的积极性，提升其参与能力，促进社会治理共治格局的形成。三是优化社会参与机制，拓宽社会参与渠道。一方面，要提高基层政府主动吸引社会民众参与的意识，要将社会需求、社会满意度等作为社会治理的目标，进而优化社会参与机制；另一方面，基层政府应当在现有公众参与渠道中进一步创新形式，如利用互联网平台扩大社会参与的范围。

三、推进社会治理方式的转型升级

社会治理方式是推进民族地区基层政府社会治理现代化的重要载体，应以问题为导向，坚持从系统设计、依法治理、综合治理与源头治理多视角推进治理方式转型升级。

第一，做好系统治理整体设计。一是要坚持党政主导与社会参与相结合，注重联动融合，加快推进设施联通、信息互通，加快推进合作统筹、资源共享，加快推进程序对接与工作联动。二是要促进开放共治，通过分权与放权，明确政府与市场和社会的权责边界，运用资源共享、利益激励等方式推进开放共治。三是增进社会治理的公开公正，将政府治理置于阳光下，为系统治理营造健康环境。

第二，全面推进依法治理。一是完善和健全相关法律法规。充分运用民族地区的自治权利，主动开展涉及社会治理的法律法规及条款的研究与制定，在立法过程中，根据民族自治地方行政立法程序的和立法行为的实际情况，在现有立法基础上，借鉴国外经验和非民族区域行政立法程序的做法，调整和完善民族自治地方社会治理领域的立法程序。二是提升基层政府依法治理社会的能力。强化公职人员依法履行社会治理职责的能力，坚持“法无授权不可为、法定职责必须为”的原则，落实好政府部门的“权力清单制度”“责任清单制度”，建立和完善“自由裁量权基准制度”，提升公职人员依法行政的能力和水平，力求公职人员善用法治思维和法治方式规范和调整各种关系。三是依法治理法治与民族地区习惯法在社会治理中的冲突。民族地区在社会治理中长期存在着传统民族习惯法的影响，对民族习惯法在社会治理中与国家法存在的冲突要依法予以处理，对一致的如对自然资源保护等要进一步发扬，以国家法为依法治理的根本。

第三，搭建综合治理网络。要做好常态治理与应急处置的结合。当前民族地区大多建立起了基层综治中心，并实行了网格化管理。在网格化工作格局下，应采取多样化学习、培训方式提高协管员、志愿者的专业化水平，发挥群防群治的作用。进一步完善民族地区基层政府社会矛盾纠纷多元化解机制，完善预案管理，提升应急处置能力，提高联动合力。要做好专项整治与长效机制的结合，发挥集中专项治理的优势，科学规划专项治理实施的时间、限度和方式。结合民族地区智慧城市的建设，推进打防管控一体化、网上网下一体化，创新立体化社会治理工作体系。

第四，科学推进源头治理。实现治理环节的科学化，将治理关口前移，综合运用法律、行政、市场、社会等多种机制，主动获取公众对公共服务与社会治理的需求，以公众需求作为社会治理的依据与目标，从源头上推进社会治理工作，改变事后被动处理的局面，做到标本兼治，化解社会矛盾，减少社会问题。

四、充分运用大数据技术

当前，信息技术与经济社会发展交汇融合，引发了各行业各领域数据的急剧增长，数据资源已经成为一个国家或政府治理的基础性战略资源。大数据的运用可以提高政府治理的科学性，可以改善政府治理工具的有效性，可以提升政府治理的实施效率，极大地拓宽了传统管理的覆盖面，实现了传统管理无法做的精准度。大数据已经成为推动政府治理现代化的必然选择。

首先，要树立大数据思维及理念。要求民族地区基层政府从理念上助推转变，通过教育培训、典型示范、工作要求等方式方法，形成自觉应用大数据的氛围，培养领导干部和工作人员树立“用数据说话、用数据决策、用数据管理、用数据创新”的理念，真正做到利用大数据分析问题、解决问题、科学预测问题。

其次，建立社会治理大数据开放共享机制规范。社会治理大数据迫切需要解决“谁来开放、开放什么、谁来用、怎么用、谁来监管”的问题，亟须将数据的采集、利用提升到顶层设计的高度。对此，应建立开放共享的标准规范，形成数据资源共享目录，建立数据基础库、业务主题库等各类资源库，明确数据资源的采集标准、清洗规范、共享范围、操作流程等；建立开放共享的推进机制，明确数据开放共享中的权责关系，配合管理办法、实施方案、资金安排等，扶持率先开放的重点领域，形成“领头羊”效应；建立开放共享的监管机制，监测数据开放的动态性和实时性，监管数据利用的范畴和力度，将开放共享程度纳入绩效考核，对工作力度不够、不作为等问题展开问责，形成数据开放共享的刚性制度。

再次，大力发展社会治理大数据应用。要从大数据中获得预测性、决策性信息，直击政府治理场景中的难点痛点，大数据应用才是问题关键。一是加快研发大数据分析技术支撑，特别是在分布式计算、大数据分析技术、数据可视化等方面的技术支撑。二是强化政务与企业大数据结合。人们每天的阅读、购物、支付、出行等产生大量数据，政务与企业大数据共享，进行深入挖掘，会进一步激发“数据民生”的潜能，创新政府治理的形式和内容。三是探索透明管理与智慧服务的结合。政务管理与服务各环节处处留有数据痕迹，便于事后追溯追责的数据查证，还可以监督政务服务是否公平公正，使得“权力在阳光下运行”。同时，大数据还可以实现在医疗、养老、教育等民生领域的精准服务、主动服务、智慧服务，促进大数据时代的社会凝聚。

最后，筑牢大数据发展的安全保障体系。大数据的可控性是最大风险点，因而需建立数据资源资产化和应用利用授信机制，加大基础设施、支撑平台、数据安全的自主创新力度，建立对承建商、服务商的安全评估和风险测评机制，运用大数据思维、大数据技术做好对安全态势的感知预测工作。此外，还应高度重视个人信息保护工作，将个人信息纳入政府公共信息资源管理范畴，通过主动免疫的大数据真正提升人民群众的福祉。

五、重视人才的培育与素质提升

为进一步强化民族地区基层政府社会治理人才队伍建设，首先，应创新集聚人才模式。经济社会发展是吸引人才的基础，民族地区在特定的经济社会发展水平下如何创新性地集聚人才，模式便更加重要。一是结合机构改革科学核定编制。根据社会治理事业发展的需要，合理确定人员编制，提高编制管理与使用效率。二是有阶梯但不唯阶梯，在人员聘用中，加大对一线工作人员的配置力度。三是实施特设岗位计划，吸引重点大学毕业生到基层服务。

其次，实现物质激励与精神激励的有机结合。随着经济社会的发展，人们需求多元化的趋势越发明显，薪酬、个人成长与发展空间、职业价值感与成就感等均成为人的职业追求要素。因此，要留住人才、用好人才，一要创建学习型组织。人才在参加工作后更注重知识的更新和补充，需要创新学习平台、手段，为人才提供更多的学习机会。二要注重人才自我价值的实现。应创造条件营造干事平台，激发他们的创新思维，发挥他们的全部潜能。三要创造公平竞争的环境。人才的成长需要一个真正全面公平竞争的环境，要为所有人才提供公平竞争的机会，做好相关的制度设计，落实好相关政策。四要科学评价工作业绩。应根据本部门实际情况，借鉴好的经验，科学制定业绩评估办法，落实好操作执行。

再次，创新人才培训方式，建构基层人才线上线下培训网。一方面，要建立基层人才培训机构。积极与发达地区政府、高校以及科研机构合作，整合培训资源，拓宽基层人才的培训途径，提高基层人才的工作水准。另一方面，现代网络技术的发展为基层培训提供了新模式。高新技术通信设施打破了过去面对面交流的限制，可以利用视频通话、微信等媒介进行实时交流。

最后，要重视少数民族人才的聘用和培养。少数民族公务人员具有服务本民族经济社会发展的基本愿望，熟悉本民族历史、文化与风俗习惯，了解本地区社会与公众需求的特点，能够基于民族地区实际，更好地开展社会治理工作。因此，应当重视培育少数民族公职人员的相关规章制度建设，合理配置岗位，完善少数民族人才职业水平评价和专业技术评价机制，加大培养的制度安排和经费支持。

后 记

当前，我国经济社会的转型、社会主要矛盾的变化以及民族地区社会治理的特殊性与复杂性，给民族地区基层政府社会治理带来了新挑战，也对民族地区基层政府社会治理能力提出了新要求。党的十八大提出要“完善和发展中国特色社会主义制度，推进国家治理体系和治理能力现代化”，要求“加快形成科学有效的社会治理体制，确保社会既充满活力又和谐有序”，党的十九大进一步提出要推进政府社会治理的社会化、法治化、智能化和专业化水平，2020年十九届五中全会通过的《国民经济和社会发展“十四五”规划和二〇三五年远景目标的建议》也提出“要推动社会治理重心向基层下移，向基层放权赋能”。作为国家治理体系和治理能力现代化的重要组成部分，提升民族地区基层政府社会治理能力既有现实的紧迫性与必要性，更具有重要的战略意义。民族地区基层政府在整个国家治理体系中处于直接治理者的位置，在维护民族地区社会稳定、促进民族团结、保障领土安全、维护国家统一等领域扮演着重要角色并发挥着重要作用。民族地区基层政府社会治理能力的高低强弱不仅直接决定和影响着民族地区的繁荣富强稳定与各民族的和谐安定团结，也直接影响和决定着整个国家社会治理的成效，进而影响着国家治理体系和治理能力现代化目标的实现。本研究通过梳理和描述民族地区基层政府社会治理能力状况，解构并厘清基层政府社会治理能力的要素构成，建构民族地区基层政府社会治理能力评价的指标体系框架，提炼并分析影响民族地区基层政府社会治理能力的制约或障碍因素，进而提出民族地区基层政府社会治理能力提升的途径选择与策略建议。

本书系2015年国家社科基金重点项目研究成果，凝聚了所有课题组成员的心血和智慧，是团体协作的结晶。课题主持人党秀云教授负责全书架构及各章节的设计并对各章节进行统一修改与完善。本书主要撰写者为：郭钰（第1章）、党秀云（第2章）、李晓昀（第3章）、马婷、朱启国（第4章）、余蒙（第5章）、吕正枚、宋越（第6章）、张丽娟（第7章）、谭伟（第8章）、杜建卿、胡乘铭（第9章）、胡登胜、朱启国（第10章）、宋越（第11章）。在相关问题研究中，本书引用并参考了大量已有数据与研究成果，在此向所有著者表示深深感谢。在实际调研中，广西、宁夏、内蒙古、云南、青海、湖北等少数民族地区的基层政府及相关部门给予了大力支持，在此献上我们深深的敬意。由于种种条件限制以及个人研究能力的局限，本书难免存在诸多疏漏和缺陷，恳请广大读者予以批评指正。最后，感谢中央民族大学管理学院“一流学科建设”项目对本书出版的大力支持，感谢中央民族大学出版社的鼎力相助，感谢所有曾经帮助和支持过本课题研究的各界人士，在本书出版之际，再次表达诚挚的敬意和衷心的感谢！

党秀云

2021年5月 于中央民族大学